上海检察文库
检察业务论丛

帮助犯因果关系与归责

Bangzhufan Yinguo Guanxi Yu Guize

刘 晶◎著

中国检察出版社

图书在版编目（CIP）数据

帮助犯因果关系与归责 / 刘晶著 . —北京：中国检察出版社，2023.12

ISBN 978-7-5102-3022-6

Ⅰ. ①帮…　Ⅱ. ①刘…　Ⅲ. ①从犯－研究
Ⅳ. ①D914

中国国家版本馆 CIP 数据核字（2024）第 004699 号

帮助犯因果关系与归责

刘　晶　著

责任编辑： 杜英琴
技术编辑： 王英英
美术编辑： 徐嘉武

出版发行： 中国检察出版社
社　　址： 北京市石景山区香山南路 109 号（100144）
网　　址： 中国检察出版社（www.zgjccbs.com）
编辑电话：（010）86423766
发行电话：（010）86423726　86423727　86423728
（010）86423730　86423732
经　　销： 新华书店
印　　刷： 北京联兴盛业印刷股份有限公司
开　　本： 710 mm × 960 mm　16开
印　　张： 17
字　　数： 282 千字
版　　次： 2023 年 12 月第一版　　2023 年 12 月第一次印刷
书　　号： ISBN 978-7-5102-3022-6
定　　价： 58.00 元

总　序

“实践没有止境，理论创新也没有止境。”注重发挥理论研究对检察工作的先导性、基础性、统摄性作用，及时为检察实践和改革创新提供高品质的理论支撑和智力支持，是上海市检察机关的优良传统，也是上海市检察机关推进新时代检察工作高质量发展，推进检察队伍革命化、正规化、专业化、职业化建设的重要抓手。

近年来，上海市检察机关持续学深悟透践行习近平新时代中国特色社会主义思想，全面贯彻习近平法治思想，发扬上海检察理论研究根植实践、勇立潮头、锐意创新、笃行致远的理论品格，依托“大调研”“大研究”工作格局，不断深化理论研究与实务探索的良性互动，持续创新丰富课题制、年会制、论坛制等载体和平台，产生了一批较高质量的理论研究成果，在引领理念、辅助决策、服务办案、助推改革等方面发挥了积极作用，为推动新时代上海检察工作行稳致远提供了有力支撑。

“上海检察文库·检察业务论丛”系列丛书以“理论建设与业务建设相辅相成、学术研究与实践应用统筹兼顾”为目标，主要择优收录本市检察业务专家、检察理论骨干人才和在本市检察系统挂职学者，就新时代检察机关法律监督工作相关重点问题撰写的专著、译著，旨在为检察官构建更为广阔的检察研究成果展示交流平台，以文见人、以文树人，建设高质量检察智库。

丛书编录秉持放眼全局、立足实践，以展示检察学术研究成果的方式，生动展现上海检察官在推进全面依法治国、坚持和完善中国特色社会主义检察制度，促进深化对检察工作基础性、战略性、全局性问题进行的深入思考、理论阐述和研究探索，以期形成既有学科覆盖面与研究的系统性，又具有鲜明的时代特征、检察特质和上海特色的检察理论研究成果体系，从而为推动新时代检察工作高质量发展，更好地发挥法治固根本、稳预期、利长远保障作用提供理论支撑和智力支持。

理论是实践的先导、行动的指南。当前，世界百年未有之大变局加速演进，世界之变、时代之变、历史之变的特征更加明显。党的二十大开启全面建设社会主义现代化国家新征程，面对高质量发展对高水平法治保障新要求，面对人民群众在民主、法治、公平、正义、安全、环境等方面更趋多元多样的需求，迫切需要从检察理论和实践的结合上深入回答关于中国式现代化进程中法治保障的时代课题。上海检察机关将把牢宪法对检察机关的职责定位和上海在国家改革发展大局中的战略定位，以时不我待"争一流、走在前、排头兵"的担当，不断推进理论探索和创新，为在法治轨道上全面建设社会主义现代化国家贡献检察力量。

由于水平有限，难免纰漏，不当之处，敬请批评指正。

"上海检察文库"编委会

2022年12月

前 言

共同犯罪在世界范围内特别是在大陆法系中，是司法实务的难题，也是刑法研究的热点和难点问题。帮助犯是共同犯罪的重要形式之一，帮助犯因果关系与归责则涉及共同犯罪、因果关系理论及归责理论三个重要刑法领域。作为交叉领域，帮助犯的因果关系与归责存在其特殊性，是司法实践难题。研究帮助犯因果关系的最终落脚点，在于对各种新型、复杂、多样的帮助行为进行归责。帮助犯因果关系是对帮助行为进行归责的关键要素，但由于共同犯罪领域的特殊情况，正犯与帮助犯的行为交织、间接与直接因果关系并存，行为与结果之间存在多种类型的因果关系，决定了对帮助行为的归责不能简单适用条件说的因果关系理论，必须深刻理解行为人的自由意志及其所引起的后果范围决定了因果关系的范围，并借助类型化区分不同种类的因果关系，进而确定因果关系的判断标准。可以将正犯构成要件作为帮助性因果关系的存在范围，将是否促进构成要件的实现作为成立因果关系的判断标准。在此基础上，依据因果关系的不同类型，确定不同的归责路径。在构成要件促进说的理论基础上，对帮助犯因果关系进行宏观与微观、主观与客观等不同维度的探讨，不仅要从理论上确立帮助犯因果关系的归责路径，也针对不同类型的帮助犯因果关系构建具体的归责模式。通过对帮助犯因果关系与归责的理论和实践探讨，拓展对帮助犯领域的研究，从而更好地服务于司法实践中对帮助犯的认定与处罚。

第一章“帮助犯因果关系概述”。主要围绕因果关系、帮助犯因果关系和帮助犯的处罚根据展开。首先简要介绍了帮助犯的概念和因果关系理论，明确了帮助犯因果关系不同于单独犯因果关系，无法直接适用条件公式。但条件公式的适用难题并不意味着采取帮助犯因果关系不要说，从帮助犯是结果犯的实质和共犯的处罚根据来看，应采取因果关系必要说。其次，对帮助犯因果关系的具体表现类型和处罚根据进行了探讨，明确了帮助犯因果关系包括物理性的因果关系和心理性的因果关系；并从帮助犯的不法层面出发，得出因果共犯论是共犯处罚根据的基础，但要解决共犯的处罚问题，还需要在正犯的不法和共犯的不法之间引入归责理论，以法益为中心重新梳理因果性、不法的概念。

第二章“帮助犯因果关系判断标准”。在因果关系必要说的主流观点下，关于帮助犯因果关系的争论集中于判断标准上，主要有正犯行为说和正犯结果说的分歧。但两种理论都存在不足，或扩大或缩小了因果关系的范围。本部分从帮助犯与单独犯的不同特点出发，在行为促进说和结果促进说的不足之基础上，指出帮助行为的归责对象只能是整体的构成要件，而非某个构成要素。在此基础上，将构成要件促进说确立为帮助犯因果关系的判断标准。最后，将共犯理论与归责理论相结合，提出须按照“法益侵害的共同性、归责判断的个别性”的要求对共犯处罚根据理论进行必要的调整，即在归责的视野内，共犯和正犯仅在围绕法益侵害的相关要素上存在从属关系，不法问题应归责后判断。

第三章“帮助犯因果关系的规范涵义与归责”。以帮助犯的归责前提为起点，从帮助行为的实行从属性、正犯化的帮助行为、正犯预备行为、正当性事由等多个维度，阐述了限定帮助犯的处罚范围的具体条件，防止处罚边界不当扩张。在明确帮助犯归责前提的基础上，探讨了帮助犯因果关系的规范涵义：一是明确帮助行为所提升风险的实现过程就是帮助犯因果关系的实质；二是为帮助性因果关系中的帮助行为与正犯结果之间的客观归责确立规范联系，包括制造和实现了风险以及在构成要件范围内实现。客观归责仅能从一方面解决帮助犯的归责问题，而要全面评价帮助行为，须实现帮助行为的主观归责。通过对帮助故意及其意志、认识因素的具体界定，为帮助犯的主观归责奠定理论基础。进而揭示帮助犯的主观不法特征，确立对帮助犯进行主观归责需满足的条件。

第四章“帮助犯因果关系的具体判断与归责”。对帮助犯因果关系的类型化归责进行规则构建。一是立足于共同犯罪正犯与帮助犯的行为交织、间接与直接因果关系并存的复杂情形，总结出帮助犯的具体不同类型，并对故意作为帮助犯和不作为帮助犯心理因果关系的归责进行具体探讨。二是针对中立帮助行为的认定与归责进行分析，从主观与客观等多个维度分析中立帮助行为的具体内涵，认为对中立帮助行为的归责关键在于是否额外提升了禁止风险，并在此基础上明确了提出中立帮助行为的主客观判断标准。此外，针对心理因果关系的特殊性展开分析，找到合理的认定标准和归责模式。

第五章“帮助犯因果关系的‘脱离’与归责”。首先，对共犯脱离的主要理论进行概述，并通过对共犯脱离本质的思考，明晰共犯脱离的本质仍属于归责问题。其次，明确应当从规范的角度对帮助犯脱离的判断标准进行思考。只有当帮助行为提升了正犯创设的禁止风险并且这一风险最终得以实现，才可以归责，相应地，如果要构成帮助犯的脱离，就必须消除所提升的风险，或将这一风险降至不再重要。最后，对帮助犯脱离的主客观条件以及处罚形式进行分析，以适应司法实务中认定帮助犯脱离的现实需求。

第六章“帮助犯因果关系的偏离与归责”。对于帮助故意的认识范围和归责原则而言，一是确认帮助故意的认识对象不只包含帮助行为提升的正犯制造的禁止风险，而且包括帮助行为提升风险的过程，即因果流程，不过并不要求认识全部的具体过程，而是要对整体发展有所认识；二是对帮助行为的风险提升应结合规范目的进行事前判断，按照行为时的判断标准进行认定；三是明确帮助故意既遂的归责应通过主观归责得以实现。最后是根据正犯因果流程偏离的处理方式，结合帮助犯因果关系的特殊性，就帮助犯因果关系偏离的不同类型提出具体的处理方法。

目录
contents

引　言

一、研究背景

在归因与归责二分的基础上，刑法对帮助犯的研究重点逐渐由归因转向归责。但关注归责并不意味着可以忽视作为归责前提的归因，因果关系理论仍有研究必要。此外，归责问题的讨论也不应局限于理论体系的建构，而应更加注重归责的具体规则，尤其是共同犯罪的归责问题。在共同犯罪中，因果关系的存在是处罚共犯不可或缺的前提，共犯只要与其他共犯行为所引起的结果之间具有因果关系，则对结果承担罪责。然而，与单独犯的因果关系不同，条件说在许多情况下无法应用于帮助犯，故需借助其他标准对帮助犯因果关系进行修正。而随着因果共犯论渐为通说，促进说成为主流观点，主张帮助因果关系不必严格遵循条件公式，只要促进了犯罪的实行即可。帮助犯与单独犯的因果关系判断标准为何存在差异，是研究帮助犯因果关系的基础问题，即首先需要探究调整帮助犯因果关系的实质性理由。其次在促进说之中，对帮助犯因果关系的对象、范围和判断标准仍存在分歧。此外，即使条件公式和主观罪过均存在的情况下，能否处罚日常的中立帮助行为也存在争议。因此，帮助犯因果关系作为对帮助犯进行归责的关键要素，牵一发而动全身，同时反映出帮助犯的成立并非纯因果关系的事实问题，必须规范性地确定归责范围。

针对帮助犯因果关系涉及的具体问题，本书将主要围绕以下几个方面展开：（1）若条件公式无法解决帮助犯因果关系问题，而必须从事实问题转化为规范的价值判断，帮助犯因果关系应当如何实现规范化；（2）如何规范地确定帮助犯因果关系的“因”和“果”，即在哪两者之间建立因果关系；（3）若认为刑法因果关系理论应当服务于归责，则按照何种原则确定因果关系的判断标准和范围，才能真正体现归责的需要；（4）帮助犯因果关系的不同类型会对帮助犯的归责带来什么影响；（5）随着客观构成要件的主观化，越来越多的主观要素乃至责任要素进入不法层面，不法的概念日益实质化，原本应用于构成要件、违法性相互独立的三阶层体系的从属性原则是否依然适用，即当从属性的理论前提和基础发生变化时，从属性原则应当如何调整；（6）如果不法主观化使得要素从属性难以适用，限制从属性和最小从属性的区别不再重要，对帮助犯的归责应当适用什么原则。

二、研究意义

本书立足于帮助犯因果关系与归责，对帮助犯因果关系理论与归责路径进行全面探讨，并就不同类型帮助犯的归责模式进行分析，具有多方面研究意义。

一是帮助犯作为狭义共犯的重要部分，与作为研究热点和难点的共同犯罪相比，关注度不高，对帮助犯因果关系的研究也比较有限，存在研究空间。帮助犯因果关系是对帮助犯归责的重要依据，梳理清楚帮助犯因果关系的对象、范围和判断标准，对于合理清晰地划定帮助犯的处罚范围和依据具有关键意义。因此，帮助犯是观察因果关系理论和归责理论、共犯理论相互作用的一个窗口，对于理解和分析共犯本质非常有价值。帮助犯因果关系和归责作为共同犯罪理论、因果关系理论和归责理论的一个结合点，多种理论的同频共振能够带来新的启发和突破。

二是深化对帮助犯处罚根据的认识。因果共犯论立足于共犯行为和法益侵害结果之间的因果关系来确定共犯的处罚根据，较之责任共犯论和违法共犯论有其进步性。但在现代犯罪论体系中，随着规范论视角的引入，原本以评价规范为主要内容的不法也必须纳入决定规范作为自身的基础，在构成要件符合性判断的同时，必须进行实质化判断和结果归属判断。因此，帮助犯的不法问题并不能仅依靠因果共犯论得到解决，因为不法的涵义已经超越了因果关系所在的存在论层面，必须结合规范化的归责层面才能全面把握。明晰了帮助犯处罚根据，对于目前较为多发的网络帮助行为、中立帮助行为等问题，就能够设定比较合理的认定标准和处罚条件。

三是探索共同犯罪在归责理论基础上的发展可能。共同犯罪就其本质而言就是一种归责形式，共同犯罪作为不法阶层的归责问题，正犯不法与共犯不法都是个别归责后的判断，归责取决于各人的实际情况，严格归属于各人，已无连带和从属的基础。因此，在坚持实行从属性的前提下，明确帮助行为的结果归责是将正犯的构成要件归属于帮助行为，而当从属性原则无法解决对帮助犯的归责问题时，可以尝试借助归责理论寻找对帮助行为的归责模式。

四是有助于对刑法因果关系的进一步理解。刑法因果关系是法学概念，应当根据所服务的目的、功能来划定范畴，并不完全从属于自然科学、哲学意义上的因果概念。不过，这并不意味着判断帮助犯因果关系可以直接从规范的角度出发，彻底放弃结果归属，并以此为依据认为不需要帮助犯因果关系。传统因果关系理论将行为人的行为从法益侵害结果的多个原因中分离出来，在结果与行为之间建立条件意义上的联系。这是一种个人式的归责制度，但犯罪分工的存在使得法益侵害后果与某行为之间很多时候难以建立起自然意义上的直接联系。这就导致以发现和确定自然联系为基础的共同犯罪因果关系理论，必然被追求规范目的的归责理论所限定。对于共同犯罪而言，归责对象在很大程度上决定了因果关系的范围，因为不能让行为人对没有因果关系的后果负责；而因果关系的范围又在很大程度上决定了因果关系的判断标准，因为只有能将需要归责的对象都纳入因果关系范畴的判断标准才是合理的。合理的判断标准必须能够让应当为法益侵害后果承担责任的“自由意志”负起责任来，把在当事人自由意志支配下实施的不利于法益的行为，其实质根据是提升了正犯创设风险的帮助行为，通过因果关系纳入刑法评价的范畴。

五是有助于找到心理性帮助行为的归责依据。由于对于心理性因果关系而言，条件公式是失灵的，有必要发展有别于自然因果关系的心理性因果关系归属原理。当主体做某一件事，要么是因为这一行动本身就是目的，要么认为这一行动能够有助于实现目的，或者认为这一行为能够通过影响他人行为达到目的。后者体现了另一种原因与结果之间的关联，也应视为因果关系，这就包含着帮助犯通过影响正犯心理做出决定、采取行动的心理性因果关系，即便正犯做出决定还出于其他理由，也不影响帮助行为与正犯行为之间因果关系的判断。

三、创新之处

一是对帮助犯因果关系的规范化理解。条件说只是认识事物联系的工具，有助于合理归责就采用，无助于合理归责就应修正。帮助行为直接作用正犯行为还是结果，都是形式要件，不能推导出帮助行为是否可以归责的结论。判断因果关系的目的，是决定把怎样的后果归属于怎样的行为，又是在谁的自由意志支配下做出了这样的行为，进而归责。判断帮助犯因果关系是为了归责需要。目的决定了对因果关系的判断和因果关系范围的认定。可见，帮助犯因果关系的判断标准应当是，在自由意志支配下的帮助行为是否对外在世界产生了不利于法益的影响，即帮助犯出于敌视法益的目的，故意采取了有助于正犯构成要件实现的帮助行为。因此，因果关系的起点是帮助行为，终点不是法益侵害结果，而是正犯的构成要件。

二是提出了构成要件促进说作为帮助犯因果关系的判断标准。帮助行为的归责对象是构成要件，决定了帮助性因果关系的范围必然涵盖了构成要件的全部要素，既包括正犯行为（包含了主观要件），也包括法益侵害后果。规范要素、主观要件的加入推动构成要件日益实质化，原本就具备定型作用的构成要件在加入规范要素和主观要件后，通过归责将偶然事件、法律不保护的法益侵害排除帮助行为的对象范围，故构成要件促进说优于正犯行为说或正犯结果说。而且由于强调了帮助犯对于构成要件实现的故意，能够合理划定“促进”范畴，限定了归责向中立帮助行为的扩张，能在一定程度上削弱促进说的不足。构成要件促进说并非是对结果促进说和行为促进说的简单调和，更为重要的是将原本的帮助行为与正犯行为或结果之间的事实性联系，转化为实质化的规范联系。从形式上看，帮助行为促进构成要件表现为使正犯对于法益的侵害更为便利，或者通过影响正犯的自由意志使侵害法益的愿望更为强烈；从实质上理解，则是帮助犯应该为在自身意志支配下的帮助行为所促进的正犯不法而承担责任。

三是明确了故意是帮助犯的主观构成要件。仅靠因果关系无法完成对帮助犯的归责，故意成了不法要素为帮助犯的主观归责奠定了基础。由于不法要素中同时具备了因果关系和故意，尽管分别属于客观构成要件和主观构成要件，但是为不法共犯论的实现提供了条件，可以在不法阶层实现对帮助行为的主观归责和客观归责，对帮助行为的评价更加全面和合理。

四是明确了帮助犯因果关系的类型化差异必然会影响不法的认定。帮助犯因果关系确实存在多种类型，不同类型的因果关系对应不同的归责模式，存在论意义上的事实判断对价值意义上的规范判断同样具有制约意义。帮助犯可以划分为故意作为和不作为两种不法类型，因果关系的判断标准也各不相同，归责路径亦不相同，这种区分在规范上具有重要意义。如果无视这些存在论上的客观差异，试图寻找一种统一的因果关系类型和归责模式，或多或少会遇到一些难题。所以，承认不同类型因果关系的差异对于规范评价具有限制意义，能够让帮助犯因果关系的概念和范围更加贴合实践，更好地服务于归责目的，更好地回应规范的发展与变动。

五是对帮助犯的脱离确定了规范化的判断标准。梳理了构成帮助犯脱离的主观要件：（1）行为人主观上放弃对正犯构成要件的促进意愿，并意识到脱离行为有很大可能消除对构成要件的促进效果；（2）放弃对法益的敌视意志，并意识到通过脱离行为不再产生敌视法益的效应。前者构成了对共同犯罪中“共同”的脱离，后者则是对“犯罪”的脱离，两者共同构成了对共犯罪关系的脱离。当然，两者的地位是不一样的，具备前者即可构成较低标准的脱离，但是要构成可以按照中止处罚的脱离，则必须参考中止的构成要件，至少要消除对法益的敌视态度。风险的产生是对帮助行为客观归责的依据，构成脱离的关键就是消除或显著降低帮助行为所引起的风险，没有消除或降低风险则不构成脱离。

四、文献综述

共同犯罪一直是大陆刑法理论研究的重点和难点问题，著书立说十分丰富，但对于共犯中的帮助犯进行专门研究的著作较少。我国学者对帮助犯问题的系统性、专门性研究也较为有限，目前主要的两本著作分别为刘凌梅博士的《帮助犯研究》与张伟博士的《帮助犯研究》。前者主要概述了帮助犯的概念、理论地位、发展变迁等，且比较早地论证了帮助犯的处罚根据，对帮助犯成立的条件、类型等进行阐述，也涉及帮助犯的因果关系的内容。后者则探讨了帮助犯的基础理论问题，其中包括帮助犯的处罚根据以及归责理论等。此外，还针对帮助犯因果关系对象和判断标准、帮助犯因果关系的中断以及错误作了相应论述。分论部分重点考察了有较大争议的特殊帮助犯因果关系问题。关于帮助犯因果关系的探讨，除上述著作以及在共同犯罪相应论述中，也有专门论述帮助犯因果关系的文章，如杨金彪的《帮助犯的因果关系》、阎二鹏的《帮助犯因果关系检讨——以共犯处罚根据论为视角》、温登平的《论帮助犯的因果关系》、张伟的《试论帮助犯的因果关系》等文，对帮助犯因果关系进行专门论述，但主要角度仍然是共犯的处罚根据、帮助犯的成立条件、必要性以及类型等，较少进一步深入研究归责视野下帮助犯因果关系的发展路径。整理、分析相关文献可知，关于帮助犯因果关系与归责的具体内容主要有以下几点：

一是关于共犯处罚根据问题。国内以往的共犯理论多认为处罚共犯是由于其符合修正犯罪构成。近年来，共犯处罚根据问题开始受到关注。由于责任共犯论存在诸多不足，目前通说为因果共犯论，细分为纯粹引起说、混合引起说和修正引起说等观点。而鉴于纯粹引起说过于强调共犯独立性的缺陷，目前主要是修正引起说和混合引起说的分歧，关键在于是否承认违法相对性。如黎宏、杨金彪等学者主张修正引起说，坚持违法的从属性和连带性，否认违法相对性，否定“无正犯的共犯”和“无共犯的正犯”。[①]周光权、刘凌梅、陈洪兵等学者则支持混合引起说，否定“无正犯的共犯”，但例外地承认了违法的相对性，在没有引起符合构成要件结果的情况下，共犯不具有违法性。张明楷教授亦持此种观点，应在例外情况下承认违法的相对性。[②]

二是关于因果关系问题。根据帮助行为的促进对象的区别，帮助犯因果关系的内涵主要包括实行行为促进说和正犯结果说。因果关系不仅是判断共犯成立与否的重要因素，对于责任归属的范围以及共犯脱离均具有重要意义。共犯的脱离是共犯中途退出犯罪，由他人实现法益侵害结果时，共犯可以在特定情形下脱离共犯结构，并只对先前行为负责。在我国，基于有效性这一限定因素，“脱离”的情形一般纳入量刑情节进行考虑。[③]但是，共犯的脱离是指同时消除已经实施的共犯行为与结果之间的物理因果性和心理因果性。[④]如果行为人在实施犯罪过程中主动退出犯罪，并消除了因果作用，就缺乏将既遂结果归责于脱离者的根据。

三是关于帮助犯因果关系问题。国外刑法理论中，有的认为帮助犯的因果关系也应符合条件公式；也有观点认为不需要引起结果的因果关系，促进了构成要件的实现即可；还有观点将帮助犯理解为具体危险犯或者抽象危险犯。国内刑法学术界对帮助犯的研究中，刘凌梅、张伟两位博士曾进行了专门探讨，两人各自的《帮助犯研究》均对帮助犯的处罚根据、因果关系的判断作了阐述。综合国内学者观点来看，虽然在对帮助犯因果关系的判断标准上存在差异，但整体上在坚持帮助犯因果关系必要的同时，认为不必严格按照条件公式，只要促进犯罪即可，间接承认了因果关系在处理共同犯罪的处罚根据可能遇到的局限。但促进说中的行为促进说和结果促进说均存在不足

---

① 参见黎宏：《刑法学》，法律出版社 2012 年版，第 267-269 页；杨金彪：《共犯的处罚根据》，中国人民公安大学出版社 2008 年版，第 165 页以下。

② 参见张明楷：《共同犯罪的认定方法》，载《法学研究》2014 年第 3 期。

③ 参见马克昌：《犯罪通论》，武汉大学出版社 1999 年版，第 595 页。

④ 参见张明楷：《共同犯罪的认定方法》，载《法学研究》2014 年第 3 期。

之处，或限缩或扩大了处罚范围，造成归责结果不尽合理。共犯成立不是纯因果关系问题，而是一个规范问题。因此，越来越多的观点认为规范化是解决帮助犯因果关系困境的方向，如陈兴良教授试图从规范归责的角度明晰因果关系的界定[①]。但是究竟如何划定因果关系的范围和判断标准、划定的理论依据为何并无一致意见。

四是关于共犯的要素从属性问题。为了肯定共犯的成立，正犯必须具备哪些犯罪成立要件或者要素，德国学者迈耶率先提出了可能存在的四种从属学说：夸张从属性说、极端从属性说、限制从属性说和最小从属性说。我国传统刑法理论采用四要件犯罪论体系，但从共同犯罪的成立及教唆犯构造看，实际接近极端从属性说立场。但限制从属性说渐成为主流学说，如张明楷、黎宏、周光权等学者即主张共犯成立要求正犯具备构成要件符合性、违法性。也有学者主张最小从属性说，如王昭武、阎二鹏等。

五、研究方法

本书主要采用了如下几种研究方法：一是文献研究法。帮助犯作为共犯理论的重要内容，目前存在丰硕的文献资料予以参考，且存在丰富的线上、线下文献资源，为进行文献研究法提供了客观条件。通过对日本、德国理论学说进行梳理，能够了解相关理论的主要内容并分析其中的优势与不足，从而全面剖析帮助犯因果关系、归责理论。通过对涉及因果关系、共同犯罪和帮助犯的文献进行整理，对重要信息进行归纳，进而明确问题关键，找到论文写作抓手。二是比较分析法。基于共同犯罪理论是国内外刑法理论的研究重点和难点，涉及帮助犯的问题也众说纷纭，能够为本书写作提供比较分析的理论支撑。通过对帮助犯因果关系中的一些难点问题进行分析比较，如帮助犯的脱离、帮助犯因果关系错误、网络帮助行为的认定与归责等。三是案例分析法。在论述帮助犯因果关系基本理论的同时，辅之以具体的案例能够使理论更加生动，从而对不同类型的帮助犯因果关系及归责路径和归责模式产生更直观的认识和理解。

① 参见陈兴良：《教义刑法学》，中国人民大学出版社2010年版，第297-298页。

第一章　帮助犯因果关系概述

第一节　帮助犯因果关系理论

一、帮助犯概念与相关立法

我国刑法并未明文规定“帮助犯”这一概念，而是通过主从犯的区分体现犯罪的参与形态。我国《刑法》第27条规定：“在共同犯罪中起次要或者辅助作用的，是从犯。”据此，有学者将帮助犯定义为“在共同犯罪中，基于帮助的故意，以非实行行为加功于犯罪，使犯罪易于实施或完成的犯罪参与形态。”[①]根据帮助的形式、途径，可分为物质和精神帮助犯，事前、事中和事后帮助犯，作为和不作为帮助犯等。帮助犯要有帮助行为，有观点认为帮助行为是“使正犯行为的实施容易进行的加功行为”[②]，也有观点具体化了帮助行为，如帮助行为既可以是有形的提供犯罪工具、犯罪场所等物质性的帮助行为，也可以是无形的精神上的帮助行为，如提供建议、强化犯意等。[③]帮助犯因果关系存在多种途径。不同于单独犯，共犯的因果性不仅有物理因果性，还包括心理因果性。[④]

二、因果关系的基本理论

刑法上的因果关系主要是以单独正犯为基础展开的，是指危害行为与危害结果之间存在的没有前者就没有后者的关系。构成要件理论是正犯因果关

---

① 参见刘凌梅：《帮助犯研究》，武汉大学出版社2003年版，第7页。

② 参见［日］野村稔：《刑法总论》，全理其、何力译，法律出版社2001年版，第427页。

③ 张明楷：《刑法学》（上），法律出版社2021年版，第564页。

④ 参见［日］西田典之：《日本刑法总论》，刘明祥、王昭武译，中国人民大学出版社2007年版，第280页。

系的理论前提，“因果行为论出现，因果关系才开始被作为犯罪行为的共同要素而加以研究”。[①] 因果关系是刑法责任的基础。对结果犯，因果关系是应受处罚性的必要条件，也即行为人应当对发生的结果负责。[②] 因而若不存在因果关系，则不构成既遂，但可以承担未遂责任。因果关系理论主要解决两个问题：一是确定作为刑法因果关系前提的危害行为的问题；二是确定起决定性作用的危害行为，以此确定因果关系的范围。[③]

对于因果关系的判断问题，目前有条件说、合法则条件说、原因说、相当因果关系说和客观归责理论等。条件说主张，满足行为与结果存在条件关系，就可以认定因果关系。原因说认为，可以作为造成结果发生的原因的条件才与结果之间具有因果关系。合法则条件说主张，行为和结果之间的条件关联应当根据法则确定。相当因果关系说认为，某行为与结果具有按照一般经验可以认定为有相当性时，就构成因果关系。客观归责理论从归责目的出发，认为在坚持条件公式的前提下，当行为制造或提升了禁止风险，并在结果中实现，且在规范保护范围内，才能归责。

三、帮助犯因果关系不要说

由于帮助犯因果关系的差异性，传统因果关系理论无法直接与其相适配，存在认定困难。有观点就认为帮助犯不同于正犯，正犯是引起正犯结果的侵害犯，而帮助犯是导致禁止风险提升的危险犯，故并不要求以因果关系为必要条件，可以从因果关系以外，将帮助犯作为危险犯来理解，即帮助行为使法益受到侵害的危险变得更加容易。[④] 在此种观点下，正犯是侵害法益的实害犯，帮助犯是危险犯，可不要求有因果关系。具体而言，因果关系不要说又可以分为以下三种观点。

（一）抽象危险说

该说认为，帮助犯的本质是危险犯，故其成立并不需要因果关系这一前

---

① 参见张绍谦：《刑法因果关系研究》，中国检察出版社 2003 年版，第 26 页。

② 参见［德］汉斯·海因里希·耶塞克、托马斯·魏根特：《德国刑法教科书（总论）》，徐久生译，中国法制出版社 2001 年版，第 337 页。

③ 参见黎宏：《刑法因果关系论反思》，载《中国刑事法杂志》2004 年第 5 期。

④ 参见［日］野村稔：《刑法总论》，全理其、何力译，法律出版社 2000 年版，第 386 页。

提。处罚帮助犯的根据在于其通过正犯行为提升了法益侵害的危险。且任何形式的帮助原则上都会提高法益侵害的风险，即使没有实际加功也可罚。但为了适应实行从属性，该说主张处罚帮助犯的基础是存在正犯实行，当帮助者仅仅是为他人犯罪预备提供帮助时，提升风险可能性很小，因此只有当正犯实施了犯罪行为，才有处罚帮助犯的必要性。

该说的问题主要有：首先，尽管帮助行为会造成侵害，但未必都有可罚性，而是需要达到一定程度。如果认为帮助犯实质上是抽象危险犯的一种，可能会导致处罚范围的不当扩张，如将不可罚的未遂帮助认定为既遂帮助犯。事实上，帮助犯也是结果犯，在物理性或心理性因果关系均不存在的情况下，即便该帮助行为客观上加大了正犯行为的危险性，也不具有帮助犯的可罚性。① 其次，共犯处罚根据立足于因果关系，但抽象危险说体现了共犯独立性说的倾向。最后，因果关系否定说不能很好地处理共犯脱离问题。一般而言，正犯着手，帮助犯至少负未遂责任。当帮助行为与正犯未遂有因果关联，如消除了帮助行为对结果的因果作用，即便正犯既遂，但帮助行为对于正犯后续行为不具帮助作用，则不应进行结果归责。“对于帮助既遂犯的成立而言，帮助行为不只要对主行为的着手有贡献，对于后续流程也要有所作用，因此才能透过脱离行为排除原先帮助行为对于后续流程的作用，也才会形成阻断归责的效果。”② 但抽象危险说要求在正犯独自实施犯罪并既遂的情况下，仍要已经脱离的帮助犯承担既遂责任，显然不够合理。

（二）具体危险犯说

该说主张依据风险升高理论判断帮助犯是否成立。只要帮助行为能提高正犯的成功机会，就以既遂论处。成立帮助犯的关键是风险有无升高，而不是因果关系。该观点认为，对于帮助犯的成立，可以参照对正犯的处理，以提升危险现实化为入手点。该说主张，成立帮助犯以增加了构成要件实现概率为必要，如提供工具促进了结果发生。如果没有增加正犯实行成功的可能性，比如借给盗窃犯的撬棍最后并没有被使用，则只构成帮助未遂，不受刑

① 参见［日］高桥则夫：《共犯体系和共犯理论》，冯军、毛乃纯译，中国人民大学出版社2010年版，第204页。

② 参见［日］高桥则夫：《共犯体系和共犯理论》，冯军、毛乃纯译，中国人民大学出版社2010年版，第203页。

罚处罚。[①]

该说问题在于：首先，即使没有发生法益侵害，但只要存在危险，就构成帮助既遂，容易导致危险犯化。其次，对因果关系进行规范判断容易混淆事实判断和价值判断。因果关系能够确认条件关系，客观归责则从规范的角度判断行为与结果之间的联系。这是两个层面的问题，风险升高理论应在认定因果关系之后的归责阶段。[②]

（三）"抽象＋具体"危险犯说

该说认为帮助者对正犯实行引起具体的危险，对正犯结果引起抽象的危险。从帮助犯的本质可以看出，其属于帮助正犯间接引起法益侵害结果，故帮助行为与正犯之间存在客观关联，即制造出正犯者客观的目的可能性意义中的法的重要的危险。[③]这种观点认为，确定帮助犯的成立与否不在于因果关系，而在于帮助行为是否在自由意志支配下通过正犯行为实现了法所禁止的风险。这种危险判断的基点在帮助的当时[④]，判断的对象是正犯者的实行行为，而非正犯结果。

四、帮助犯因果关系必要说

（一）帮助犯因果关系必要说的基本理论

该说认为帮助行为应与正犯行为或结果具有因果关系，但针对因果关系的范围、因果关系存在于帮助行为与正犯行为还是结果之间等问题，该说内部仍存在分歧。

1. 同一因果关系说

该说认为帮助行为和结果之间须具备因果关系，正犯理论仍可以运用于帮助犯认定。有学者通过修正条件公式，将一般的因果关系论适用于帮助犯因果关系，只要帮助行为对结果具有盖然性的促进即可以认定因果关系。如

---

① 参见［德］施特拉腾韦特、库伦：《刑法总论Ⅰ——犯罪论》（第5版），杨萌译，法律出版社2006年版，第335–336页。

② 参见［德］克劳斯·罗克辛：《德国刑法学总论》（第2卷），王世洲译，法律出版社2003年版，第213页。

③ 参见阎二鹏、吴飞飞：《帮助犯因果关系检讨——以共犯处罚根据论为视角》，载《法治研究》2012年第8期。

④ 参见刘凌梅：《帮助犯研究》，武汉大学出版社2003年版，第90页。

盗窃中的望风可分为几类：一是如果没有望风，正犯无法实施；二是如果没有望风，正犯也可实施，但必须多次确认有无危险；三是如果没有望风，正犯也会实行，但计划和实现会不那么可靠，帮助行为强化了正犯决意；四是如果没有望风，正犯也会同样地实行活动。只有在第四种情况下，才否定帮助行为与正犯的盗窃之间的因果关系。①

2. 单独因果关系说

该说认为刑法责任的基础在于行为与法益侵害之间的因果关系，所以帮助犯有其自身的因果关系。例如，在帮助犯送给正犯钥匙，但是正犯没有使用而是用其他方法实施了盗窃的情况下，使用所配钥匙的可能性对犯罪行为的决定性要素并不重要，但是作为对具体行为的修正，依然要承认存在因果关系。因为因果关系不能作为区别不可罚的帮助和可罚的帮助的归责要素，而且不能把构成要件上不重要的情形修正归属于帮助犯，只有使结果变得成为可能、变得容易、加以强化，或者确保成功的行为，才应被评价为帮助行为。② 帮助犯具有不同于单独正犯的独立的因果关系，即使对构成要件完全不重要的情形，也存在因果关系。

3. 实行行为促进说

该说主张帮助行为只需对正犯行为有促进作用，至于是否与正犯结果具有因果关系则非关键。该说所指的因果关系，仅限于从物理或者心理方面使正犯行为变得容易。帮助行为必须对正犯行为有促进作用，以何种方式促进则并不关键，该说并不要求帮助行为与正犯结果之间具有因果性。在正犯侵害法益之前，即使帮助行为对正犯没有实际效应，但帮助行为有益于或使侵害更易实现，或是提高侵害法益的风险，就可以成立帮助犯。有观点认为，帮助性因果关系并不以条件公式为必要，只要具备强化犯意或使正犯行为更易实行的促进关系即可。日本有类似判例，为杀人者准备了毒药，但杀人者使用了枪支，认为构成杀人预备罪的帮助犯。③

---

① 参见［日］高桥则夫：《共犯体系和共犯理论》，冯军、毛乃纯译，中国人民大学出版社 2010 年版，第 204 页。

② 参见［日］高桥则夫：《共犯体系和共犯理论》，冯军、毛乃纯译，中国人民大学出版社 2010 年版，第 203 页。

③ 参见日本最高法院《大审院刑事判决录》第 19 辑，第 771 页。转引自温登平：《论帮助关系的脱离》，载《政法论坛》2016 年第 1 卷。

4. 风险增加说

该说认为因果关系是帮助犯既遂的必要条件，但并非传统意义上的条件关系。而是帮助行为使得结果发生的可能性提升或机会增加时，就能成立帮助犯，而非以正犯结果的实现作为评判标准。该说认为促进行为导致了对结果的促进，但结果发生前，行为如已终结就不能确定因果关系。如正犯没用钥匙开门，提供钥匙就缺乏因果意义了，没有发挥促进作用，只能成立帮助未遂。

（二）因果关系必要说是共犯处罚根据的必然要求

因果关系不要说确能解决一些被认定为可罚帮助行为的性质，如无实际效用的望风。但共犯处罚根据和帮助犯本质决定了应坚持因果关系必要说。帮助犯处罚根据不在于对规范的违反及对法益的危险，仅有对法益的侵害或危险还不能处罚，必须要有通过正犯的实行行为引起的法益侵害结果。① 所以，因果关系是对帮助行为进行归责的客观基础，帮助行为至少要使法益更易受侵害或犯罪更易实施。

1. 共犯的处罚根据是帮助犯因果关系的理论基础

关于共犯处罚根据的学说有责任共犯论、不法共犯论与因果共犯论之分。在前两种理论中，帮助犯的处罚根据在于“使正犯陷入罪责”或“使正犯实施了违法行为”，故帮助行为与正犯的法益侵害结果之间不以因果关系为必要。② 因果共犯论则将帮助犯处罚根据归结为造成法益侵害。因此，正犯与共犯的处罚根据本质是一样的，即造成了法益侵害的结果，只不过方式有所不同。因果共犯论合理地解释了共犯的不法内涵，是因果关系理论在共同犯罪领域的具体体现。从保护法益的目的出发，所有纳入刑罚处罚视野的行为必须与法益侵害有关联性，这在事实层面上就表现为因果关系，“脱离了对于因果关系的要求，则对于特定行为的处罚也同时脱离了法益保护的关联性”。③ 故帮助犯也不例外，不能对帮助犯采用与正犯不同的归责原理，因果关系否定说是不合理的。

---

① 参见［日］大谷实：《刑法讲义总论》，黎宏译，中国人民大学出版社 2008 年版，第 364 页。

② 参见［日］西田典之：《共犯理论的展开》，江溯、李世阳译，中国法制出版社 2017 年版，第 30 页。

③ 黄荣坚：《帮助犯之不法与故意》，载《法令月刊》（台北）2010 年第 3 期。

2. 帮助犯是结果犯而非危险犯

否定帮助犯因果关系的观点之一是将帮助犯理解为危险犯，于是帮助犯处罚根据就不再是引起法益侵害结果，而是提高法益侵害的风险。如果把帮助犯理解为危险犯，帮助既遂与帮助未遂也就没有区分的必要了。而且帮助行为与结果的连接必须借助正犯行为，帮助行为本身无法侵害法益。如果坚持区分制共犯体系，很难接受这样的观点。

3. 承认帮助犯因果关系是妥善处理共犯关系脱离的需要

在共同犯罪中，存在部分行为人通过中止犯罪行为以脱离共犯关系，而其他共犯继续完成犯罪，在此种情形下，则需判断脱离者的责任归属问题。《德国刑法典》第 31 条规定:“犯罪虽已发生而与中止犯以前参与的行为无关，只要行为人主动努力阻止行为实施的，则不予处罚。”[①] 当正犯既遂，只要帮助者切断因果关系，帮助犯属于中止未遂而不罚。一般认为，帮助犯在正犯着手后、既遂前有脱离的可能。在共犯脱离的情况下，脱离者仅对未遂部分负责，而不对其他结果负责。如果否定帮助犯因果关系，将很难处理好共犯关系脱离的情况。

4. 帮助犯因果关系类型

依据对行为与结果之间的联系程度的不同要求，造成型因果对自然联系的要求最为严格，引起型因果则降低了自然联系程度，义务型因果不以行为与结果自然意义上的因果联系为必要。上述差异源于行为作用于结果的方式和路径，造成型因果关系体现了行为对结果的支配力，引起型因果关系体现的则是行为对结果的促进作用，而义务型因果关系体现的则是行为人对后果不发生所承担的作为义务。帮助性因果关系也存在若干不同类型，主要体现为故意作为帮助犯和不作为帮助犯两种类型，其中故意作为帮助犯主要是“引起型”因果关系，不作为帮助犯则是体现了“引起型”和“义务型”两类因果关系，两种因果关系类型对应不同的归责模式。

---

① 《德国刑法典》，徐九生、庄敬华译，中国方正出版社 2004 年版，第 12 页。

第二节　帮助犯因果关系的表现

一、物理性因果关系

帮助行为对正犯行为、结果产生的事实上的影响是物理性因果关系的外在表现，作用体现在使法益侵害更易实现，如为正犯准备犯罪工具或资金、望风、提供犯罪场所等。大致可以概括为：一是帮助行为是法益侵害结果的必要条件；二是帮助行为扩大了法益侵害结果；三是使法益侵害结果的程度加重；四是使得法益侵害结果发生时间提前；五是增大了危险或使法益侵害更容易。这些可视为物理性因果关系。在很多共同犯罪中，并不存在严格意义上的因果关系。如甲入室盗窃，乙在外望风，即使没有乙的望风，甲的盗窃行为同样能够完成，乙的行为与甲的行为并无物理上的因果关系。又如，甲欲杀人，但又犹豫不决，乙劝甲放心干，完事后送甲出国。甲杀人后，乙并未践诺，甲被抓获，则甲的杀人行为与乙的帮助行为之间也无物理上的因果性。但在上述场合，由于作为帮助犯的乙起到了增强正犯的犯意，帮助甲完成了实行行为，从而肯定了乙的帮助犯地位。乙实施的物理帮助与正犯行为表现出心理因果性，“物理的帮助与心理的帮助，并不等同于物理的因果性和心理的因果性”。[①]

从实施时间点来看，若帮助行为在正犯着手前实施，关键在于正犯是否利用了该帮助。如无物理因果关系，再看心理因果关系；如果帮助行为与正犯行为同时进行，则应着眼于帮助行为是否有助于正犯行为的完成进行判断；如果帮助犯事前提供了凶器后，仅作出脱离的意思表示，未让其他共犯知道或得到认同的，因为并未消除物理的因果关系，帮助犯仍有必要采取积极措施，才能视为帮助行为的脱离。

物理性因果关系相对清晰，但因果性需要达到一定程度才能认定存在物理的因果关系。如日本的“鸭舌帽·鞋套案”，行为人为抢劫犯提供鸭舌帽和鞋套实施抢劫，法院认为尽管帮助行为与正犯实行和正犯结果之间存在一定的因果性，但不能马上认定帮助行为会使他人犯罪行为变得容易，因而否

---

① 张明楷：《犯罪论的基本问题》，法律出版社 2017 年版，第 367 页。

定成立帮助犯。[①] 可见，物理性因果关系的成立仍需达到一定程度要求，至于要达到何种程度才能归责，一般认为要使正犯的实行行为更容易地实现犯罪，而可罚性依据则是对法益具备危险。中立帮助行为是否可以归责也可以从物理性的角度进行分析，若其与正犯结果之间的物理性因果关系较弱，则不足以作为规范意义上的帮助犯进行归责。

二、心理性因果关系

（一）心理性帮助的表现形式

有观点将心理性帮助分为技术上的助言与狭义的心理帮助。前者体现的是对行为计划的影响，如指导犯罪方法；后者强调对犯罪决意的影响，如鼓励。[②] 前者是对认识因素的影响，后者是对意志因素的影响。但是在实践中，往往提供建议、教授方法、言语激励、助威助阵等作用形式相互交织、彼此渗透，很难清晰划分。

1. 犯罪技术和方法指导

通过为正犯提供技术指导或建议，促进正犯构成要件实现。此种心理性帮助往往作用重大，掌握作案手段和技术是实现犯罪目的的重要途径，我国《刑法》第 295 条传授犯罪方法罪便是对这种心理性帮助的处理。实行人获得指点，使构成行为变得容易，或者从根本上变为可能。也就是说，通过向正犯说明保险柜开启方式或者通知正犯有利于其实施犯罪的时空条件的帮助行为，修正了构成行为实施的具体方式与方法，并且与提供身体性贡献的实行人具有完全一样的因果关系。[③] 德国司法实践曾对为他人实施决斗提供选择武器建议的人、为他人提供实施谋杀建议的人、向保险诈骗犯罪人建议如何毁坏投保财物的人等认定为帮助犯。当然也有观点提出应当进行一定的限制，“应以正犯者是否听从帮助者的建议或者该技术性建言对正犯知性心理有无影响为标准来决定是否应肯定因果性”[④]，只有正犯采纳建议，才能肯定

① 转引自陈洪兵：《中立行为的帮助》，法律出版社 2010 年版，第 61 页。

② 参见刘凌梅：《帮助犯研究》，武汉大学出版社 2003 年版，第 139 页。

③ 参见［德］克劳斯·罗克辛：《德国刑法学总论》（第 2 卷），王世洲等译，法律出版社 2013 年版，第 149 页。

④ ［日］高桥则夫：《共犯体系和共犯理论），冯军、毛乃纯译，中国人民大学出版社 2010 年版，第 216 页。

因果关系与可罚性。

2. 提供信息

帮助行为人故意提供被害人的电话号码、家庭住址、工作地点、经常出没的场所、出门归家时间等信息。此种心理性帮助对于实现犯罪的意义重大。

3. 事前允诺提供帮助

例如，甲向乙订购赃车，甲的行为加深和刺激了乙的盗窃决意，从某种程度上也通过确定销赃途径增加了盗窃把握。有观点将这类行为划分为事先妨害公务行为，属于精神帮助的领域，认为事先承诺能够激励实行人，因而是帮助。[①] 但也有不同看法，认为这种行为提供帮助的时间是在正犯实行终了之后，不是针对构成行为的帮助，只能在作为妨害刑事公务的行为时才具有刑事可罚性。事先承诺型的心理帮助是一种事先共谋与事后帮助的结合行为，事先承诺行为可以使正犯打消疑虑、强化犯意，事后是否现实地实施帮助不影响心理性帮助的认定。事后帮助行为由于没有对正犯构成要件的实现起到促进作用，不应视为帮助犯，可根据具体情形，分别构成窝藏、包庇罪，掩饰隐瞒犯罪所得、犯罪所得收益罪等。对此，前文案例应按照提供了犯罪理由的心理性因果关系的判断标准，将甲的行为认定为盗窃罪，而不是对其事后买赃行为认定为收购赃物罪。从罪刑均衡的角度，对于在事前承诺以洗钱行为对被帮助者通过“上游”犯罪获得的不法收益予以处理的，也应按“上游”犯罪的帮助犯处理，即构成上游犯罪。

4. 助势行为

助势分为现场和非现场。如乙听说甲要去教训丙，便拍着甲的肩膀说道：“好好整一下他，让他再嚣张！”这便属于犯罪现场之外的助势。处罚这种类型的心理性帮助行为，由于证明因果关系极难，因此很少处理，但是证明难度不代表此类行为一概不应处理。从成立帮助行为的角度看，只要对正犯犯意强化起到促进作用就可成立，但从犯意向犯行的转化过程比较复杂多变，要在影响行为人还是影响行为二者之间划出一条明确的界限几乎是不可能

---

① 参见［德］克劳斯·罗克辛：《德国刑法学总论》（第2卷），王世洲等译，法律出版社2013年版，第150页。

的。[1] 这也是心理性因果关系的证明难点。因此，即使产生了促进效果，需要达到什么程度才具有处罚的必要，如果只是点头赞扬的行为，显然是不足够的。因此，从行为类型出发进行形式判断是不够的，只有合理划定帮助犯的心理性因果关系的判断标准，才能划定适当的处罚范围。

现场助势的归责理由在于虽未动手，但出现在犯罪现场就已提供了足够的精神支持。但如果行为人只是单纯地出现在犯罪现场，除此之外并没有任何肢体的或者语言上的表示，是否应认定为帮助行为，争议同样很大。有观点认为只有两种情况可以处罚在场行为，一是行为人的在场旁观行为可以被认定为他虽然没有实施任何行为，但是很可能在正犯需要的时候，为正犯提供帮助，这个潜在的共犯人在场，加强了正犯犯意、降低了被害人的防卫可能性；二是在场人员处于保证人地位，具有作为的义务，而其不作为便可视为具有刑事可罚性的作为的帮助。其他情况下，不应处罚单纯的在场行为，否则那些闲散无事的围观者和没有干涉的爱凑热闹者，将由于帮助而受到惩罚，因为他们的没有行动就会强化实行人的作为，但这是一种不可接受的结论。[2] 因此，出现在犯罪现场的原因复杂，有些属于与正犯意思沟通后的决定，有些属于准备出手协助正犯，而有些则限于看热闹的心态。至于是否归责的标准不在于是否在现场，也不能单纯看法益面临受侵害的紧迫性和直接性，还是要依据心理性因果关系的判断标准进行，即是否为正犯提供了犯罪理由，单纯的场外助势行为如果没有达到这一标准，则不宜归责。

5. 言语激励

单纯的心理帮助，还包括言语鼓励、打消疑虑、振奋精神等。对于这种行为的可罚性存在不同看法。肯定者认为，为正犯提供了行为的额外动机或者打消正犯疑虑的人，与他人形成犯罪决意具有因果关系，可认定存在帮助性因果关系。如甲因为家境困难而萌生抢劫念头，但又因担心被处罚而举棋不定，一日找到青梅竹马的恋人乙，诉说心中苦闷。乙一边流泪一边对甲的想法表示理解和同情，乙让甲获得了精神支持，坚定了抢劫信念，实施了抢劫。乙的行为在客观上坚定了甲的犯意，也为其实施抢劫提供了精神上的推

---

① 参见［德］乌尔斯·金德霍伊泽尔：《刑法总论教科书》，蔡桂生译，北京大学出版社 2015 年版，第 450 页。

② 参见［德］克劳斯·罗克辛：《德国刑法学总论》（第 2 卷），王世洲等译，法律出版社 2013 年版，第 151—152 页。

动力。[1] 但也有不同意见，“精神帮助与教唆不同，对已经产生的决意产生影响的过程更加复杂，如果肯定精神帮助与结果之间因果关系的存在，极可能导致扩大到将所有赞同的行为都被作为帮助犯处罚，也就是通过否定精神帮助与结果之间的因果关系从而来否定狭义精神帮助的可罚性。”[2]

（二）心理性因果关系的作用路径

帮助行为的心理性加功一般有两种：一是通过建议而影响行为实施，二是对正犯的犯罪动机和决意产生影响。前者是对正犯的认识因素进行影响，后者是对正犯的意志因素进行影响。

对认识因素的影响，一般是通过建议。如正犯没有听从，以其他方法实施犯罪的，不能确定存在因果性；在听取了建议后而采取实行行为的，则可以确认因果关系。在这一点上，与物理帮助的逻辑基本一致，即只有现实发生效用的帮助可以确认因果性；区别则在于，心理帮助确认难度更大，物理帮助更容易参照客观法则确认，如甲使用乙提供的工具实施了实行行为，可以认定乙的行为构成了帮助行为，但是甲按照乙的建议实施了行为，就难认定甲的行为与乙的建议存在因果联系，因为有可能甲已经忘了乙的建议，是按照自己的想法实行。但不能因此而否定认识因素中的帮助性因果关系，认定的困难只是证明问题。关键在于正犯认识因素是否受到帮助行为的影响，如果对行为计划、行为有影响，就能肯定心理帮助；在行为未遂或未听取建议而既遂的情况下，就是对未遂的帮助；建议无任何影响，则为不可罚的帮助未遂。

对意志因素的影响认定难度更大。心理性的帮助与教唆行为的界限决定了只有在正犯已经产生犯罪决意的情况下，才能讨论对意志行为的帮助性因果关系。除了部分所谓的激情犯罪行为，实行行为与犯罪决意几乎同步发生，多数犯罪都存在犯罪决意的形成过程，在此过程中也会出现决意反复的情况，刑法也认可把实行着手后的意思变更作为中止犯处理。所以，判断因果性仅凭决意的有无是不够的，更为重要的是决意的程度是否达到了实现实行行为的地步，这也是心理性帮助行为发挥作用的空间。在一些情况下，没

---

① ［德］冯·费尔巴哈：《德国刑法教科书》，徐久生译，中国方正出版社 2010 年版，第 56 页。

② ［日］高桥则夫：《共犯体系和共犯理论》，冯军、毛乃纯译，中国人民大学出版社 2010 年版，第 77 页。

有帮助行为，正犯依然有可能具有犯罪决意；或者从一般情况看，帮助行为很有可能强化犯罪决意，但是在个案中却没有这样的效果，特别是在正犯已经存在犯罪决意的情况下。如果不能妥善处理的话，除正犯以外的其他人的赞同行为都将被视为心理性帮助行为。

（三）心理性帮助的因果性强度

心理的因果性需要达到什么程度才能归责同样需要研究，特别是轻微的赞同、鼓励；在没有使用所提供的工具时，能否认定心理因果性。确定心理性帮助的目的在于归责，如果缺乏客观可感的帮助效果，只能认为对意志因素的心理性帮助提高了法益受到侵害的危险，但是如果把这种提高危险的心理性帮助拓展到所有无直接因果关系的物理性帮助的话，那几乎所有的物理性帮助都是可罚的了。而且这种从法益受到侵害危险的角度来看待心理性帮助，正犯的心理是否受到强化变得不重要，关键是从事前判断实行行为的危险是否得到了提高，有潜在扩大归责范围的可能。现实生活中的鼓励、赞同情况有很多种，如为正犯提供额外的动机，但只有当帮助者提供的额外动机切实增强了犯意或者打消了正犯意图取消犯罪的动机，对正犯意思或行为产生关键的推动作用，才能认定具有心理因果性。赞同、鼓励行为必须发生在正犯作出决意期间，如已经决意犯罪，即使试图强化决意，也不应认定心理因果性。因此，只有在心理的因果性能与物理的帮助行为具有同等程度的促进作用时，才能肯定心理的因果性。

三、心理性帮助与物理性帮助的关系

帮助犯类似于提供作案工具、望风等行为，实际上除了物理因果性外，还包含了心理因果性。换句话说，正犯接受物理帮助后心理层面也会发生变化，因此在很多情况下，物理性帮助与心理性帮助是同时产生、同步发挥作用的。对于是物理因果性还是心理因果性更为本质，有不同观点。有学者认为唯有心理的因果关系才是本质性的，对于共犯的成立来说是必不可少的；另有学者认为，“因借给道具等所产生的物理的因果性是很清楚的，但以犯罪施行意思的维持、强化为内容的心理的因果性却并不明确。”[①] 物理性帮助与心理性帮助的相互关系有以下几种情况：

---

① 参见［日］山口厚：《刑法总论》，付立庆译，中国人民大学出版社2018年版，第318页。

（一）只存在物理性因果性的情况

在仅能确认物理上的因果关系的场合，共犯的因果性仍成立，物理上的因果性与心理上的因果性具备其一即可。但是物理性帮助所产生的心理影响十分复杂，所以判断因果性进而归责的难度很大。如帮助犯向正犯提供了某种工具，当正犯没有考虑以何种工具实施或提供正犯没有考虑的工具，可以认为通过提供工具建议正犯行为，即通过物理性帮助行为影响正犯的认知因素。在这种情况下，即使帮助者在正犯着手之前取回了工具，也不能由此排除心理性影响的效果。因为，取回工具虽然消除了帮助行为对于行为实施时的物理性因果性，但没有消除对正犯实行行为的影响。这里本质性的影响不是提供工具，而是建议的传达，在通过提供工具而影响正犯的实施计划及实行方式，在很大程度上影响了认知因素。相较而言，物理性的帮助行为对于正犯意志因素的影响的情况相对较少，但也不是绝对不存在。如果一些物理性帮助行为，如提供非常先进、非常有针对性、对法益侵害非常有帮助的犯罪工具，就有可能对正犯的意志因素产生决定性影响。但即使物理性帮助发挥了作用，对正犯的意志因素可能没有影响，如为正犯盗窃提供钥匙，但正犯觉得没钥匙照样能开门，虽然提供钥匙确实使实行行为更容易完成，但对正犯的意志因素没有影响，在这种情况下，如果帮助犯取回了钥匙，就不能因为物理性帮助行为的心理性影响而归责帮助行为。

（二）既无物理因果性也无心理因果性的情况

在欠缺共犯故意的场合下，即便帮助行为与正犯结果之间存在因果性，也不能对该帮助行为归责。如库房管理员甲说起晚上打算外出，乙利用这一机会盗窃库房财物，没有甲行为，乙就不会产生犯意，甲行为对结果有心理因果性。但甲、乙并无犯意联络，不能认为甲成立盗窃罪的帮助犯。即便帮助行为客观上提高了正犯行为的危险性，也不具备可罚性。又如上文的案例，甲对于乙望风这一事实并不知情，盗窃过程也未发生任何意外，甲盗窃得手，则不能将乙作为帮助犯进行处罚。因为乙的行为对于甲的正犯结果无任何物理性的因果关系，从甲的角度来看，乙的行为没有任何促进的作用，也不具有心理上的因果关系，不存在作为共犯被处罚的根据。

（三）只有心理因果性的情况

一般情况下心理性帮助因依附于物理帮助，处罚条件无须独立设置，参照物理帮助即可，在为他人提供物理性帮助的场合，帮助行为即使与结果之间不存在因果性，根据促进共识或者危险增加的认定，也可以肯定心理帮助行为因果性的存在。[①]但也有观点认为附带心理帮助不能脱离物理帮助而存在，一旦物理帮助的促进性遭到否定，那么其附带的心理帮助的促进性也一并否定。[②]因此，这是一种比较复杂的情况，即缺乏物理性因果关系的帮助行为在一定程度上影响了实行行为时的正犯心理，以及类似提供工具性质的帮助行为所产生的心理影响。在缺乏物理性因果关系的场合，心理性帮助的影响对于能否归责就是至关重要了。换言之，在物理上帮助未遂或对未遂的帮助，能否以心理性的角度归责为对既遂的帮助。如果按照促进说或者是危险增加说，是否有因果性帮助并不重要，只要依据促进公式或危险增加，就能够按照既遂归责帮助行为。但是这样一来，如果正犯没有使用帮助犯所提供的工具，仅凭提供工具时的意思沟通而认定存在心理的因果性，甚至不需要判断物理因果性，认为只要有意思联络就强化了犯意，可以认定因果关系。这会导致只要帮助者对他人要从事犯罪有认识，正犯也知道帮助者知道，帮助者就需对结果答责，从而扩大了帮助犯成立范围。意思联络并不等价于心理因果性，关键还是证明心理性帮助对于正犯发挥了影响。如提供正犯没有真正使用的工具的场合，如果没有这一工具，正犯就不会去犯罪场所的话，就可以判断存在心理性帮助。

所以对于此类情况不应一概而论，必须划定相对合理、统一的判断标准。如物理性帮助促进了正犯构成要件的实现，心理性帮助与物理性帮助相始终，无须单独判断。如甲打算杀人，希望乙提供枪支，乙提供枪支的同时提供了附带的心理性帮助，接下来有三种可能：一是甲使用了乙提供的枪支，物理性帮助行为已经足够判定帮助行为性质，心理性帮助不必再考察；二是物理性帮助行为没有被接受，即物理性帮助不成立，也就不存在附带的心理性帮助效应；三是正犯接受了物理性帮助，但在实行过程中未起到促进作用，这是最为复杂的情形，如何判断就需要有独立的标准。如甲、乙同谋杀人，正犯甲接受了乙的枪支，但是在杀人过程中未使用。由于甲未使用，物理性帮助的因果关系未发生，但乙强化了甲的犯意，此时心理性帮助能否

① 参见［日］高桥则夫：《共犯体系和共犯理论》，冯军、毛乃纯译，中国人民大学出版社2010年版，第219—220页。

② ［日］山中敬一：《刑法中的因果关系和归属》，成文堂1984年版，第196页。转引自张伟：《帮助犯研究》，中国政法大学出版社2012年版，第85页。

独立适用，构成帮助行为，则要看能否符合促进的标准。简单肯定或否定心理性帮助的独立性都不合理。在帮助行为与正犯构成要件之间不存在物理因果关系的情况下，若要判断促进作用是否发生，必须找到合适的归责规则，衡量是否促进正犯的构成要件。当然也存在物理性帮助行为没有实际效用，但对意志因素有影响的情况，如正犯带着帮助者提供的钥匙到达欲盗窃的地点，发现门未锁，没有必要使用钥匙，可以认为存在影响正犯意志因素的持续效果。所以即使没有实际的物理性帮助，依然可以就正犯的既遂而归责帮助行为。但是由于共同犯罪中至少存在两个以上的自由意志，将意志影响理解为机械的单方面作用是不恰当的，会出现因果律与自由律的二律背反，因此有必要针对心理性因果关系确立新的判断标准和归责原则，后文将详细讨论。

第三节　因果关系与帮助犯的处罚根据

刑法原则上只能处罚符合犯罪构成要件的人，作为狭义共犯的教唆犯和帮助犯并未亲自实施犯罪，施以处罚的依据何在，作为刑罚的扩张事由的共犯规定必要性如何体现。这个问题是共犯论研究不可回避的重要课题，是共犯理论得以建构的基础。关于共犯的处罚根据，理论上主要有责任共犯说、不法共犯说和引起说（因果共犯说）之间的对立。目前因果共犯说成为通说，具体又分为纯粹引起说、修正引起说和折中引起说。

一、因果共犯说

（一）因果共犯说的具体理论

因果共犯说也称引起说、惹起说，认为共犯的处罚根据在于通过正犯造成了法益侵害结果。亲手实施符合构成要件的行为，直接惹起侵犯法益的是直接正犯；通过参与、协力或加功正犯的构成要件行为间接惹起法益侵害的是共犯[①]。处罚共犯的根据在于共犯的行为与法益侵害结果之间具有因果性，共犯通过正犯行为间接引起结果，共犯只对自己行为及结果负责，对无因果

① 参见［日］山口厚：《刑法总论》（第三版），付立庆译，中国人民大学出版社2018年版，第307页。

关系的结果不负责。该说从与犯罪结果的联系来把握共犯的处罚根据，其基础是以损害结果为中心的刑法观。共犯之所以可罚，是因为通过正犯的行为引起了违法结果，所以应该将正犯所引起的犯罪结果归责于共犯。

基于共犯和正犯的不法关系，存在纯粹引起说、修正引起说和混合引起说。纯粹引起说“将违法的本质视为违反命令的主观违法性论。”① 修正引起说认为法益侵害结果系由正犯引起，共犯没有独立的违法性，正犯违法，则共犯也相应地违法；反之亦然。混合引起说对纯粹引起说与修正引起说进行了理论折中，部分承认共犯独立的违法性。共犯的处罚根据是认定正犯、共犯不法关系的关键。

1. 纯粹引起说

主张共犯处罚根据在于自身违法性，共犯之所以具有可罚性，是因为其自身满足了构成要件而侵害了法益，其违法性独立于正犯不法。纯粹引起说主张违法相对性，即共犯实际上是通过正犯引起了法益侵害结果，故应独立判断其是否符合构成要件。德国学者吕德尔森对纯粹引起说进行了系统阐述，他认为处罚共犯是因为共犯自身侵害了法益，不仅在责任方面，在违法性和构成要件符合性方面，共犯都存在独立的、特别的、自身的判断标准。② 该说认为在正犯不法的情况下，共犯存在不违法的可能；在正犯不构成不法的情况下，可能存在共犯不法。共犯独立性表现得最为充分，体现了刑法的个人责任原则，但肯定“没有正犯的共犯”容易引发扩大处罚范围的怀疑。例如，甲帮助乙对自己实施加害行为，甲无罪，但乙成立故意伤害罪的正犯；再如，甲帮助乙实施自伤行为，乙无罪，但甲成立故意伤害罪的帮助犯。

2. 修正引起说

主张处罚共犯是在于其随正犯引起了不法，共犯对正犯具有从属性。修正引起说认为共犯的违法性不是来源于自身，而来源于正犯，所以肯定违法连带性，共犯通过参与正犯行为，引起不法结果。共同犯罪属于所有共犯的作品，不存在违法相对性。对于共犯的处罚是因为促成了正犯的行为，正犯是不法的，进而共犯也是不法的，共犯的不法从属于正犯的不法，不仅否定“无正犯的共犯”，如若不存在正犯的不法，就不存在共犯的不法，也否定

---

① 参见［日］大越义久：《共犯论再考》，成文堂 1989 年版，第 51 页。

② 参见［日］高桥则夫：《共犯体系和共犯理论》，冯军、毛乃纯译，中国人民大学出版社 2010 年版，第 117 页。

“无共犯的正犯”，只要正犯违法，共犯也必定违法。①

3. 混合引起说

修正引起说和混合引起说争论的焦点在于是否承认共犯违法的相对性。混合引起说介于纯粹引起说和修正引起说之间，认为共犯不法是由法益侵害和从属性要素构成，主张“共犯通过正犯者间接地侵害了法益，共犯的违法性来自共犯行为自身的违法性和正犯行为的违法性。”② 主要观点有：

一是在正犯、共犯违法性的关系上，认为共犯独立于正犯的构成要件与违法，只是通过正犯行为引起结果。故共犯的违法性部分是固有的，部分是附随于正犯。因此，正犯的违法性对共犯只具有部分连带性，即虽然不存在“没有正犯的共犯”，但却可能存在“没有共犯的正犯”。③ 在此意义上，共犯不法是独立的，如果帮助行为未引起结果，或没有形成对共犯而言受保护的法益，则不具有违法性。但共犯不能直接侵害法益，必须借助正犯行为和因果关联才能实现。从这点来看，共犯不法从属于正犯不法。

二是在共犯违法性判断问题上，先看正犯结果是否违法，再判断共犯的违法性，在正犯违法的情况下，共犯既可以具备违法性，也存在不违法的情形。判断共犯违法，分别以正犯和共犯为参照，进行两次判断。如对于帮助犯，首先判断被帮助者是否通过实行行为导致了法益侵害结果，从而具有违法性；再看帮助行为是否通过使正犯容易实施从而间接地促进了禁止风险在结果中的实现。

三是在违法性判断的对象上，不仅判断共犯所引起的法益侵害，还判断共犯的行为无价值。因果关系并非充分条件，帮助行为必须为正犯结果的发生加功。由此可知，共犯的违法性，一部分从属于正犯，另一部分从其自身的违法性进行判断。如有观点认为，“共犯的违法性由来于共犯行为自身的违法性和正犯行为的违法性。④ 共犯行为自身的违法性主要是指行为人不具有违法阻却事由，即承认违法的相对性。

---

① 参见黎宏：《刑法学》，法律出版社 2012 年版，第 267—269 页；杨金彪：《共犯的处罚根据》，中国人民公安大学出版社 2008 年版，第 165 页以下。

② 张明楷：《外国刑法纲要》（第三版），法律出版社 2020 年版，第 269 页。

③ 参见［德］克劳斯·罗克辛：《德国刑法学总论》（第 2 卷），王世洲等译，法律出版社 2013 年版，第 100 页。

④ 张明楷：《共同犯罪的认定方法》，载《法学研究》2014 年第 3 期。

（二）关于因果共犯说的综合评析

因果共犯说的各种学说虽有差异，但都是从共犯和结果的关系上来把握共犯本质，其基础是结果中心的刑法观，理论根据是法益侵害说。这与强调刑法道德伦理属性的责任共犯说或不法共犯说相比，是一种进步。刑法是关于法益保护的法，正犯、共犯都因为侵害了本应受保护的法益而可罚，但是如何理解法益，特别是如何看待共犯有无独立的不法，分歧则开始显现。

1. 关于纯粹引起说

该说主张，共犯对正犯仅存在事实上的附随性，而不存在不法上的连带性，其可罚性源于自身的行为引起了不法结果。正犯行为直接导致了法益侵害结果，作为连接共犯与法益侵害结果之间的媒介，只存在因果关系上的意义。虽然该说有利于阐明共犯自身的违法性，但不能完全解决共犯不法的认定。如有观点认为，“共犯是通过介入正犯的实行行为实现构成要件结果的犯罪参与形态，那么在正犯没有引起结果的场合，共犯自身怎么能引起结果呢？”① 所以该说的不足主要体现在：一是从因果共犯论来看，共犯是以正犯行为作为联结点实现了对法益的侵害，不考虑结果而把握共犯违法，背离了因果共犯论。二是共犯的独立不法由于摆脱了从属性，容易导致可罚性的无限扩张。简言之，纯粹引起说除与法益侵害结果的因果关系外，不认为共犯不法还有其他来源。

但最近也有观点主张改良的纯粹引起说，即虽然承认共犯具有独立不法，但其仍受正犯构成要件的制约，共犯成立犯罪未遂或犯罪既遂，不仅要借助正犯行为，而且正犯行为还必须是客观构成要件的行为。② 如以受贿共同犯罪为例，在不存在正犯不法的客观情况下，不具备受贿身份的教唆者自然也不成立共犯。改良的纯粹引起说的本质还是试图为共犯的不法找到除正犯的法益侵害结果以外的处罚依据，尽管正犯的构成要件行为还谈不上具备完整的违法性，但是在三阶层的犯罪体系中除了个别的违法阻却事由，已和违法性差别不大了。

2. 关于修正引起说

修正引起说的实质是坚持以意思自由论为哲学基础的因果关系中断说，

---

① 参见黎宏：《刑法总论问题思考》，中国人民大学出版社2007年版，第508页。

② 参见陈洪兵：《共犯处罚根据论》，载《刑事法评论》（第23卷），北京大学出版社2008年版，第440页。

主张共犯行为与法益侵害之间存在具有自由意志的正犯，故无法成立直接的因果性，共犯的不法必须从属于正犯不法才能成立犯罪。修正引起说的主张可以看到黑格尔学派的影响，认为人是理性的具有自由意志的存在者，犯罪是理性人自由意志的产物，以意志自由论为基础的刑法理论自然承认违法的连带性。但既然共犯行为与结果间的因果关系，因基于正犯的自由意思而中断，那么共犯的从属性的根据因何而来呢？由于修正引起说强调违法的连带性，对于未遂教唆和陷害教唆的可罚性很难解释。通说认为未遂的教唆与陷害教唆因不具有教唆故意，所以不可罚；在未遂的教唆与陷害教唆中，正犯作为被教唆者具有实现既遂的故意，正犯构成不法。修正引起说认为，既然正犯是不法的，则共犯也是不法的，得出的结论就是未遂的教唆和陷害教唆中的教唆者是可罚的；而且教唆的未遂也是不可罚的，原因在于既然正犯并未着手实行犯罪，正犯行为不具备违法性，则共犯也不具备违法性，其原因则在于修正引起说强调违法的绝对连带性，共犯之所以受处罚是因为和共犯共同引致了法益侵害结果。

所以修正引起说无论是论证方法，还是对具体问题的处理，都存在不足，体现在：一是在论证方法上因果倒置。该说认为教唆犯引发了正犯不法，同时又认为教唆犯的不法从属于正犯不法，存在因果逻辑问题，[①] 故无法作为共犯的违法连带性的理论基础。二是法益侵害这一事实不能直接推导出正犯不法具有连带性。有观点认为，在法益侵害是违法性的本质的前提下，共犯的违法性只能通过正犯的法益侵害体现出来[②]。但法益侵害只表明处罚正犯或共犯是因为侵害了法益，并不能说明共犯的法益侵害性只取决于正犯。三是行为共同不是违法连带性的理由。行为共同是指数人在“客观构成行为”上的共同。因此，用行为共同说论证违法连带性[③]，存在逻辑上的漏洞。四是法律规定也没有为共犯从属性提供依据。有学者认为，我国刑法采取客

① 参见秦雪娜：《共犯从属性研究》，中国法制出版社2020年版，第89页。

② 参见黎宏：《刑法总论问题思考》，中国人民大学出版社2007年版，第509页。

③ 参见钱叶六：《共犯违法连带性说的合理性及其应用——基于共犯处罚根据论的探讨》，载《清华法学》2014年第3期。实际上钱叶六教授也已放弃修正引起说，转为支持混合引起说，参见钱叶六：《共犯处罚根据再思考》，载《环球法律评论》2021年第1期。

观主义立场，表明了正犯的违法性要连带作用于共犯。[①] 但也有观点认为，共犯从属性并非取决于刑法的具体规定，相关规定只是刑法对共犯的成立条件作出的形式限制，并非出于事物本质的必然结果，故不能据此否定共犯违法的独立性[②]。我国刑法的客观主义立场只表明，认定犯罪及处罚都必须立足法益侵害，但不意味共犯违法性只由正犯导出，我国刑法只是为因果共犯论提供了法律依据。五是在某些方面扩大了共犯的处罚范围。如共犯是法益主体，嘱托他人损害自身法益，如甲委托乙了结其性命，但乙未遂；又如正犯错误地侵犯了共犯利益，如甲教唆乙盗窃路边停放的汽车，但该车实际上为甲所有。上述情形中违法连带性的结论有失妥当。[③]

应对上述不足，部分学者进行了以下修正：一是嘱托他人损害自身法益时，区分法益主体和其他人的违法判断；二是针对未遂教唆，共犯和正犯之间因教唆者的主观认识可能存在违法相对化；三是特定场合下，正犯行为的违法性对共犯而言并非必要。[④] 概言之，一是提出了不可罚的违法性说，在承认正犯违法的连带性的基础上，认为共犯可因其自身特殊性而不具有可罚性。[⑤] 如幼女甲引诱成年男子乙发生性行为，如果乙知道甲系幼女，构成强奸罪的正犯，依照修正引起说，甲的行为连带违法，这不合理，所以修正引起说认为因为甲同时是被害人，降低了其行为的违法性，因而不可罚，这实际已否定了违法连带性。不可罚的违法性说在衡量共犯和正犯时，考虑到共犯是被害人而不是正犯，这就表明了共犯具有独立的违法性。二是将从属性问题归入责任阶层。修正引起说提出教唆行为也连带于正犯具有不法性，只是由于欠缺犯罪故意不具备有责性，所以才不承担刑事责任。[⑥] 但故意是否仅属于责任层面存在不同观点，也有观点认为故意也具备不法要素的功能，故对于共犯从属性的归属不能一概而论。所以尽管耶塞克支持修正引起说，

---

① 参见杨金彪：《共犯的处罚根据》，中国人民公安大学出版社 2008 年版，第 126 页。

② 参见许泽天：《共犯之处罚基础与从属性》，载《罪与刑——林山田教授六十岁生日祝贺论文集》，五南图书出版有限公司 1997 年版，第 80 页。

③ 参见［日］山口厚：《刑法总论》，付立庆译，中国人民大学出版社 2011 年版，第 298 页。

④ 参见［日］大越義久：《共犯論再考》，弘文堂 1989 年版，第 50—54 页。

⑤ 参见［日］曾根威彦：《刑法總論》（第 4 版），弘文堂 2008 年版，第 245 页。

⑥ 参见黎宏：《刑法总论问题思考》，中国人民大学出版社 2007 年版，第 517 页。

但还是主张放弃处罚未遂教唆的理由无法从共犯的处罚根据中获得，只能从法律之外的刑事政策上的原因加以说明。[①] 三是承认了没有共犯的正犯，体现了对共犯违法独立性的一定程度的认可，并且承认了没有正犯的共犯，认为在正犯不具备违法性的情况下，共犯仍有可能被认定为有违法性。修正引起说的这些修正离原先的理论初衷已差别甚大。

3. 关于混合引起说

在共犯是否具备独立的违法性的问题上，混合引起说对纯粹引起说与修正引起说进行了折中，混合引起说较好地解释了嘱托杀人未遂、未遂教唆以及部分必要共犯不可罚等问题。[②] 但该说在共犯违法性的独立性和从属性上存在逻辑不自洽的问题。而且在利用他人合法行为侵害法益，却又无法成立间接正犯时，显露出局限性。有学者即对此提出疑问，若侧重共犯独立性，则会得出共犯违法的相对性；若侧重共犯违法性由正犯导出，则易得出共犯违法的连带性。在共犯违法的相对性和连带性发生冲突时，应当优先何者则存在疑问。[③] 即便认可混合引起说具有一定合理性，但混合引起说未能充分厘清上述冲突发生时的逻辑关系，其自相矛盾影响了解决问题的能力，如教唆者、帮助者误以为正犯具有故意的场合。当正犯不具有犯罪故意、过失时，难以成立正犯违法，此种情形下：如果以共犯从属性为认定基础，则易导致处罚漏洞；若认为可以成立共犯，就说明共犯违法性并非必然从正犯导出。

针对上述批评，有学者基于承认违法相对性和最小从属性的观点，提出了新混合引起说。即根据个人责任原则，共犯本身因通过正犯引起法益侵害而具备违法性；按照最小从属性，共犯时不被允许地参加了正犯行为，正犯行为只要构成实行行为即可，无须具有违法性。[④]

4. 综合述评

通过对上述三种观点的评析，可以看出三种观点都有可取之处，也都有

---

① 参见［德］汉斯·海因里希·耶塞克、托马斯·魏根特：《德国刑法教科书》，许久生译，中国政法大学出版社 2001 年版，第 832 页。

② 参见张明楷：《刑法学》（上），法律出版社 2021 年版，第 549 页。

③ 参见黎宏：《刑法总论问题思考》，中国人民大学出版社 2007 年版，第 509 页。

④ 参见王昭武：《共犯处罚根据论的反思与修正：新混合惹起说的提出》，载《中国法学》2020 年第 2 期。

一些需要弥补的理论漏洞。传统的纯粹引起说过于强调共犯的独立性，不当地扩大了共犯的处罚范围；修正引起说难以为共犯的不法必须从正犯导出的观点提供充足的理论依据，而且过于强调共犯对于正犯的从属性与违法的连带性，又使共犯的处罚范围过于限缩。但该说从正犯和共犯存在违法量差的角度进行的观点修正，其实已经在向其他观点靠拢。混合引起说看似规避了以上二说的固有缺陷，但共犯具有独立的违法性和共犯的不法从正犯导出原本就是两个对立的标准，混合引起说为了具体问题的解决需要，在支持共犯从属性的同时，例外地承认“正犯违法，共犯不违法”，容易出现内在矛盾。由于混合引起说只是部分承认违法的相对性，所以在利用他人合法行为侵害法益，但又未支配因果流程的场合，就容易显现局限性。[①]而且三种观点也并非绝对水火不容，都各自进行了调整，以应对结论不合理给理论和司法实务带来的负面影响，从新混合引起说和改良的纯粹引起说的出现可见一斑。而且从这些修正和改良中，可以看到一些相向而行的趋势，如承认正犯、共犯不法的相对性、共犯与正犯之间至少存在事实上的关联、共犯的不法除与法益侵害相关的因果性外还有其他不法来源、正犯的构成要件可以限定共犯的处罚范围、放松对正犯行为与共犯行为之间的违法从属性等。可见这些观点对自身的不足都有清醒的认识，也进行了很大的调整以弥补漏洞及契合公众的朴素法感情。当然也可以看出这些理论修正基本都是按照结论进行了反推，而不是从自身理论原点出发进行的推演，所以均不约而同地引入其他领域的理论来弥补漏洞，均对各自的理论前提有所偏移。这说明这些变化的背后一定有着更加宏大理论背景和实务环境来共同推动这些原本差异甚大的学说不断接近，造成要解答的一些问题已经超出了这些观点学说的理论射程，只能以观点先行的方式进行自我调整。

撇开具体的观点不谈，三者在方法论上都将共犯从属性问题和违法性问题直接等同起来。违法性问题[②]是一个蕴含着价值判断的规范化问题，而从属性是判断两个独立事物相互关系的事实性问题，两者有联系但并不能直接画等号。根据休谟法则，从一个事实命题中不能直接得出价值性命题，“是”

---

① 参见秦雪娜：《共犯从属性研究》，中国法制出版社2020年版，第97页。

② 参见［德］克罗斯·罗克辛：《德国刑法学总论》（第1卷），法律出版社2005年版，第188页。关于“不法”作为行为构成和违法性的更高的统一体，处于与责任相对的位置上的表述。下文将“不法”作为行为构成和违法性的上位概念使用。

不能直接得出“应该”，必须通过必要的推理和价值判断。正犯行为与共犯行为的关系、正犯与共犯的关系、共犯行为与正犯的法益侵害结果之间是否存在因果性等命题都是客观存在的事实性问题，而且是不以观察者的主观意识为转移的客观存在，可以直接判断两者的相互联系属于什么性质，进而得出是否具备从属性的结论。但是共犯是否不法是价值性判断，不能仅依据是否具有从属性的结论中直接得出。而且从问题出现的时间先后看，从属性问题是在共同犯罪完成后就出现了，而正犯的不法或共犯不法则应在分别归责后才能得出结论，两者不是同一个阶段的问题。因果性不能直接导出违法性连带的结论，但是也不能认为正犯的不法和共犯的不法完全是毫无关联的，应当进行价值的推理判断。要解决共犯的处罚根据问题，就必须在正犯的不法和共犯的不法之间引入归责理论，重新梳理因果性、不法的概念和从属性等问题，才有助于问题的解决。

二、对帮助犯处罚根据的新思考

（一）共犯处罚根据理论不能解决共犯不法问题

共犯处罚根据是共犯论的根本性问题，但共犯论的核心还是归责，共犯的处罚根据说明共犯为何应当受到处罚，因果共犯论则依据共犯行为与法益侵害结果之间的因果关系决定处罚根据，但宏观上的处罚根据不等于具体案件中的归责范围。从某种意义上说，从属性原则本身就是一种归责原则，但仅完成了将正犯行为、法益侵害结果（危险）归属于共犯行为的任务，归责还有一个更为重要的判断步骤，即能否将法益侵害结果、正犯行为和共犯行为归责于正犯和共犯，前一步是对正犯行为、共犯行为和法益侵害结果（危险）的事实性判断，而后者则是对行为、结果和正犯、共犯之间关系带有规范性质的价值判断。只有这两个任务都完成了，才意味着完成了对正犯和共犯的归责，正犯和共犯的不法问题才能尘埃落定，而归责是个别进行的，所以正犯不法和共犯不法必然是分别推理得出的价值性命题，而推理判断的理论工具就是归责理论。

刑法目的理性的回归推动了人的不法论。犯罪论的关键在于如何理解不法的本质、如何界定不法的范畴。以刑罚目的为核心的犯罪论日趋式微，将客观不法概念移入刑法，将不法和责任分离，刑法中的不法概念不再与刑罚目的挂钩。但在新康德主义的影响下，刑法的目的理性开始回归，不法解决行为是否造成了法不容许的法益侵害结果；责任则是解决能否以法益侵害对行为人进行责难。以法益侵害为不法基础的学说影响深远。但法益侵害并不是犯罪所独有，民事侵权行为和意外事件都会给法益造成损害，缺乏归责色彩的客观不法论，难以体现刑法的目的理性。为了弥补这种缺失，刑法理论界开始为不法注入刑法专属的目的考量。

现代犯罪论体系是以“人的不法论”为基础的，故意、过失等主观要素移至不法阶层，使之成为主观的不法要素，这体现了刑罚目的的回归和对刑法的规范价值，只有受目的操纵的举动才能进入刑法的判断视域。不法概念与刑罚目的建立了紧密关联，每一阶层都反映刑法特定的价值目标。不法的构成要件体现了一般预防的要求，从主客观方面反映刑法规范，表明什么行为得到容许、什么是受到规范禁止的；而且在客观构成要件阶段就考虑归责问题，把偶然与法益侵害结果发生关联的行为排除出可罚范围。

之所以确立共犯的处罚根据，是为了解释对共犯进行处罚的实质依据，但是，共犯行为与法益侵害结果的因果性并不能独立承担起这样的任务。客观的违法性既没有展现共犯对规范的违反，体现一般预防的要求，也没有通过客观归责排除那些处于人的控制能力以外的法益侵害，体现责任原则的要求。所以仅以因果性为依据，在正犯不法和共犯不法之间建立所谓的从属性关系，理由至少不够充分，毕竟因果性连正犯不法都无法确立，更何谈共犯不法。更为重要的是，归责理论的发展使不法概念发生了重要变化，使得在正犯不法和共犯不法之间直接建立从属关系更加困难。

（二）坚持以法益侵害为核心重新梳理因果共犯论

在归责的视野内，共犯和正犯之间仅围绕法益侵害的相关要素存在连带关系，不法问题应归责后判断。所以应当重新回到因果共犯论的理论初衷，坚持以法益侵害为核心，明确正犯与共犯的关系问题。

1. 坚持把法益侵害作为正犯行为和共犯行为的事实连接点

共犯和正犯关系存在两种逻辑。首先是存在意义上的逻辑，先是共犯基于犯罪意思引发或促进正犯行为，然后再考虑正犯是否构成不法，共犯借由正犯行为实现了自身不法。修正引起说和混合引起说先考虑的是顺位在后的正犯行为，再以正犯的不法决定共犯的不法，将共犯和正犯的自然逻辑关系倒置了。这也是一些学者批评共犯从属性原则扭曲了共犯和正犯本原构造的原因。但共犯与正犯的关系还有第二个逻辑，那就是规范论的逻辑，修正引起说和混合引起说认为正犯行为一方面具有联结共犯行为与正犯结果的因果性逻辑，另一方面具有使构成要件的不法归属于共犯行为的规范性逻辑。共犯行为自身引发的法益侵害的危险是抽象危险，只有通过正犯行为引起具体危险之后，才能形成共犯的结果无价值，共犯的不法受正犯不法的限制。原本解决两种逻辑矛盾的思路有两个，一个是纯粹引起说所提出的排除共犯的违法从属性的思路。只要排除正犯的违法性，在共犯的成立上仅以正犯的实行行为为必要，就可以解决该问题。另一个思路是修正引起说所坚持的规范化的认定思路，坚持共犯的不法从属于正犯不法。混合引起说则予以了折中，在一些问题上偏向前者，在另一些问题上则偏向后者。随着现代归责理论的发展，出现了第三种解决思路，即这两种思路其实都没有根本性错误，只是适用范围不同，完全可以并存于不同的层面，各自发挥作用。存在论的逻辑当然适用于事实层面，而规范论的逻辑则应用于价值判断层面，联结两者的则是归责理论，用归因解决事实逻辑问题，用归责解决规范逻辑问题。

如果说正犯不法和共犯不法之间不存在要素从属性，那么是否可以认为共犯与正犯就全无关系，可以独立认定了。结论是否定的，因为正犯行为与共犯行为还是存在客观的事实性联系的，那就是法益侵害事实。这与因果共犯论相契合，即认为共犯和正犯的应受处罚性在于对法益的侵害。共犯之所以受处罚在于其借由正犯行为实现了对法益的侵害，而非修正引起说和混合引起说所主张的因为正犯侵害了法益，故而共犯才侵害了法益，这事实上体现了共犯借用犯说的观点。

存在法益侵害是共犯归责前提。在因果共犯说看来，在共犯和正犯的关系上必须坚持引起与被引起的因果关系，但是仅具有与法益侵害结果的因果关系并不能直接导出违法性的结论。共犯的处罚根据是相对宏观的抽象法益，只能说明共犯的行为与正犯所引起的法益损害结果有刑法意义上的因果关系，但不能说明共犯是否应当被归责，以及应当受什么样的处罚。共犯的不法与责任还是要依据每一个案件的具体情况确定，进行归责。这就会出现一个反差，共犯的损害对象与正犯的损害对象多数情况下是一致的，但在一些特殊情况下，的确会有差异，如帮助自杀案件，正犯侵害的法益是自己的生命，而共犯侵害的法益则是他人的生命，两者不同。当法益不同的时候，以归责为目的的共犯从属性就应当进行相应的调整。正犯与共犯侵害法益或损害结果的差异是不法相对性的本质，但这并不是否定共犯的处罚根据应当自法益损害导出，这只能说明法益损害的意义表达对正犯和共犯是不同的，法益损害决定了共犯应当为正犯的损害结果担责，但是不能说明在归责时也应当按照一个标准进行。

2. 承认不法相对论的因果共犯论能够恰当划定共犯的处罚范围

在接受正犯的法益侵害结果为共犯处罚根据的基础上，不法相对性可以合理划定共犯处罚范围。帮助行为应根据自身的行为无价值与正犯的结果无价值综合判断。所以即使正犯违法，共犯也能因为欠缺行为无价值而无法成立，这避免了共犯处罚范围的扩张。如正犯错误侵害共犯利益、未遂帮助等情况，完全可根据共犯情况防止共犯处罚范围的扩展。坚持共犯的实行从属性，以二元违法性的要求为基准，以共犯、正犯的行为无价值分别结合正犯结果无价值进行认定。即使正犯合法，共犯也能因为通过正犯行为而独立侵害法益。承认利用合法行为的共犯，不仅符合罪责自负的精神，也能防止不合理的处罚漏洞。同时，也能解决利用正犯合法行为而又不构成间接正犯情形下的违法性判断，即教唆者、帮助犯应否归责需从其自身成立条件进行独立判断。

有观点认为承认共犯不法的相对性会导致教唆、帮助他人实施正当防卫或紧急避险等行为都成立共犯，从而使共犯处罚范围不当扩张。然而，违法相对性并不导致所有教唆、帮助他人实施合法行为的行为均成立共犯，仍要从共犯行为有无引起法益侵害的行为，若不存在法益损害风险，则从结果无价值的层面否定共犯的成立。概言之，共犯合法并非是因为正犯合法，而是即使从相对性的角度来分析，共犯亦未实现不法。如果根本就不存在可归责的法益侵害结果，却认为共犯可能独立违法当然不合理。

承认不法的相对性并非主张主观违法论。正犯和共犯之间的不法相对性没有偏离立足于法益侵害寻求共犯处罚根据的客观立场，并不是从行为人的关系上考虑共犯不法的主观违法论。共犯与正犯的不法均需从主客观两个方面的构成要件来实现。共犯的不法判断与单独犯的不法判断的流程和理论框架是一致的，都是在确定因果关系后，用规范的归责理论进行判断。即首先需要从客观方面进行判断，共犯成立不法的客观前提是借助正犯行为引起了对法益的侵害，在此基础上，才考量是否存在主观违法要素。在此意义上，行为人虽然有利用意思，但客观上只帮助他人实施正当防卫行为，而不存在主动制造法益侵害风险的，则缺乏客观不法。由此可见，共犯行为只是从属于正犯结果，不法问题应根据共犯自身的行为无价值和正犯的结果无价值进行判断，只在结果无价值方面存在关联性。据此，在不法问题上，共犯和正犯都应在归责后独立判断，这不等于认同教唆犯、帮助犯是与实行犯相同的正犯类型。虽然共犯需要归责后判断，但不等于参与人的不法等价，不会滑向单一制。

3. 对共犯归责后判断不法不违反我国刑法规定

因果共犯论以法益侵害为中心，主张共犯的处罚根据在于通过正犯行为引起了法益侵害，但对于不法的判断，应当立足于共犯自身的角度，而非从正犯视角出发。我国刑法分则有关规定也体现了对共犯进行归责判断后认定不法的思想。如容留他人吸毒的行为，尽管吸毒者自身不属于刑法上的不法，但容留者却通过单独归责后认定构成犯罪。此外，还有对于某些对向共犯实行单向出发，如处罚传播淫秽物品的行为，但不处罚接收行为等，均是从共犯自身行为对法益侵害的角度进行规范。刑法分则中还有共犯行为正犯化的行为，也是基于原本共犯的法益侵害的危险程度进行考量。

三、帮助犯的不法内涵

在现代犯罪论体系中，因果性归责只能解决部分的共犯处罚根据问题。帮助犯因果关系仅仅确立了归责对象，或者说明确了判断不法的事实前提，并没有完全确定处罚根据。因果关系的判断在共同犯罪的判定中发挥着重要作用，但帮助行为与正犯的法益侵害结果之间的合法则的结果回避可能性，许多情况下根本无法确定，如根本没有发挥作用的帮助行为（没有因果关系但应当认定不法）或发挥了作用的中性帮助行为（有因果关系却不应认定不法）。为解决这一矛盾，共犯的处罚根据理论进行了必要的变通，如放松了帮助行为与结果的因果关系要求，又如对有因果关系的中性行为进行实质性判断和规范化归责，认为该类行为并未从主动制造法所禁止的风险，不具有处罚必要性。这说明帮助犯的不法问题并不能仅依靠因果共犯论得到彻底的解决，因为不法的含义已经超越了因果关系所在的存在论层面，必须上升到规范化归责层面才能解决。

这是因为随着规范论视角的引入，在刑法领域有效力的规范不可能没有命令内容，不法内容需包括评价规范和决定规范这两方面的内容。随之而来的是，一是使不法的精神属性得以凸显。公民对国家的命令规范的肯定或否定的回应体现了人的意志和理解能力，故行为人的能力就必须成为不法的重要组成部分，不法也就不可能仅是一种客观的法益损害事实。二是强化了不法的社会意义。法益损害从客观上来看只是冲突及其产生的结果，但并不能解释对引起结果的行为人科处刑罚的必要性。只有将不法视作对国家制定的刑法规范的违反，不法才获得了社会意义，取得处罚的正当根据。因此，从行为规范的视角观察，决定规范对于不法同样重要。不法是对举动规范的违反，而这以行为人对规范命令具备应答能力为前提，所以不法不可避免地包含了部分责任要素。但这不意味着不法与责任可以合一，而无须分别认定。因为不法的本质仍然在于对法益的侵害事实，精神性因素虽然是不法的要素内容，但若仅从精神和规范维度认定犯罪，则将使得不法概念与存在论基础相悖，从而难以理解和把握。

但是，不法的精神性说明在因果关系和帮助犯不法之间还存在着一个特殊因素，即当事人的意志自由。缺乏人的自由意志，不可能构成不法。帮助犯的归责和不法问题，与单独犯罪一样都不可能脱离意志自由。因果性可能偶然的与人的自由意志在归责时表现出一致性，但真正决定帮助犯是否能对正犯的法益侵害结果承担责任的，绝不是单纯的因果关系，而是人在自由意志支配下的自我决定。而这又是共犯的处罚根据理论所没有涉及的，所以因果共犯论只决定了共犯归责的外部因素或者说是前提条件，没有也不可能体现共犯的主观因素，进而判断是否成立不法，更不可能借助所谓的从属性原则，从正犯的不法中推导出共犯的不法。如果承认共犯的不法既有法益侵害的客观性要素，也有违反规范的精神性要素，那么只能得出行为无价值与结果无价值共同构成了帮助犯不法的结论。

责任共犯说基本上是立足于伦理性行为无价值的立场，而不法共犯说则立足于行为无价值一元论的立场；因果共犯论以因果论作为基础，与犯罪结果相关联来理解共犯，一般认为它是立足于以结果为中心的刑法观，偏向于结果无价值的立场。对共犯不法本质的不同认识，影响了解决问题的思维路径，但不能单纯地认为行为无价值论必然会导致处罚范围的扩大，而结果无价值论是解决问题的根本途径，关键还在于如何理解共犯的不法内涵。如从纯粹引起说来看，由于其认为共犯之不法独立于正犯之不法，从主观的违法性论能够最好地说明违法的相对性，也是人的不法论的归结。在这个意义上，纯粹引起说能够与行为无价值一元论或者二元论的立场相结合。而修正引起说因强调违法的连带性，是从否定人的不法论的客观违法性论中得出的结论，所以能够与结果无价值的观点相契。就混合引起说而言，由于其主张共犯之不法部分从属、部分独立于正犯之不法，考虑到了行为无价值和结果无价值两个方面，混合引起说看似兼顾各方、周全无碍，但是却突破了因果共犯论的理论界限，将不法的行为无价值和结果无价值都放到了事实层面加以解决，没有看到共犯不法的行为无价值侧面的认定，也就是对规范的违反是通过对主观构成要件的归责实现的，并非通过法益侵害的因果关系所推导而来，换言之，帮助犯与法益侵害的因果性只能说明帮助犯的结果无价值。

但是无论对不法的属性有多少种理解，其均是为了解决规范违反中的行为评价问题，只是存在评价标准的差异。认为正犯和共犯都只具有结果无价值的结论是不全面的，否则就无从解释正犯和共犯的区别问题。直接或间接侵害法益只是正犯和帮助犯形式上的差别，不能解释二者在不法等级上的"差"。所以帮助犯或正犯的不法一定与行为无价值相关，否则两者的差异只有对法益侵害方式的区别，这必然走向单一行为人体系。单一行为人体系认为所有犯罪参与行为都是引起法益侵害结果的原因，但忽视了这些参与行为在侵害法益过程中的作用和互动关系，也就忽视了共同犯罪参与类型在规范等级上的实质性差异。这种实质性差异并非仅指共犯的不法与正犯的不法虽然有关联但应分别认定，而是指尽管各参与者的行为都与法益侵害结果有因果关系，但是不同参与者对结果实现的促进程度是不同的。因而帮助犯的行为无价值与结果无价值不是对立的关系，不能只考虑其中之一，不然一定会分裂不法的完整内涵，要么逐步走向独立的抽象危险犯，要么帮助犯相对于正犯的差别化处罚也失去了现实依据。总之，帮助犯的不法内涵具有多重属性，按照阶段不同会有不同的归责对象要求。就帮助行为的成立而言，正犯只需具备结果无价值的要素，实现法益侵害结果即可，帮助行为只要与法益侵害结果有因果关系，无须具备犯罪故意、过失等行为无价值的要素，这个过程也就是共犯处罚根据理论发挥作用的阶段；但是就共犯是否构成不法而言，则必须兼顾结果无价值和行为无价值进行综合判断，按照归责要求进行客观归责、主观归责，这个过程则是归责理论发挥作用的阶段。例如，由于帮助犯构成不法应当具有帮助故意主观违法要素，帮助者除客观上侵害法益外，还应具备主观违法要素，正犯和共犯不法的相对性也由此产生。以未遂帮助为例，尽管正犯具备故意，但帮助者并无犯罪意思，并未实现共犯不法；但在帮助者误以为正犯有故意的场合，虽然正犯不存在故意不能归责，但共犯通过正犯的构成要件行为损害法益，经主观归责可以认定共犯成立了不法，仍可处罚。

1. 帮助犯的主观不法

现代犯罪论体系把传统理论归属于责任阶层的故意、过失等因素进行重新梳理，使其具备不法阶层的意义而成为主观的不法要素。不法论的主观化改造产生了两个后果：一是不法的评价同时针对行为和行为人展开。行为人和行为均是不法与罪责评价的对象。二是故意的入罪功能的运用。以往认为，无故意则无犯罪，故意要素主要发挥去罪功能；但在人的不法中，故意开始承担入罪功能，成为不法的主观要件，在未遂犯领域则表现为主观未遂论的兴起。在目前的不法论中，主观不法主要表现为故意的作为犯，不法的主要要素就是行为人的主观要件。

能够圆满展示故意作为犯构造的主观不法论，对于过失犯和不作为犯却有点力不从心。因为目的行为论下的意志因素本质上仍属于自然主义概念，然而不作为和过失概念在自然意义层面并不存在，只能从规范角度对这两类犯罪类型进行说明。以不作为犯为例，如果仅从因果关系的角度，根本无法区分责任人与无关人员，只有借助义务来源相关理论进行判断。而这些因素都属于客观构成要件，而非主观构成要件。所以，决定不作为犯的不法成立与否的首要因素是客观构成要件，故意充其量只起到辅助性的作用。由于正犯行为构成包含了故意要素，但对客观要件覆盖不全，所以以其为对象的正犯行为说和行为促进说，没有办法通过客观归责排除那些处于人的控制能力以外的法益侵害，体现责任原则的要求。而试图在帮助行为与法益侵害结果之间建立因果关系的正犯结果说和结果促进说，因为忽视了主观要件，无法体现当事人对规范的违反，体现一般预防的要求。所以都不能很好地承担起确定因果关系后对帮助行为的归责使命。

如果认为不法侧重于主观方面，那么在不法的判断上主要表现为主观归责的决定性意义。这种决定性意义体现在，行为人基于对因果进程的认识，在意志因素的作用下实现了其目标导向的结果。目的行为论强调，只有根据行为人的自由意志实行的具有目的性的行为才具有可罚性，客观不法只是主观不法的现实表达，若无主观故意或过失等主观要件，则不具有不法。只有当行为人认识因果关联的前提下，有意识地利用行为并导向法所禁止的结果的发生，才能主观归责于行为人。

2. 帮助犯的客观不法

目的行为理论展示出行为的主观不法特征，但没有涉及客观面。而行为在客观面上的不法特征，正是客观归责理论所要揭示的内容。[①] 与主观归责理论相反，客观归责理论主张客观不法是主观不法的前提，客观不法主要体

① 参见王扬、丁芝华：《客观归责理论研究》，中国人民公安大学出版社2006年版，第11页。

现为行为人利用构成要件行为制造和实现法所禁止的风险。有学者就认为，刑法研究中的行为的风险性即体现了行为在客观面上的不法，是对传统客观不法理论的完善和发展。[①]不同于传统理论中行为与结果之间的事实联系，从客观归责的视角，能够更好地阐明帮助行为与结果之间的规范意义上的联系，从而更好地把握帮助行为的本质特征。客观上的不法特征主要体现为行为和结果的规范违反性，具体包含违反禁止性规范和违反命令性规范。[②]对行为规范和结果规范的确定是判断客观不法的前提，在此基础上，也要结合行为与结果之间的规范联系进行综合判断。

如果认为不法侧重于客观方面，则对于行为不法的判断就主要取决于客观归责。根据在不法判断上侧重于客观方面的观点，刑法从规范角度设置了明确的不法领域，只有实现了法规范设定领域内的不法风险，才属于刑法规制的范围。并且针对这些不法领域的风险的实现，对必要的行为或结果等条件都进行了构成要件的定型化。故风险的确立和实现均依靠客观构成要件，只有制造和实现了规范否定性评价的危险，才能对行为人进行归责。因而，客观归责在不法判断具有存在论上的现实意义和决定性意义。而主观归责应当是客观归责的辅助，在完成客观归责的基础上，才进一步判断行为是基于故意或过失的主观意志，仅具有类型化机能。

---

① 参见王扬、丁芝华：《客观归责理论研究》，中国人民公安大学出版社2006年版，第20页。

② 高铭暄、马克昌：《刑法学》（上编），中国法制出版社1999年版，第121-122页。

第二章　帮助犯因果关系判断标准

第一节　帮助犯因果关系的对象

一、问题的提出

共犯不法的前提是其与法益侵害之间的因果性，共犯的成立要求共犯通过自己所设想的正犯构成要件实现了对法益的侵害。虽然正犯的客观危险性、主观对规范的违反性与共犯的客观危险性、主观对规范的违法性存在质上的差异，但是通过因果关系在事实上关联在一起了。所以，研究共犯的归责对象和归责标准以共犯因果关系为前提。在共同犯罪中，因为“共犯论的核心是能否认定共犯行为直接或者间接引起了法益侵害、危险的共犯的因果关系，以及在具有因果关系的前提下，将共犯构成要件限定于何种范围的共犯的限定关系问题。”① 在共犯行为和正犯的法益侵害结果之间，需要存在因果关系，并不仅仅因为因果关系的存在是对共犯进行归责的前提条件，在共犯行为对构成要件的实现没有实现真正的影响的情况下，就不能认定共犯构成既遂，也就是不能构成既遂正犯的共犯。而且因果关系的存在与否是判断不可罚的共犯未遂、可罚的共犯未遂和共犯既遂的重要标准。如下文几个案例：

案例 1：甲为盗窃财物，连续撬保险柜的锁，持续一段时间后，乙向甲提供了钥匙，甲即可打开保险柜并窃得财物。

案例 2：甲欲杀乙，丙、丁都提供了凶器，甲用丙提供的凶器杀死了乙。

案例 3：甲用效率更差的犯罪工具替换了乙原本打算使用的犯罪工具。

案例 4：乙为甲盗窃望风，但无人路过。

---

①　［日］佐伯仁志：《刑法总论の考え方、乐しみ方》，有斐阁 2013 年版，第 370 页。转引自张明楷：《共同犯罪的认定方法》，载《法学研究》2014 年第 3 期。

案例 5：甲为乙提供犯罪工具，然后提前报警，致使乙在犯罪时落网。

案例 6：出租车司机甲无视发生在车上的强奸行为。

在这几个案例中，有的不存在如无前者即无后者的条件关系，如案例 1，没有乙提供的钥匙，甲仍然能够成功撬锁，即不存在没有帮助行为即无既遂结果的条件因果关系。但这一结论与一般人朴素的法感情差去甚远，所以有观点认为结果不能认为是抽象的盗窃结果，只能将甲提前完成盗窃认为是结果。但即使按照这一标准解决了案例 1，也很难认为案例 2 的丁的行为和案例 4 的乙的行为对犯罪结果有实际的影响。而案例 3、案例 5 的问题更为复杂，似乎成立了因果关系，但是如果没有案例 3 中甲的行为，乙的犯罪将更为高效，那么甲的行为属于降低了危险，能否据此排除行为与结果之间的因果关系；案例 5 中甲的行为属于帮助陷阱，能将乙的犯罪结果归责于甲吗？更为复杂的是案例 6，无论适用哪种建构在存在论基础上的因果关系理论，似乎都难以解释出租车司机甲构成不法的实质性理由。如此看来，帮助犯因果关系确有其特殊性，值得作深入探讨。诚然，因果关系判断标准的多样化具有一定合理性，但这只是一种客观描述，关键要找到是什么原因导致了这样的区别。

二、正犯行为说

该理论着眼于帮助行为与正犯行为之间的关系，认为在帮助行为促使正犯行为更易实现的情况下，可以认定存在因果关系。如有观点认为，从犯实施了对正犯者的实行进行援助的行为，使正犯的实行变得容易，因此帮助行为与正犯实行之间存在因果关系。[①] 此种观点与共犯从属性说不谋而合，均认为帮助犯从属于正犯而具备可罚性。通过判断帮助行为是否从心理上或者物理上对实行行为发挥了促进作用，以彰显帮助行为的违法性。有日本学者从日本刑法只规定了“实施了帮助”的情形，认为只要帮助行为是支援了正犯，使实行行为容易实施就已足够，即帮助行为和正犯行为之间必须具有因果关系。[②] 该说立足于帮助性因果关系的特殊性，认为不宜直接适用条件公

① 参见［日］大塚仁：《刑法概说（总论）》，冯军译，中国人民大学出版社 2003 年版，第 248 页。

② 参见［日］大谷实：《刑法讲义总论》，黎宏译，中国人民大学出版社 2008 年版，第 405 页。

式，而是将帮助行为对正犯行为的促进作用视为因果关系，则成为解决困境的一个思路。帮助犯的处罚根据不再是造成了法益侵害，而是参与了正犯行为。

该说的不足主要体现在：一是将帮助性因果关系仅局限于帮助行为和实行行为之间，改变了因果关系原本的范畴。从共犯处罚根据理论中的责任共犯论与不法共犯论看来，帮助犯的处罚根据在于“使正犯陷入罪责”或“使正犯实施了违法行为”[①]，并不要求帮助行为与法益侵害之间具备因果性。从因果共犯论来看，则将帮助犯处罚根据归结为造成法益侵害，合理地解释了共犯的不法内涵，是因果关系理论在共同犯罪领域的具体体现；从保护法益的目的出发，只有具有法益侵害性的行为才能纳入刑罚视野，“脱离了对于因果关系的要求，则对于特定行为的处罚也同时脱离了法益保护的关联性”，[②] 故不能脱离法益侵害而论证帮助犯的构成与处罚。正犯行为说实际主张对帮助犯采用与正犯不同的归责原理，必然与因果共犯论的立场不协调。

二是容易将帮助犯危险犯化。因果关系是判断犯罪既遂的客观构成要件之一，但不适用于危险犯，因为危险犯不以实害结果为要件。帮助行为与法益侵害结果的联接是通过正犯的实行行为，帮助行为一般不会直接造成对法益的现实危险。故正犯行为说意味着帮助行为通过参与实行行为，形成对法益的抽象或具体危险。但若帮助行为只要求与正犯实行行为具有因果关系，最终的因果关系可能就不再具有区分可罚与不可罚帮助的作用，所有的参与者都成为了共犯。

三、正犯结果说

根据该理论，因果关系是刑法责任的基石，具备共犯行为与正犯结果之间的因果关系才能使共犯承担既遂责任。[③] 为了肯定共犯成立，则正犯行为与构成要件结果之间必须具备因果关系。如果无法认定存在因果关系，则须否定共犯成立。该说以正犯结果的实现作为判断依据，在对既遂犯帮助归责的问题上，克服了正犯行为说的不足，并与未遂犯的帮助划定了界限。

---

① 参见［日］西田典之：《共犯理论的展开》，江溯、李世阳译，中国法制出版社2017年版，第30页。

② 黄荣坚：《帮助犯之不法与故意》，载《法令月刊》2010年第3期。

③ 参见张明楷：《犯罪论的基本问题》，法律出版社2017年版，第363页。

从总体上而言，正犯结果说认为所有犯罪参与行为都是引起法益侵害结果的原因，但忽视了这些行为在侵害法益过程中的作用和互动关系，也就忽视了不同行为在规范等级上的差异，尽管帮助行为、正犯行为都与法益侵害结果有因果关系，但对犯罪结果的支配能力和因果流程是不同的，导致了因果关系的类型也存在差异。认为正犯和共犯都只具有结果无价值的结论是不全面的，否则在一些问题的认定上，将无法对正犯与共犯进行准确区分。帮助犯通过正犯以符合构成要件的行为共同侵害了法益，正犯不仅为自己，也为帮助犯实现了犯罪意思指向的结果。因而共犯或正犯的不法一定与行为无价值相关，否则两者的差异只有对法益侵害方式的区别，这必然走向单一行为人体系，即只在形式上区分正犯和共犯，却不认为在不法上有什么本质差异。正犯结果说过于孤立地看待帮助行为，忽视了帮助行为与正犯行为的影响，共犯的行为无价值与结果无价值不是对立的关系，不能只考虑其中之一，不然一定会割裂共犯不法，要么走向抽象危险犯，要么共犯的差别化处罚也失去了现实依据。

四、综合评价

从总体上而言，两种理论都有不足，或扩大或限缩了因果关系的范围。如对于帮助行为完成、但正犯未遂的情形，由于未发生法益侵害结果，正犯结果说则认为无法进行归责。在这个问题上，正犯结果说与结果促进说一样，对于帮助行为只促进了正犯行为，与法益侵害后果缺乏物理性因果关系的情况认为不存在因果关系。正犯行为说主张“帮助犯的因果关系，只要从其和正犯的实行行为之间的关系的角度来考虑就可以了，没有必要考虑其和正犯结果之间的关系。”①但正如上文所述，在帮助行为既遂，而正犯未遂的情形下，限缩了对帮助犯的处罚。如果认为帮助性因果关系仅限帮助行为与正犯实行行为之间，必然无法将正犯的既遂结果归属于帮助行为。

出现这些困扰的根本原因在于，判断帮助犯因果关系是为了满足归责需要。帮助行为是直接作用于正犯行为，还是与法益侵害有因果关系，都不能推导出帮助行为是否可以归责的结论。进行因果关系判断的真正目的，是决定把什么样的后果归属于怎样的行为，而又是在谁的自由意志支配下做出了

---

① 参见黎宏：《刑法学总论》（第二版），法律出版社2012年版，第291页。

这样的行为，进而让自由意志所有者为后果答责。所以，因果关系的判断标准应当是在自由意志支配下的帮助行为是否对外在世界产生了对法益不利的影响，不能因为帮助行为与法益侵害结果缺乏物理性因果关系就判断不存在因果性，这就在无形中限缩了因果关系的范围。共同犯罪领域因为存在大量的直接、间接关系，帮助行为中又存在物理的、心理的帮助方式，给厘清因果关系带来了不少困难，更需要从复杂的表面现象中去寻找归责的对象，进而明确归责的路径。

五、构成要件说之提倡

如果可以参考归责对象确定因果关系的范围，那么帮助行为的归责对象应该为何？与法益侵害存在因果关系是处罚帮助犯的正当性来源，关于如何在帮助行为和法益侵害结果之间建立因果联系以满足共犯处罚根据的需要，不同观点的侧重不同。正犯结果说往往将共犯的处罚根据等同于归责对象，将法益侵害结果作为帮助犯的归责依据；正犯行为说则体现了间接的法益侵害，将正犯行为作为结果对帮助犯进行归责；认为帮助犯有独立不法的观点，甚至认为帮助犯属于抽象危险犯或者具体危险犯，有自身的无价值，不需要就正犯的行为或结果归责。

本书认为，法益侵害结果是帮助犯的处罚根据，但并不是帮助犯因果关系的对象，正犯的构成要件才是帮助行为的归责对象。在帮助性因果关系的问题上，正犯行为、法益侵害后果、直接还是间接侵害法益等存在论意义上的要素固然重要，但刑法学不是犯罪学，而是研究如何评价犯罪事实的规范学。帮助犯因果关系要解决的核心问题，正逐步从判断帮助行为与法益侵害后果之间的关系，向根据刑法规范、确定帮助行为的归责根据与范围转变。刑法因果关系导向的是规范化归责，从哲学或自然主义的单一视角，均忽视了因果关系判断的实质。若从自然主义视角确定帮助行为的归责基础，实质就是把帮助行为作为纯粹的客观存在，而非规范事实来对待。以正犯行为说或正犯结果说为例，是否与正犯行为或结果存在因果关系固然是存在论上的事实，与规范意义上帮助行为是否要为结果负责并没有必然联系。如果不具有归责基础，即使是促进了法益侵害的因果关系，在规范上也是没有意义的。如甲雇用司机乙到某仓库用伪造的提货单拉货，乙虽然在客观上对犯罪行为起到了帮助作用，但主观上没有认识，缺乏归责基础。这表明无法脱离归责的需要而以哲学上的视角确定因果关系的判断标准。如果因为单纯物理上的因果关系不能满足归责需要，将心理因果关系作为补充，必然会对因果关系的对象产生影响。一般认为，心理的因果性表现为强化或助长正犯实行行为决意，作用的对象只能是正犯的主观构成要件。反过来说，缺乏主观要件的因果关系对象必然无法满足归责的需要。

运用因果关系理论解决行为与结果的关系问题，从某种意义上说就是把因果关系理论作为结果归责理论来使用，在行为与结果存在条件关系时，将结果归属于行为。对单独犯而言，因为只存在一个主体的自由意志，不存在分别考虑准备行为、实行行为和法益侵害后果的必要，因果性很清晰。法益侵害是实行行为所独立导致的，法益侵害后果就是“结果”，只要判断存在条件因果关系，就可以直接判断行为人是否构成不法，进而也就可以将后果归责于行为。但是多人参与的共同犯罪，构成要件要素在不同行为人之间存在分配问题。对于共同正犯、教唆犯、帮助犯和间接正犯，结果归责的“结果”含义各不相同，并不都是正犯的法益侵害后果。如果沿用单独犯因果关系的判断路径，仅强调帮助行为与某一构成要件要素之间的因果关系，那么无论这个要素是正犯行为还是法益侵害结果，都会限缩了帮助行为的归责对象。因为共同犯罪客观上只有一个不法，充足了一个构成要件，按照罪刑法定原则，构成要件限制了正犯不法的延伸，着手之前的行为或实行行为的片段，除非刑法有特别规定，都不构成不法，更不能成为归责对象。故将因果之“果”单纯限定为正犯行为抑或正犯结果，必然割裂了正犯不法，进而影响了对于帮助犯不法的认定。所以帮助行为的归责对象只能是整体的构成要件，而非某个构成要素。这就像移动桌子，既可以拉桌腿，也可以推桌面，甚至可以抬着走，但最重要的还是要看桌子是否移动。

帮助犯拥有自由意志，没有义务按照正犯的意志行动。当帮助行为与构成要件具有归责意义上的关联，就意味着在规范意义上具备了因果关系。当然，正犯行为是最重要的部分，正犯可以自由决定是否实施犯罪，但帮助行为的意义与正犯行为的意义融合在了一起，正犯结果说、正犯行为说之所以没有涵盖所有的因果关系，根本原因是忽略了帮助行为的归责对象应当是构成要件，把正犯行为和结果分开，使归责对象支离破碎。帮助行为与法益侵害结果虽然不存在直接的引起关系，但即使是通过正犯行为与结果之间产生因果性的联系，也应当对结果答责。有观点认为，只要帮助行为具有使得正犯行为更容易的促进关系即可（促进公式）。[①] 这些观点将帮助犯因果关系理解为帮助行为帮助正犯行为侵害法益。这当然不全面，但也体现了正犯行为说的合理内容。所以把构成要件作为帮助行为因果关系的对象，吸纳了正犯行为说的合理成分，帮助犯与正犯行为之间具备因果性也可以进行归责。

实现构成要件不是简单地通过行为的结合或者意思联络。通过因果关系，可以发现正犯行为、帮助行为在心理上、物理上的影响范围，却看不到背后的法律规范。之所以要求帮助行为为整体的构成要件而答责，是因为共犯的归责范围由共同犯罪的范围决定。正犯和共犯的规范共同性决定了归责范围，归责范围决定了因果关系的范围，因果关系范围有多大，帮助行为就要在多大范围内答责。如将梯子借给他人偷东西，对偷到的东西当然要负责，但是对于偷到的军火、毒品、辐射物等特定物却不一定要负责，因为不在一般人理解的范围内。同样的帮助行为，有时可以认为是促进了正犯结果，有时又只能认定为促进了正犯行为，构成要件所体现的行为不法和结果不法都有可能出现在帮助性因果关系的终点，因此正犯结果说和正犯行为说都只揭示了帮助犯因果关系的部分内涵。脱离了规范意义就事论事地在自然意义上讨论刑法上的因果关系就很难科学划定因果关系的范围。所以将仓库钥匙交给盗窃犯，就不只意味着转移了对仓库大门开关的权力，而是参与到了一起盗窃行为之中。帮助行为的范围因此就延伸到了正犯行为之中，特别是在正犯行为开始着手，展现出违反规范的不法的高度可能性，帮助犯依然实施了帮助行为，当然应当就整体的构成要件归责。

之所以得出这个结论，主要理由在于帮助行为难以体现构成要件的定型性，帮助行为离正犯结果较远，中间又介入了正犯行为。因此，帮助行为往往是通过促进正犯行为从而与法益侵害结果发生关联，将构成要件作为因果关系对象，有助于解决一些疑难问题。因为帮助犯在规范上表达出实现构成要件的目的，而非中立行为，这才构成了归责的前提。如果归责的对象是构成要件，帮助犯必须对结果持故意或间接故意的心态。如前文案例 5 所谓“帮助陷阱”问题中，因为帮助者对结果不具主观故意，帮助行为并未指向构成要件，被帮助的未遂行为也就不能归责于帮助行为。又如案例 3 中把较先进的犯罪工具替换为较落后的，反而增加了正犯行为的难度。如果只从正

---

① 参见［日］西田典之：《日本刑法总论》，刘明祥、王昭武译，中国人民大学出版社 2007 年版，第 280 页。

犯行为或结果的角度评价帮助行为，很难得出合理的结论，正确的答案只能从帮助犯对于实现构成要件的目的中寻找，即帮助行为是否表达了在规范上实现构成要件的意义，表达了就成立因果关系，如出于错误认识，误以为落后的工具更有利于侵害法益，即使客观上降低了法益侵害风险也成立；如果没有表达，而是出于对法益的保护目的紧急避险行为，自然就不存在因果关系。

第二节　帮助犯因果关系的内涵

帮助犯因果关系的对象之后，接下来的主要任务就是按照什么样的标准判断因果关系成立与否以及成立何种类型的因果关系。帮助性因果关系的判断标准包括同一的因果关系说、独立的因果关系说、实行行为说和危险增加说等。随着因果关系理论的发展，多数理论观点均在条件说的基础上进行修正，现在一般将条件关系缓和为促进关系或风险提升，以实现有别于单独犯因果关系的判断标准。

一、促进说

帮助犯因果关系因其自身的特殊性，直接适用条件公式有难度，选择“促进”作为因果关系判定标准，成为解决困境的一个思路。按照德国司法判例的解释，帮助行为只要在任一时间点对正犯主行为有促进作用即可，即便该贡献没有对结果起作用，也可认定为帮助既遂。① 行为促进说认为帮助行为是犯罪参与形式，结果是正犯行为，而非正犯结果。该说对单独犯罪的因果关系理论进行了双重修正，一是帮助行为与正犯结果之间不必有因果关系；二是帮助行为与正犯实行之间只需要有促进作用即可，无须达到条件关系的程度。

行为促进说将帮助犯因果关系判断的重点放在帮助行为对正犯行为的促进作用上，具有一定的合理性。但这种因果关系限定偏离了传统的因果关系理论，对结果的范畴进行不当转化。这会造成帮助犯和教唆犯的处罚依据不一致。教唆犯需要具备促进正犯产生犯意和通过正犯行为侵害法益两个条

① 参见［德］乌尔斯·金德霍伊泽尔：《刑法总论教科书》，蔡桂生译，北京大学出版社2015年版，第451页。

件，若帮助行为只要求与实行行为之间存在因果关系，则会导致理论的不一致。[①]最终的因果关系可能就不再具有区分可罚与不可罚帮助的作用，所有的参与者都成为了共犯。而且以帮助行为引起了正犯侵害法益的危险为根据，只能追究帮助未遂，无法区分既遂的帮助犯与未遂的帮助犯。

由于行为促进说的不足，有观点提出了帮助性因果关系也应当坚持传统因果关系理论，应当体现为帮助行为对法益侵害结果的促进。具体可以表现为帮助行为对结果的各种不同程度、不同形式的促进，如扩大了结果范围、使结果提前发生或提升了结果实现的风险性。该主张强调帮助行为需在事实上促进了损害结果的发生，如果客观上不存在任何促进作用，则不可以成立帮助犯既遂。“只有当帮助行为与正犯结果之间具有物理的因果性或者心理的因果性时，帮助犯才对正犯结果负责。”[②]结果促进说似乎相对合理，毕竟法益侵害是共犯的处罚根据，围绕结果展开因果性分析合乎逻辑。但如果只看到帮助行为对法益侵害结果的直接因果性，而忽略了其通过正犯行为对法益侵害的间接因果性也不够全面。

促进说由于体现了以规范为支点的归责导向，强调刑法条文背后的特定目的对因果关系判断标准的影响，对于解决一些疑难问题确有作用。但是无论是行为促进说还是结果促进说，都将条件关系向促进作用转变，导致因果关系认定标准有所宽松。如何在没有物理性因果关系的情况下，判断是否存在促进作用，则成为归责的难题。一般认为，与没有帮助行为的情形相比，由于帮助行为的存在，使得正犯具体结果出现了变更，[③]如加重正犯结果、提前实现结果等情形。但这些帮助行为仅在因果关系的程度上，而没有在质上改变正犯与法益侵害结果的因果性，但对于没有实际影响、却又改变了正犯行为具体形态的帮助行为，如果认定具有因果性就容易偏离归责的一般路径，所以也有必要合理划定帮助性因果关系的范围。总之，行为促进说与结果促进说各有利弊，前者难以区分对既遂犯的帮助与对未遂犯的帮助，对既遂犯的帮助归责不合理；后者则忽视了只对行为有促进作用的未遂帮助的可罚性问题。这主要是因为把构成要件的主观要件、客观要件、行为、结果要

① 参见蔡圣伟：《论帮助行为之因果关系》，载《政大法学评论》2013 年第 134 期。

② 张明楷：《刑法学》（上），法律出版社 2021 年版，第 567 页。

③ 参见［日］前田雅英：《刑法总论讲义》（第 6 版），曾文科译，北京大学出版社 2017 年版，第 339 页。

素分开判断，割裂了整体不法，当帮助行为只和某个要素有关联的情况下，不可避免地给既未遂判断及合理归责带来了困难。

二、风险提升说

还有一种思路是从“风险提升”的角度理解促进，“只有在一种原因性贡献对被害人提高了风险，对实行人提高了实现结果的机会时，这种原因性贡献才能是一种帮助”。[①]促进作用不仅对正犯行为生效，还延伸到正犯结果中。然而是按照事前一般人的判断标准，还是事后的判断标准，必然会影响到归责结论。如没有犯意联络的自行望风行为，如果认为会提升既遂可能性，那么就存在因果关系。有观点认为，虽然自行望风行为在事前来看可能有助于正犯实行，客观上也降低了正犯实行失败的风险，但若从事后来看，即使没有该行为，正犯实行也能够成功，则无法进行归责。[②]还有观点则主张，当帮助行为与正犯行为或结果均欠缺因果关联时，就算其客观上提升了风险性，也不能认定为帮助既遂。[③]

以风险提升为工具判断帮助犯的因果关系，存在诸多不确定性，标准不够清晰。但是这并不能否认风险提升的价值，风险提升标准的确立等于在形形色色的帮助行为背后找到了处罚的实质性根据，对于距离正犯结果较远的帮助行为意义非常重大，等于明确了一个有共性的衡量标杆。但是以风险提升取代条件说的因果关系判定，等于改变了刑事归责的事实基础。因此，风险是否提升的判断应当属于归责范畴，而非归因范畴。传统的结果归责以人的自由意志和法益侵害后果的关联作为其正当性根据，但在风险提升的框架下，帮助行为被视为促进正犯行为并提升风险的行为，故与正犯既遂结果之间就不是对应关系，而是只要风险提升，则帮助犯既遂，结果失去了对因果关系的决定性意义。所以在强调帮助行为“危险性”的同时，必须附加风险导致法益侵害结果实现的要求，对此的检验方式是以行为人行为前后的侵害

---

① 参见［德］克劳斯·罗克辛：《德国刑法总论》（第2卷），王世洲译，法律出版社2013年版，第153页。

② 参见［德］克劳斯·罗克辛：《德国刑法总论》（第2卷），王世洲译，法律出版社2013年版，第154页。

③ 参见［日］西田典之：《日本刑法总论》，刘明祥、王昭武译，中国人民大学出版社2007年版，第282页。

发生概率做对比。这种判断是事后的，如果法益侵害结果实现，即正犯既遂，风险必然提升，相反地，如果法益侵害结果未出现，即正犯未遂，风险则必然未提升。所谓“风险提升”只在借助正犯既遂、未遂进行判断时有意义，对于判断帮助行为与法益侵害结果的因果关系还不够充分有力，如提供犯罪工具，而正犯利用其他工具犯罪，难以对此帮助行为以既遂归责。因此，风险提升不是事实性的判断标准，而是在确定帮助犯因果关系成立后，从规范判断的角度确定实质性构成不法的帮助行为。

条件说等判断帮助犯因果关系的老路走不通，促进说等新路又走得磕磕绊绊，究竟应当如何确立帮助性因果关系的判断标准？促进说的成功之处在于，使帮助犯因果关系判断标准与侵害法益的具体因果流程相脱离，开始着眼于让帮助行为对正犯行为或结果的实现负责。但促进不是规范化概念，促进了法益侵害因果流程的帮助行为是否构成不法，还是要取决于帮助不法。帮助行为的不法及由此而生的归责，只能在帮助犯与正犯的社会关系中被确定。帮助犯的不法以可归责为前提，而非在自然意义上促进了因果流程为基础，如果没有对规范的违反，没有实现构成要件的主观故意，促进了因果流程的行为可能不是不法。促进说根据对正犯行为、结果的促进效应确定帮助犯的立场是有价值的，但仅有自然意义上的促进作用不一定能成立帮助犯的不法。促进仍需以正犯行为或结果作为关联要素，其并未与归责理论建立直接的联系，因此归责意义上的帮助犯不能与促进因果流程的角色画等号。所以，促进说的进步在于将规范化的归责思路引入了帮助犯因果关系的判断标准之中，其不足则在于转型还不够彻底。

三、构成要件促进说

只有确立一个更加全面、实质化的帮助犯因果关系判断标准，才有可能为下一步的归责奠定基础。本书认为，构成要件促进说是一个相对合理的标准。首先，帮助行为的归责对象是构成要件，决定了帮助犯因果关系的范围必然涵盖了构成要件的全部要素，既包括正犯行为（包含了主观要件），也包括法益侵害后果。其次，规范要素、主观要件的加入推动构成要件日益实质化，原本就具备定型作用的构成要件在加入规范要素和主观要件后，通过客观归责将偶然事件、法律不保护的法益侵害排除出帮助行为的对象范围，在这方面是明显优于正犯行为说或正犯结果说。最后，由于强调了帮助犯对于构成要件实现的故意，能够合理划定“促进”范畴，限定了归责向中立帮助行为的扩张，能在一定程度上削弱促进说的不足。所以，构成要件促进说并非是对结果促进说和行为促进说的机械相加，而是将帮助行为与正犯行为或结果的事实性关联转化为实质化的规范联系。从形式上看，帮助行为促进构成要件表现为使正犯对于法益的侵害更为便利，或者通过影响正犯的自由意志使侵害法益的愿望更为强烈；从实质上理解，则是帮助犯应该为在自身意志支配下的帮助行为所引起正犯不法而承担责任。

（一）帮助行为背后的自由意志决定了因果关系的判断标准

尽管正犯、共犯适用不同的因果关系判断标准，但归责原理是相同的，即让行为人为自由意志支配下的行为所造成的结果负责。帮助犯的归责，与单独犯一样都不可能脱离当事人的意志自由。因果性可能偶然地与人的自由意志在归责时表现出一致性，但真正决定帮助犯对正犯的法益侵害结果承担责任的，绝不是单纯的因果关系，而是人在自由意志支配下的自我决定。客观上造成结果的原因可以有很多，从原因链来看，甚至难以穷举。而且在自由意志的支配下，能够不断创设新的具有原因性的事实。所以仅依靠因果关系，是无法找出归责对象的；只有找到依照人的意志自由而创设新的因果关系起点，才能找到构成要件的实现者。但是自治的行为意味着溯责禁止，帮助犯作为意志自由的主体，对于正犯的后果归责理由何在？在共同犯罪中，犯罪参与人的互动关系是共同犯罪区别于单独犯的本质所在。这种互动关系不仅具有事实层面的存在论意义，也具有规范意义。帮助犯与正犯的互动关系，不可避免地影响对帮助犯的归责判断。正犯结果说将意志自由的主体间的联系一律视为事实关联，只需在行为人的行为与结果之间建立联系，然后分别考虑归责问题，导致共同犯罪的归责与单独的人和自然力或者动物等因素共同引发结果后归责的情况，没有本质差异。但是规范化的归责以自由意志为基础，如果帮助行为缺乏对于实现正犯不法的故意，就无法体现自由意志对归责的影响。

隐藏在正犯行为背后的自由意志有很多，刑法需要判断的主要有动机、目的、违法性认识，核心是侵害法益的故意或过失。帮助犯的自由意志则相对复杂，值得刑法评价的至少有两个面向，一是意图引起法益侵害结果的故意；二是意图影响正犯的自由意志。对帮助犯的这两个自由意志进行归责都有正当依据：帮助犯意图侵害法益的意志与正犯的意志相结合，通过帮助行为使正犯实现了目的，这时可以将正犯的行为视作帮助犯自由意志的延伸与实现，正犯引起的法益侵害后果自然可以归责于帮助犯。这时的归责原理有些类似于共同正犯，通过将各参与人的行为视作一个整体共同归责，解决了一部分帮助行为没有直接侵害法益情况下的归责问题。但是将正犯的行为视作帮助犯意志的延伸，仅解决了一部分帮助行为的归责问题，还有许多情况是帮助行为对于法益侵害后果欠缺物理性因果关系。相较物理性因果关系，心理性因果关系则在一定程度上满足了此类情况的归责需要，但存在更难从科学上找到依据、更难以量化、更难以判断的问题，实现合理归责的需要是确立因果关系判断标准的首要目标。心理性因果关系概念的背后其实就蕴涵着帮助犯自由意志的第二个面向，即对正犯自由意志的影响或强化。这里的归责路径有些类似于教唆犯或共谋正犯，只不过教唆犯以引起他人的犯意为成立标准，而帮助犯则是在正犯犯意产生后强化了正犯的意志因素或深化了认识因素。这些犯罪参与者的归责模式呈现类似的特点，即自身自由意志在遇到正犯的自由意志后，由于没有物理性因果关系的支持，无法继续延伸到法益侵害结果，其有效射程在正犯自由意志处中断了，外在的客观因果关系不支撑帮助行为背后的自由意志与正犯的自由意志能够视为一个整体，进而将法益侵害结果归责于帮助行为，所以只能就帮助犯的自由意志对正犯的意志产生的影响进行归责，这也符合主客观相一致的原则。但为了防止帮助犯走向危险犯，采用这一模式对帮助行为归责必须有前提，即尽管缺乏帮助行为的物理性因果关系，正犯行为依然引起了外在世界不利于法益保护的变动。因为帮助犯的归责对象是构成要件，正犯的犯罪类型对归责没有影响，正犯是结果犯时，帮助结果是构成要件的实现，归责没有疑问；正犯是行为犯时，正犯行为对帮助犯而言属于自由意志影响的体现，也可以结果归责；在与法益侵害结果不存在条件关系的情况下，正犯的自由意志受到帮助行为的影响，进而侵害了法益，也可以对帮助行为归责；如果正犯的意志受到了影响，但没有对法益实现侵害，则按照未遂归责。

按照阶段不同会有不同的归责对象要求，如对于共犯行为的成立，正犯只需实现法益侵害结果即可。共犯的行为只要与法益侵害结果有因果关系，无须具备犯罪故意、过失等行为无价值的要素，这个过程也就是因果理论发挥作用的阶段；但是就共犯是否构成不法而言，则必须兼顾结果无价值和行为无价值进行综合判断，按照归责要求进行客观归责、主观归责，这个过程则是归责理论发挥作用的阶段。例如帮助犯构成不法应当具有帮助故意等主观违法要素，除客观上侵害法益外，还应具备主观违法要素，正犯和共犯不法的相对化也由此产生。

（二）帮助犯因果关系必然涵盖了构成要件的全部要素

帮助行为的归责对象是构成要件，决定了帮助性因果关系的范围必然涵盖了构成要件的全部要素，既包括正犯行为也包括法益侵害后果。判断帮助性因果关系的标准就应当是有无促进构成要件的实现，提倡构成要件促进说并非是对结果促进说和行为促进说的简单调和。从形式上看，帮助行为能够结果归责的前提是帮助行为与构成要件的实现具有因果关系；从实质上理解，则是帮助犯应该为在自身意志支配下的帮助行为所引发的法益侵害和对正犯自由意志的影响而承担责任。当然对后者的归责，只能在正犯对外在世界采取了不利于法益举动的情况下，如果帮助犯对正犯意志的影响仅停留在思想层面是不能归责的。

尽管正犯、共犯适用不同的因果关系判断标准，但应该适用同样的归责原理，即让行为人为自由意志支配下的行为所造成的结果负责。正犯直接实现了构成要件，对于帮助行为，则需找到促进构成要件的路径。帮助犯参与构成要件的路径有两条，一是在规范意义上直接发挥了作用，如提供犯罪工具，把武器、毒药交给已产生杀人故意的人或将汽车供醉酒者使用；二是设计了自身贡献，使帮助行为与正犯的犯罪计划相适应，促进法益侵害结果发生，如确认被害人位置、提供犯罪地点地图、安排逃亡道路等。所以相对应的，帮助行为的归责路径也有两条，一是根据帮助行为与法益侵害有因果关系而归责，即侵害结果—帮助行为的路径；二是根据帮助行为通过正犯行为侵害了法益而归责，即侵害结果—正犯行为—帮助行为的路径。归责路径的差异并不意味着归责的本质发生了变化，归责的目的永远是让行为为结果归属负责。且根据前文所述，帮助犯的两个归责路径在自由意志的两个面向中均能得出其正当性根据。

（三）构成要件促进说有利于厘清共犯的未完成形态

按照构成要件促进说，因果关系是帮助犯成立条件，而非既遂要件，判断既未遂状态不应按照有无因果关系，而是按照构成要件是否完成来确定。共犯的处罚根据在于通过正犯行为引起法益侵害结果，而不是单纯地引起了正犯的不法行为。所以，对于未遂的帮助等共犯未完成形态的认定，都需要从构成要件的整体出发。帮助行为的处罚依据只能从法益侵害结果中得出，关键是如何理解帮助性因果关系的覆盖范围，这需结合构成要件体系中因果关系的定位进行判断。有观点认为，帮助犯因果关系和单独犯的因果关系一样，是既遂要件。[①] 也有观点认为，帮助犯因果关系是帮助犯的成立要件，是帮助行为的本质要件。[②]

但是认为帮助性因果关系是既遂要件，与因果共犯论存在潜在的冲突。因果共犯论认为因为存在因果关系，共犯行为受处罚；没有因果关系，共犯行为则没有可罚性基础，更谈不上成立未遂了。因此，帮助犯因果关系不是既遂要件，而是帮助犯的成立要件。帮助行为与构成要件的实现存在因果关系是对帮助行为归责的基础，因果关系存在则成立帮助行为，有未遂和既遂的可能；如因果关系不存在，则不构成帮助行为。这与单独犯相一致，对于单独犯而言，因果关系也只是构成要件，有无实现法益侵害才是既未遂的判断标准。帮助犯当然不存在直接的法益侵害，只能以正犯有无实现法益侵害作为既未遂的判断标准。

提倡构成要件促进说，并反对因果关系是帮助行为的既遂条件，不等于认同对帮助行为既遂归责可以不需要法益侵害结果。结合前文的分析，可以看出行为促进说与结果促进说各有利弊，主要是因为把构成要件的行为要素和结果要素分开判断，割裂了整体不法，当帮助行为只和某个要素有关联的情况下，不可避免地给既未遂判断及合理归责带来了困难。当然即使坚持构成要件促进说，在实践中还是会表现为对行为的促进和对结果的促进，而且法益侵害结果既包括对法益的现实侵害，也包含对法益形成侵害的现实危险，危险也是结果。故在坚持构成要件促进说的同时，应当避免出现片面思维：一是认为帮助行为与正犯行为有因果关系就行了；二是帮助行为必须和正犯实行行为、法益侵害结果都具有因果关系。这也是正犯行为说和正犯结果说的重大差异之一，即对既遂的帮助成立条件不同。帮助行为对构成要件的实现具有因果贡献就可以判断存在因果关系，但这是帮助未遂的前提。既遂的帮助则要求帮助行为有所加功的构成要件最终引起了法益侵害结果。若对正犯的既遂结果无客观贡献，则不能成立帮助既遂；若与正犯行为有因果关系，与既遂结果无物理性因果关系、却有心理性因果关系，也应承担帮助既遂的责任。如甲提供万能钥匙给乙，乙到了现场用钥匙开了几下，觉得麻烦，还是撬门而入盗窃得手，这种情况应当认为帮助既遂。无论帮助行为作用于正犯行为还是侵害结果，都可以作为认定因果关系的条件，最终的关键

---

① 陈洪兵：《中立行为的帮助》，法律出版社 2010 年版，第 57 页。

② 参见刘凌梅：《帮助犯研究》，武汉大学出版社 2003 年版，第 82 页。

还是结果能否归责于帮助行为。如果帮助行为促进了构成要件，但构成要件没有既遂实现，只能作为未遂归责；只有对构成要件产生了促进作用，又产生了法益侵害后果，才能认定既遂。认为只有对正犯行为和既遂结果都有因果贡献才成立帮助既遂的观点，其实是忽略了行为背后的规范性意义。

能否合理区分“未遂帮助”“帮助未遂”与“帮助既遂”，在很大程度上取决于如何理解帮助行为的时间效力。结果说认为，帮助的效果需要持续到既遂。“帮助行为对正犯实现构成要件所带来的提高机会作用，必须持续到正犯的犯罪既遂阶段者，始具有因果关系，而能论以帮助既遂犯”。[①] 基于行为说，帮助行为发生在预备或着手实行阶段，也可以因为促进了正犯行为的实施而构成既遂。根据构成要件促进说的观点，帮助行为发生的时间是在实行阶段还是预备阶段并不重要，因为归责的前提是帮助行为对构成要件的实现产生了影响，只要存在这样的情况，就可以依据此时的正犯既未遂状态（构成要件的实现状态）对帮助行为进行归责。正犯既遂，则成立对既遂犯的帮助犯；正犯未遂，则成立对未遂犯的帮助犯。从归责的角度来理解既未遂状态的判断标准，简洁明快，从实质上体现了结果对行为的合理归属。对因果关系有规范意义上的理解，也有日常意义上的理解，当二者一致的情况下容易为社会所理解，以构成要件的实现与否作为判断既未遂的标准，规范上的意义与日常意义保持一致。

构成要件促进说面临的最大挑战，可能来自帮助行为只对正犯行为有促进作用，但对结果没有促进作用的情形，为何能认定既遂？帮助行为可借助正犯行为在没有物理性因果关系的情况下侵害法益。帮助行为具有改善犯罪实现的可能性，使构成要件更迅速、更便捷、更容易地实现。如帮助行为对结果的发生未起到任何作用，当然不能以帮助犯论处，但是前例中乙拿着甲提供的万能钥匙来到犯罪现场本身就可以视作甲对乙提供了心理性帮助。另外，可结合正犯的犯罪类型、犯罪形态进行具体分析。当正犯既遂时，帮助行为主要是通过加功正犯行为而引发法益侵害结果，或是通过参与正犯行为，促进了行为的完成或危险状态的形成；当正犯未遂时，帮助行为则是通过促进实行行为引发法益侵害的危险状态。不论是何种犯罪形态，即使帮助行为未直接造成法益侵害，但都通过正犯行为与法益侵害结果形成了间接的因果性，本质上仍符合因果共犯论的初衷。

---

① 参见林山田：《刑法通论》（下册），北京大学出版社2012年版，第81–82页。

总之，帮助犯因果关系的判断标准是否合理要看能否实现合理归责。目前的因果关系理论都不得不对理论逻辑进行修正，以满足对共犯的归责需要。共同犯罪领域，行为交错、意志混杂、直接间接影响并存，确实对因果关系判断造成干扰，故而需在归责目的和因果关系类型的基础上，重新梳理帮助性因果关系的范围、认定标准等。自由意志支配下的行为的影响终点决定了因果关系的范围，帮助行为的作用对象并不是关键。当帮助行为的目的是正犯构成要件的实现时，帮助犯因果关系的范围就限定在正犯构成要件，而判断标准就是对构成要件的实现是否起到了促进作用。

第三节　帮助行为的归因与归责

归责理论的发展与成熟是现代刑法理论的重要成果之一。以往的刑法理论并不严格区分归因与归责，事实判断和价值判断基本是一体的。通过两者的分离，明确了归因与归责之间的区别，行为与结果之间的因果关系是事实判断，但刑法规范承担着对事实体系做出价值评价的任务。所以，因果联系并不足以成为刑法评价的根据。因果关系成立后，还必须从法规范的观点看，因果联系是否足够重要和充分，于是归因与归责实现了分离。但两者的关系又并不简单地呈现一先一后的递进关系，而是具有复杂关联的彼此影响的关系。

一、帮助犯因果关系的判断标准受归责目的的制约

刑事归责目的是确定不法，对帮助行为归责的目的是确定帮助不法。归责源于康德、黑格尔等的哲学思想。康德强调人的行为不受因果制约的自主性，黑格尔提出了意志归责。归责思想在刑法领域表现为因果行为论，目的行为论及个人不法理论也是强调归责重在行为主观面，通过主观判断确定行为及结果的归责。20 世纪初拉伦茨提出客观归责，以可预见性作为判断标准；霍尼希则以客观的合目的性为标准，来阐明行为与结果的规范意义。这两种判断标准均以一般人基准，以体现行为对规范的违法属于客观的不法归责理论。威尔策尔的目的行为论认为犯罪的核心在于行为不法，故意过失是主观构成要件和违法要素。20 世纪 70 年代，罗克辛提出客观归责理论，把判断违法性的重心放在客观面，重点研究行为的客观不法特征。该理论认为，归

责标准应该是行为自身的危险性及实现，强调客观构成要件的符合性在违法性判断中的决定作用。

现代刑事归责理论产生于阶层式的犯罪论体系，其根本特征并非犯罪成立要件的数量上，而是各要件的相互关系呈现位阶关系，即构成要件符合性、违法性即有责性判断存在层层递进的判断逻辑，且后一层次的判断不影响前一阶层的成立。“是否以违法（不法）与责任（有责）为支柱构建犯罪论体系，才是区分不同的犯罪论体系的实质标准。”① 构成要件则是对犯罪事实的再抽象过程，并在抽象的过程中发现值得刑法评价的不法，构成要件既然是对客观事实的抽象和判断过程，就不可能是完全中性、价值中立的，刑法规范对犯罪事实的抽象和判断过程就是确定不法的过程。刑法是为了保护法益而制定，不法的本质就是侵害法益。法益侵害不会因为行为人差别而有不同，是否具有刑事责任能力不会对法益侵害产生影响。但不法并不是完全从法益侵害结果体现，行为人赋于其客观行为的目的、基于的意念、具有的义务，均是在侵害法益的结果之外，决定行为不法的标准，不法是和行为人有关的个人的行为不法。② 归责与因果关系在不法判断的问题上找到了结合点，不法作为犯罪要素的组成部分，着重表现为价值评价，而归责理论为其提供了评价标准，从而使得犯罪评价更加规范化、本质化。

帮助犯的归责应具备主客观两个方面的要素，主观体现为帮助故意，客观上的帮助行为则表现为符合规范的身体动静。对帮助犯的归责以事实上的因果关系为前提，需首先判断帮助行为能否从刑法规范意义归属于帮助犯，其次能否从规范意义上将正犯结果归属于帮助行为。故帮助行为的归责是在事实性因果性的前提下，从刑法规范的层面进行判定的规范联系。我国犯罪构成要件的基础体现为形式化的事实判断，不法和责任则更多体现的是实质化的规范判断。由于构成要件的事实判断代替了不法与责任的价值判断，使不法和责任的判断均丧失了意义，变得形式化。而且各构成要件不负责实质性判断，只有整体判断才能说明不法和责任。刑法以保护法益为目的，作为评价规范的刑法是法益保护规范，作为意思决定规范的刑法也以法益保护为目的。因此，刑法上的命令和禁止必须以保护法益为目的进行实质化理解，如果对构成要件进行形式化把握，就不可能找到犯罪行为在客观上如何对法

---

① 张明楷：《犯罪构成体系与构成要件要素》，北京大学出版社 2010 年版，第 23 页。

② 许玉秀：《当代刑法思潮》，中国民主法制出版社 2005 年版，第 387 页。

益造成侵害。如将白糖当成砒霜的案例，在没有可能产生客观危害的情况下，难以解释为危害行为，只能从主观要件出发，这就不可避免地产生了主观归罪的印象。究其原因，就在于没有将不法判断运用到客观要件中来，对行为与结果的判断完全是形式化和经验化的，这种形式化和经验化的判断必然会给案件判断带来困难。

通过对主客观构成要件进行实质解释，将归责引入构成要件，实质解释主客观构成要件，区分不法与责任，在很大程度上可以避免实质化趋势引起的因人而异。归责理论具有明确的解释和判断规则，如客观归责理论的三项基本判断规则。客观归责和主观归责都有其作用，前者指出了行为的客观不法特征，后者则反映了主观责任特征。有观点认为，四要件的犯罪构成体系中没有归责的定位，存在不足。而在三阶层的犯罪论体系中，责任是犯罪成立的要件之一，在犯罪构成体系内解决归责问题，才能使犯罪构成合理化。①归责借助区分事实判断和价值评价，通过对客观事实的价值评价实质化解释事实的规范意义。这也是归责理论可以实质解释构成要件的客观面和主观面，以分别体现客观不法、主观不法特征的原因所在。

具体体现在帮助犯领域，由于帮助犯构成要件本就缺乏定型化，实质化解释的必要性更为凸显。帮助犯因果关系的判断与归责步骤相结合是发现和确定帮助不法的合理路径。这是由于因果关系是事实判断，而不法类型属于价值判断，仅依据因果关系来判定帮助行为与法益侵害之间的关联并不具有规范上的意义，必须借助归责实现帮助犯构成要件的实质化解释。是否成立帮助犯既是事实判断，更是价值判断，既有事实因素，也有价值因素。因此对帮助行为的归责不能仅作形式判断，还要根据规范目的进行解释。不法理论对于推动客观要件的实质化和规范化具有重要意义，将构成要件和违法性统合起来，实现了构成要件实质化。符合构成要件表明存在违法性，避免了构成要件的形式化，故构成要件有一个逐步实质化、规范化的过程。由于规范要素的存在，构成要件符合说中已包含了不法判断的特征，“刑法体系的未来，在于对刑法不法作内涵上的辨别，而不在于结构技术上区分构成要件和违法性。”②不法理论对主客观要件进行实质化解读与判断，并使之成为不

① 陈兴良：《教义刑法学》，中国人民大学出版社2010年版，第128-129页。

② 许乃曼：《刑法体系思想导论》，许玉秀译，载许玉秀、陈志辉合编：《不移不惑献身法与正义》，新学林出版股份有限公司2006年版，第296页。

法判断。

正因为归责的目的是确定不法，作为刑事归责的事实前提的因果关系判断就必须服务和服从于这一根本目的。多数因果关系理论都期望制定统一的标准进行归责，并分解为两个步骤：先利用条件公式进行事实归因，在此基础上再进行规范归责。[①]行为与结果的条件关联，是归责判断的事实基础。一般认为，归因不涉及价值判断，只涉及事实联系，所以只要用因果关系理论解决归因问题，用归责理论解决归责问题就可以了。但是归责与因果关系是两个相互关联、相互影响的范畴，在研究和确立帮助犯因果关系判断标准时必须将为下一步的归责需求服务考虑在内，不能认为两者的关系仅限于归因的结论是归责的前提和素材而已，属于两个截然无关的判断过程，而是有着一个共同的根本目的，即确定不法而努力，不仅各有侧重，还有着深刻的内在联系和相互规定性。这种相互关系表现为以下两个方面。

首先，确定不法的归责目的决定了因果关系的内涵与判断标准。确定因果关系是为了解决归责问题，某行为对于结果来说是否属于原因，需从归责的目的进行考量。因而因果关系不能被置于规范的范畴外进行判断，否则会偏离不法的价值评价而只涉及事实评价。承认目的对归因的制约性作用意味着，对于结果归责，归因并无独立意义，必须服务于归责；归因应当是归责的有机组成部分，而不是与归责并列的独立因素。[②]归责的本质就是用规范的标准对事实进行再次的筛选和审视，归因与归责判断的对象素材是一致的、重合的，只不过归因作为前置流程，按照事实关联的要求，排除了部分没有必要纳入归责视野的事实。不法条件公式的适用及修正就体现了规范的影响，什么样的事实能够满足因果关系的要求，必然受到规范的制约。判断因果关系必须立足刑法规范，第一步就是明确行为与结果是否由刑法规范所设定。对行为与结果的描述存在多种路径，对因果关系判断标准的修正，也只能从规范评价的角度进行。条件公式的问题在某些情况下会得出悖于朴素法感情的结论，造成这一现象的主要原因是由于条件性因果关系主要是形式化、经验化判断，结论有时会与实质化的不法判断存在区别，距离正犯结果相对较远的帮助行为有时会放大这种区别。针对条件说的缺陷，出现各种修

---

① 参见陈兴良：《客观归责的体系性地位》，载《法学研究》2009年第6期。

② 参见劳东燕：《风险分配与刑法归责：因果关系理论的反思》，载《政法论坛》2010年第6期。

正或补正观点。如英美刑法中的实质因素或以合法则的条件说，代替以排除公式为主要内容的条件说。这些修正肯定无法从存在论的角度进行解释，而是从归责目的出发，在条件说无法适用的情形通过修正以符合归责的需要，确保归责的合理性。这一点在中立帮助行为的判断和归责问题上能够得到充分的体现，中立帮助行为与普通帮助行为的因果关系在形式上并无明显差异，但鉴于中立帮助行为的日常性和社会性，不法的实质化判断标准都与普通帮助行为发生了重大差别，即中立帮助行为的不法来自相较于不构罪的中立帮助行为所“额外”提升的正犯所创设的风险。如果是按照这样的客观归责逻辑来审视中立帮助行为，也就必然对中立帮助行为的因果关系产生影响，即中立帮助行为人主观上必须要对提升“额外”风险存在特别认知和促进意愿，不然就不成立中立帮助行为的因果关系。后文对此还将详细论述。由此可见，既然规范性的内容必然体现在对因果关系分析之中，也一定会体现在对因果关系的判断标准和因果关系的范围上，便不可能只是单纯的事实分析。帮助犯因果关系的判断必须将所有可能具有帮助不法含义的要素都纳入判断视野，而这并不是事实性的需求，而是规范性的要求，也只有这样才能为价值判断构建全面而坚实的事实基础。

其次，因果关系的事实性内容影响了归责的逻辑和路径。能够满足因果关系判断所要求的关联性程度，一定会受到规范评价的制约。以帮助犯因果关系为例，不作为帮助犯与作为帮助犯的因果关系内涵不同，判断标准不同，两类因果关系的实际性含义、不法类型也就不同，相应的归责逻辑和路径必然不同。不作为帮助犯的处罚问题就取决于是否将行为对结果具有物理性作用作为是否存在因果关系的标准。若认为归责的前提是具备条件因果关系，那么归责的事实要求就会比较高，而反过来，若认为帮助行为促进正犯构成要件即可，那么归责标准就会降低，帮助犯因果关系的范围则会扩大，与之相对应。对条件公式的修正在共同犯罪和不作为犯上体现的尤为突出，这说明刑法规范所体现的因果关系具有多样性，这一点下文还将详细分析。

二、帮助犯因果关系对归责逻辑和路径的影响

因果关系是事物之间引起与被引起的关系，因果关系只是事实判断，不能仅以此确定结果的归属，无法体现行为与结果的规范联系。因此，将归因与归责相区分，在判断因果关系成立后再进行归责判断，为行为人的结果归责找到实质性的理由和依据。但价值判断又不能脱离事实判断，不能与客观

事实和自然规律相违背。帮助犯因果关系为结果归责奠定了事实基础，只有存在因果关系才能归责。

（一）帮助犯因果关系类型对归责的影响

不同类型的因果关系差异不可能对归责结论没有影响，因果关系类型的区别是重大的事实性差异，这种差异一定会体现在规范联系的判断和解读上，进而对不法的类型和性质产生影响。因果关系存在多种类型，常见的有造成型因果、引起型因果与义务型因果关系，[①]就帮助犯因果关系而言，多种因果关系类型的并存是客观事实，除造成型因果关系外，其他类型在帮助性因果关系中都有体现，多数表现为故意作为的帮助行为，属于引起型因果关系，不法类型属于主观不法；部分表现为不作为的帮助行为，属于义务型因果关系，不法类型为客观不法。归责类型的多元化是为了应对社会的复杂性，不得不发展出更加精细、复杂的理论。但是这样的理论发展并不完全是需求导向的，即在有归责需要的情况下，随机地发展出相应的因果关系判断标准，确保完成归责的任务。从因果关系判断标准的演化过程中，可看出相应规律，即行为与法益侵害结果之间的客观关联呈弱化趋势，规范联系及规范保护目的不断强化扩大。两者的反向发展保持了一个动态平衡，事实联系的存在构成归责的必要前提与基础，刑法责任必须建立在此之上。即便是义务型因果关系下的归责，也需要以作为义务的存在和结果回避可能性为前提，但随着社会和司法实践的不断发展，事实联系不断减弱，越来越难以在条件公式下得到证明。与之相应，刑法规范社会的需求却在不断增强。归责的必要性不得不以强化价值判断和突出社会利益来对冲事实联系的减弱，具体体现在对规范保护目的与刑事政策的重视方面，法益的重要程度、主体的范围、一般预防的效果、司法成本等因素都可以纳入被归责必要性的判断范围。如果没有归责必要性，归责在规范上便没有意义。

无论归责理论如何发展，都无法忽视行为与结果之间因果关联的必要性；不论如何界定或称谓因果关系，行为与结果之间的联系都是归责的前提，否则归责难以体现公正，也达不到预防的目的。尽管随着时代的进步，认知的变化，这个关联从单纯的事实性联系逐步扩展到规范性联系，因此行为与结果之间的关联，已经无法包括在一个单独的条件公式之下。这方面存在两种可能性，一是某些行为从归因的角度看，虽然能够满足条件公式，但从归责

① 参见劳东燕：《事实因果与刑法中的结果归责》，载《中国法学》2015年第2期。

的视角看，可能没有归责的必要和意义；二是某些行为从归因的角度看，难以满足条件公式，但有归责的必要，所以不得不拓展了因果关系的内涵与外延，以满足多样的归责需求。其根本原因在于，条件公式是从客观事物的相互关系中提炼和总结出来的理论工具，但在应用于刑法因果关系时，条件公式并不是因果法则的发现公式，仅是形式化和经验化的判断根据，多数情况下形式判断和不法的实质化判断的结论基本吻合，但有时则会存在差别，有时会使刑事责任的边界过于宽泛，有时又过分限制了责任范围。造成这一现象的本质原因在于，由于外部因素的介入，使得相对简单的形式化的事实判断无法识别对确定不法有决定性意义的事实，会得出一些让人难以接受的结论。这一点随着犯罪形式的复杂，在共同犯罪、不作为犯、义务犯等领域体现得尤为明显。所以，在行为与结果之间无外部要素介入的前提下，条件说仍是判断事实性因果关系的首要标准。但在无法将行为与其他因素相分离的场合，就无法运用条件公式。因此，对归因的判断应着眼于归责需要，归因与归责相互作用，归因为归责提供必要的存在论基础，归责层面的规范因素则制约了归因层面因果关系的展开，不能将归责等同于寻找行为与结果之间的事实关联，更不能将满足条件公式作为判断因果关联的唯一标准。归责层面的差异也同样影响归责路径的构建，归责不仅取决于行为与结果之间的关联度，也受归责必要性的约束，若事实关联度减少，则需以归责必要性的加强作为平衡。

（二）帮助犯因果关系类型差异与不法类型

不同的不法类型揭示了帮助行为与构成要件之间的因果关系类型差异。而因果联系程度的差别是造成因果关系类型差异的原因。具体而言，造成型、引起型、义务型三种因果关系对因果联系程度的要求体现出从高到低的特点，义务型因果关系甚至不要求行为与结果之间存在现实因果联系。从归责理论的发展可以发现，造成型因果关系下的归责模式原本占据了绝对主导地位。但随着时代的发展，归责的需要决定了引起型、义务型因果关系下的归责模式比重逐步上升，适用范围不断扩张，传统的刑法因果关系理论受到冲击。这一变化集中体现了刑法规制范围逐渐扩大，而传统因果关系理论的条件公式难以满足归责需要，倒逼因果理论和归责模式适应现实需求。其表现之一就是扩张了对共犯行为的归责范围，如即使帮助行为对正犯结果不存在现实因果性，也可能进行归责，且未遂的帮助同样可以进行归责。帮助性因果关系判断标准的降低为帮助犯归责要求的降低提供了根据。

目的主义和客观归责理论的发展给犯罪构成理论带来了重大影响：正犯行为虽然包含了故意要素，但对客观要件覆盖不全，以其为对象的正犯行为说和行为促进说，无法通过客观归责排除那些处于人的控制能力以外的法益侵害。而试图在帮助行为与法益侵害结果之间建立因果关系的正犯结果说和结果促进说，因为忽视了主观要件，无法体现当事人对规范的违反，体现一般预防的要求。因此都无法承担起帮助行为归责的任务。

传统因果关系理论将引起法益侵害结果的若干原因中分离某一行为，并以行为与结果的相互作用为基础建立条件关系，进而将这个结果归责于行为人。这种个人主体之间的因果与归责模式，随着时代发展开始落后于社会需要。现代分工的不断细化与技术的日益复杂，与独立承担责任的个人及建立在自由意志基础上的刑事责任产生了内在冲突。工业化的发展、社会协作的日益复杂、产业链的不断延伸，使得最终的法益侵害后果与行为人之间往往难以建立起直接的因果联系，条件性的原因难以从复杂的因果链中分离出来。传统的刑法因果关系理论难以适应这样的变化，归责理论的发展在一定程度上弥补了这一不足。现实需求推动了归责模式的转变，重视客观联系的因果关系理论，逐渐向重视规范目的的归责理论发展。归责理论高度关注结果是否处于为规范所禁止的范围，这种转变导致归责范围更为宽泛，突破了传统因果关系理论，具体表现为扩张了共犯行为的归责范围。

随着理论的发展，逐渐意识到条件关系只是判断刑法因果关系的标准之一。条件说认为致使结果发生的因素等价，不需要区别造成结果的原因是“远因”或“近因”，是“典型的”或“纯属意外”的原因。[①] 但等价性无视了不同类型的因果关系差异。拿刀杀人的实行行为、提供犯罪工具的帮助行为及违反救助义务的行为，在条件说的视野中，三者具有相同的因果关系地位。这就难以解释为何要对于实行行为设定最重责任，对于帮助行为的处罚要设定前提条件，而对于不作为犯则限定保证人地位。所以，条件公式只是确定事实关联的理论工具之一，只能“适用于已实际存在的因果法则，而并不能借此发现因果法则。也就是说，‘虽是因果法则的适用公式，但并不是

① 参见林钰雄：《新刑法总则》（第3版），元照出版有限公司2011年版，第156页。

因果法则的发现公式’。”[①] 因此，把条件说作为唯一的因果公式，而不只是确定事物关联的帮助手段时，就容易得出一些不合理的结论；尤其是在判断行为与结果之间是否具备最低程度的因果关联从而进行归责时，往往需要引入其他标准，在一定程度上也证明了条件公式的不足。

对条件公式的修正在共同犯罪和不作为犯领域体现得尤为突出，这说明刑法规范所体现的因果关系具有多样性，条件公式只是判断刑法因果关系的标准之一。这决定了即便采用合法则的条件说，也无法覆盖所有的因果关系类型。所以，如果把判断因果关系的任务只交给条件公式，必然会忽视了因果关系的多样性及其所延伸出来的归责模式的不同。这一点如果不是从归因的角度出发，而是从归责的角度进行反向审视，同样能够发现刑法中的结果归责确实存在多种模式，归责的需要在一定程度上决定了因果关系的范围和判断标准，因此归因不可能仅是单纯的事实问题，必然含有规范的内容。如我国刑法中的非法出租、出借枪支罪、滥用职权罪等犯罪，行为人虽未直接支配因果进程，却会对第三人导致的具体结果负责。我国刑法的非法出租、出借枪支罪、滥用职权罪，尽管需要严重的危害结果，但法定刑一般较低。导致结果出现的因果流程往往并非由行为人支配。此类犯罪在因果关系问题上的特殊性，决定了事实性因果关系的认定一定有别于普通条件性因果关系，必须从归因层面入手对归责模式进行分析和研究。

多种类型因果关系的存在还揭示了一个更为重要的事实，在不法论领域出现了主观不法和客观不法并存的局面，故意作为犯属于主观不法，过失犯与不作为犯则属于客观不法。故意、过失等主观要素从责任阶层前移至不法阶层，使之成为主观的不法要素。故意地位的变化体现了不法的主客观之争，故意作为罪责要素或构成要件要素分别揭示了客观不法或主观不法的特征。将故意看作构成要件要素，则意味着不法进一步主观化，不法的评价对象不再局限于客观要件，还包含主观要件，而且决定不法的首要因素是主观故意。因果关系不再体现支配性作用，归责的关键在于结果是否为行为人所预见、所追求和所实现的。不法论的主观化改造，产生了两个后果：一是不法评价同时针对行为和行为人展开。不法与罪责评价的都是行为人和行为，客观构成要件也需体现主观面。以往不法和责任的评价对象分别对应行为和

① ［日］西田典之：《日本刑法总论》（第2版），王昭武、刘明详译，法律出版社2013年版，第79页。

行为人。二是故意的入罪作用日益突出。以往的犯罪体系中，没有故意不成立犯罪，故意主要发挥去罪功能；但在人的不法中，故意开始承担入罪功能，成为不法的主观要件，在未遂犯领域则表现为主观未遂论的兴起。在目前的不法论中，主观不法主要表现为故意作为犯，主观面成为决定不法的首要因素，客观要件只起次要作用。

主观不法对于过失犯和不作为犯解释力度不足，目的行为论作为判断标准的客观目的性依然还是客观标准，处于自然主义的领域，不利于说明过失犯和不作为犯的意志方面。这是因为，这两种犯罪类型是规范上的设计，不存在调整不作为和过失的自然律。[①] 以不作为帮助犯为例，如果仅从因果关系的角度，根本无法区分帮助犯与无关人员，只有借助保证人地位，结合作为义务、能力进行判断。这些显然都属于客观构成要件，而非主观构成要件。所以，决定不作为帮助犯的不法成立与否的首要因素是客观构成要件，故意充其量只起到辅助性的作用。

帮助性因果关系中也存在多种因果关系，多数表现为故意作为的帮助行为，属于引起型因果关系，表现为主观不法；部分表现为不作为的帮助行为，属于义务型的因果关系，表现为客观不法。多种因果关系和不法类型并存的现实，也就解释了为何原先试图用仅涵盖部分因果关系类型或不法类型的因果关系理论去解释帮助性因果关系的努力，始终给人捉襟见肘的感觉。条件说、合法则的条件说和原因说等因果关系理论解释故意作为犯还是胜任的，但是一旦转向过失犯、不作为犯领域，则不可避免地遇到障碍；而客观归责理论对于客观不法的归责显得得心应手。因此，通过判断帮助犯因果关系成立，也确认了因果关系的类型，为归责奠定了事实基础。

三、帮助犯的从属性归责

帮助行为属于刑罚扩张处罚事由，必然存在约束条件以防止处罚范围无限扩大。共犯处罚根据以法益是否受到侵害为标准设定了帮助行为能否构成犯罪的前提，而从属性理论则进一步细化和具体化了这一标准，从形式上确立帮助犯成立条件，即共犯成立至少要求正犯着手实行，正犯至少具有作为未遂犯的可罚性，正犯没有着手，便没有处罚共犯的理由。共犯从属性是区

① 参见吴玉梅：《德国刑法中的客观归责研究》，中国人民大学出版社2007年版，第39页。

分制的产物，在限制正犯概念下，教唆犯、帮助犯等共犯属于在不法构成要件之外扩张可罚性范围的扩张处罚事由，必须与构成刑罚基础的正犯行为相联结，而采取共犯从属性原则。①

（一）帮助犯归责与从属性原则的冲突与化解

确定不法的目的是结果归责，解决结果能否归于某个行为人，归责时的避免可能性判断就理应立足于当事人自身。正犯结果之所以可归责于帮助犯，是因为从帮助犯自身的角度来看，其有可能避免结果发生。因为归责必须基于行为人自身，所以行为人所具有的特别能力或者特别认知应该纳入不法的判断。既然客观归责是为了划定容许与禁止的界限，进而实现一般预防，那么归责必须以行为人的结果回避能力为依据，就不能为了从属性，而扭曲了归责原理。因为，在归责与共犯处罚根据发生冲突时，必须明确合理归责是目的，因果联系只是实现目的的手段；只能使共犯理论去适应归责，而不能让归责适应共犯理论及处罚根据。共犯处罚根据如履，归责需要如足，共犯处罚根据是否合理取决于是否适应归责的需要，当两者冲突时，应当考虑变履以适足。

在原先的犯罪论三阶层体系中，先确定犯罪类型，再分别排除违法性和有责性，构成要件的实质化内涵和违法性、有责性的价值判断并非关注重心。但随着归责理论的发展以及不法内涵的变化，犯罪论中的阶层也出现了新的发展，不再停留于犯罪构成的检验，而是开始对犯罪的本质结构有了更加清晰明确的认识。犯罪真正的阶层成了不法与罪责，犯罪的构成要件只是判断是否构成犯罪的认识起点，而不能认为是犯罪的真正阶层，犯罪概念的日益实质化。这一点不仅对于单独犯罪适用，对于共同犯罪也同样适用。在考虑共犯的处罚根据和从属性问题时，也必须加以体现。其中尤为重要的是将违法与构成要件的上位概念“不法”引入。现代刑法理论将犯罪视为对规范的违反，故犯罪是违反刑法规范的后果，构成要件只是法律设定的形式标准，而非犯罪本身；犯罪概念的重心从构成要件成立与否向构成要件的实现是否可以规范化归责转移。缺乏归责必要性的构成要件事实没有刑法意义，只有可归责的事实才可能构成不法，而对于缺乏一般预防意义的不法，也没有刑罚必要。所以，有必要将归责前的客观要素作为考虑共犯从属性的出发点和逻辑点，共同犯罪的成立只与构成要件的客观要素有关，因为随着归责

① 参见林山田：《刑法通论》（下册），北京大学出版社2012年版，第4页。

理论的发展和犯罪概念的实质化，责任和不法中的许多要素都已是个别判断，所以无须连带。因此，三阶层体系偏于认定犯罪，并非犯罪的自身构造。如按照三阶层理论，共同犯罪的不同情形也可能存在本质差异，不仅有刑事责任能力的行为人与无责任能力的行为人之间可以构成共同正犯，甚至均为无刑事责任能力的人也可以在构成要件符合性的角度成立共同犯罪，只是无责而已。因此，不能将犯罪构造的阶层含义自然转嫁于三阶层理论。当限制从属性、最小从属性不一致时，即要素从属性无法对应不法与责任时，问题就容易显露。对人自身状况的考量是规范化价值判断无法回避的内容，故在价值判断的层面，难以实现违法性的连带和从属。

因此，共犯从属性的参照物不应是三阶层体系中的构成要件符合性或违法性，而是作为犯罪本质的不法。共犯要素从属性理论将三阶层等同于犯罪构造，把从属性直接与三阶层体系的各阶层对应，但是真正的从属性应当根据不法来进行。从属性只能发生于不法阶层，至于在不法阶层内的从属范围，帮助犯的从属性只是客观归责意义上的从属，只有能够影响客观归责的要素才是从属的；其余要素需分别归责。如正犯故意是主观构成要件要素，不影响客观归责，不是从属对象。所以，共犯不需要从属于正犯的故意，但这与故意属于构成要件还是责任无关，都可以得出故意无从属性的结论；否定故意的从属性也与因果共犯论无关，因为这源自归责理论的内在要求。

（二）罪责自负与从属性原则的冲突与化解

将罪责自负的个人责任原则与归责理论引入共同犯罪领域，对于厘清共同犯罪和单独犯罪的关系是有帮助的，为二者的比较找到了一个共同的解读基础。刑法处罚共同犯罪的参与人与处罚单独犯罪人的理由是一致的，都是因为他们的行为通过设定因果关系实现了对法益的侵害，因而需要通过刑法上的归责来决定是否应当对这一结果负责，归责的过程是个别化的，与其他犯罪人或参与人是否应当归责并无关联。共同犯罪的各参与人，都只对其固有的不法和责任进行答责，与其他参与人的不法和责任无关。[①] 在此基础上，要求共犯从属于正犯的不法，形式上有悖个人责任原则。所以，现代刑法理论中责任原则要求个人的可罚性不能建立在他人的可罚性基础上，个人只能就其行为本身的不法和责任而承担罪责。但是无论秉持什么样的从属性观

---

① 参见［日］高桥则夫：《共犯体系和共犯理论》，冯军、毛乃纯译，中国人民大学出版社 2010 年版，第 25 页。

点，都会承认这样一个事实，即刑法罪名原则上是对正犯构成要件的定型，而成立共犯则需要结合共犯规定进行确定，所以从犯的犯罪构成是依托于正犯的构成要件确定的，这又表现出一定的从属性，而且共犯的自由意志与法益侵害结果之间还介入了正犯的自由意志。

如何调和二者的内在冲突，是共同犯罪理论一直在努力的方向。一方面，借助因果共犯论适当放松了对因果关系的要求，认可共犯的行为与结果也有因果关系；另一方面，超越因果关系等存在论的限制，转向以规范化归责视角审视不法内涵。进行结果归责时，最重要的不是看行为人对法益侵害结果的主观心态，也不是对于因果关系的判断，最核心、最本质的是行为人对损害结果的不发生负责。[①]共犯行为的从属性与罪责自负看似水火不容，但可以通过归责理论的介入得到比较好的解决。关键要坚持事实判断问题连带、价值判断问题相对的客观规律，才能更好地体现罪责自负原则。不法判断和从属性是两个领域的问题。共犯的处罚根据解决的问题涉及共犯是否具有独立的处罚根据，即共犯之所以受到处罚与正犯的可罚性之间的关联问题[②]，这与共犯的从属性问题并不处于一个层面，前者是共同犯罪的基础理论，后者则涉及具体的共犯成立条件，两者还是应该分别讨论。将价值判断从从属性问题中剥离，交由规范化的归责理论来解决。共犯处罚根据针对的是共犯与正犯的法益侵害结果之间因果关系有无的问题，只要有因果关系，就判断存在实行从属性，然后借助归责理论判断共犯和正犯的不法问题。现在很多讨论都是从不合理的处罚结果倒推，认为其他学说观点存在处罚漏洞或处罚范围过于扩张，这其实也是一种价值判断，反向审视从属与否。所以，不法和责任判断都是带有价值评判的规范性内容，如同责任应在共犯和正犯之间分别判断一样，不法也应在共犯和正犯之间个别地把握。罪责自负也并非仅就自己的责任负责，还包括只对自己的不法负责。现代归责理论的发展为这一点的实现创造了条件，因为不法的判断越来越实质化，对于客观构成要素和主观构成要素还会分别进行归责，两者都确认责任后才能确定行为人的不法。这样的归责结构在将事实判断和规范判断合一的同时，为确定共犯和正犯的关系方面带来了不少障碍，需要我们透过不法的规范化归责去认识和把握隐藏在价值判断背后的与法益侵害结果相关联的客观要素。

---

① 冯军：《刑法中的自我答责》，载《中国法学》2006年第3期。

② 参见陈子平：《共犯处罚根据论》，三民书局1992年版，第9页。

因果共犯论的主要理论使命是借助法益侵害为共犯行为找到宏观意义上的处罚根据，这并不意味着共犯独立说，因为共犯与正犯之间的互动关系是共同犯罪区别与单独犯罪本质特征之一。区分制较单一制科学的表现之一就是承认不同的犯罪参与人违反规范的性质存在差异，不同的参与形式之间存在相互的联动关系，而单一制只是在法益侵害的关联性上承认这一点，未能全面揭示共同犯罪的特质，纯粹引起说也有这方面的问题。所以，因果共犯论在确定帮助行为与法益侵害结果的因果性的基础上，必须明确帮助行为、正犯行为的归责对象，妥善解决与从属性原则的冲突问题，为下一阶段的归责做好事实层面的准备。

第三章　帮助犯因果关系的规范涵义与归责

第一节　帮助犯因果关系的成立前提

帮助行为属于刑罚扩张处罚事由，必然涉及限制问题。共犯处罚根据划定了共犯行为罪与非罪的界限，是帮助犯因果关系成立的外部限制；共犯从属性则是侧重于从形式上确立成立共犯的标准，从而实现对共犯范围进行合理划定，是帮助犯因果关系成立的内在约束。因此，并不是只要存在帮助行为，就必然存在帮助犯因果关系，也不是帮助行为对构成要件存在促进作用，就一定存在帮助犯因果关系。帮助犯因果关系的成立存在前提条件。

一、正犯行为

在区分制中，共犯与正犯关系涉及共犯从属性和共犯独立性问题。一般认为，共犯从属性说已取得支配地位，争论焦点主要针对从属性的内容和范围。实行从属性决定了共犯行为的成立以正犯行为为前提，成立帮助行为必须存在正犯行为。在此基础上，以从属性的程度为出发点，需判断正犯应具有何种程度的要素，共犯才能够具备可罚性。要素从属性的范围决定了正犯行为所应具备的要件，是满足构成要件，还是具备违法性或具有责任。“第一个层次是实行从属性，即成立共犯是否以存在正犯行为作为必要条件，肯定观点是共犯从属性说，而否定观点就是共犯独立性说。第二个层次是在认为共犯具有从属性观点的内部，以作为共犯成立前提的正犯行为必须具备何种要素为标准，将从属性划分为极端从属性、限制从属性和最小从属性三种限度，并形成三种不同理论观点。第三个层次是罪名从属性问题，即针对共同犯罪行为之间是否应符合同一个犯罪构成，以行为共同说和犯罪共同说为基础形成的理论观点。”① 以限制从属性说为例，只要正犯行为具备构成要件符合性和违法性，即使正犯最终不可罚，也不影响共犯的成立。

采取实行从属性作为对成立帮助行为的限制条件：一是有利于限制共犯的处罚范围。共犯属于扩张处罚事由，应有限制。共犯的相关规定仅体现在总则上，必然通过分则才能够具体落实，“坚持实行从属性可以实现分则条文具体规定对共犯的限制作用，体现犯罪构成要件的限制机能，从而最大限度地贯彻罪刑法定主义”②。二是有利于坚持客观主义刑法观。单纯的主观主义以行为人的法益敌视态度作为不法依据，而不将结果视作犯罪的必要条件，因而它必然带来刑罚权的不当扩张。③ 坚持客观主义为导向，将法益侵害作为犯罪本质，只要没有侵害或者威胁法益，原则上就不应处罚。“刑法处罚犯罪未遂的理由并不在于该未遂行为征表出行为人的危险性或反道义性，而是该犯罪未遂行为本身产生了结果实现的具体危险”。④ 预备犯法益侵害危险性更小，处罚更轻。三是因果共犯论的必然结论。因果共犯论立足于引起法益侵害，对于共犯来说侵害法益必须通过正犯才能实现。基于法益原则，对帮助行为的处罚应以法益侵害为实质根据进行限制，实现处罚的正当化与合理化。以组织考试作弊罪为例，即使帮助者提供了作弊器材，但被帮助者并没有实施组织作弊行为，则不存在法益侵害，不能成立该罪。

二、帮助行为

帮助行为的存在是帮助犯因果关系成立的客观条件，处罚帮助犯的根本原因在于其实施的行为促进了正犯构成要件。但并不是所有的帮助行为都值得处罚，也不会将所有促进了正犯构成要件实现的行为均认定为帮助行为。因此，实质性的处罚条件意义重大，从具有促进效应的帮助行为中筛选出具有刑法意义的帮助行为。而所谓具有刑法意义的帮助行为，应当是具备实质

① ［日］平野龙一：《刑法总论Ⅱ》，有斐阁 1975 年版，第 345 页。转引自［日］西田典之：《日本刑法总论》，王昭武、刘明祥译，法律出版社 2013 年版，第 292 页。

② 张开骏：《共犯从属性研究》，法律出版社 2015 年版，第 165 页。

③ 参见冀洋：《刑法主观主义：方法论与价值观的双重清理》，载《法制与社会发展》2016 年第 3 期。

④ ［日］平野龙一：《刑法总论Ⅱ》，有斐阁 1975 年版，第 347 页以下。转引自张明楷：《刑法的基本立场》，中国法制出版社 2002 年版，第 301 页。

处罚根据的帮助行为。

（一）帮助行为实质化地促进了正犯构成要件的实现

在帮助行为的判断标准问题上，是形式判断，还是实质判断历来存在争议，但实质客观说得到了越来越多的认同。即“从处罚的必要性、合理性考虑某种行为究竟是否应当受到处罚，是否具备当罚性，才是构成要件解释上最为重要的事情。”①实质性解释帮助行为，体现了违法推定机能，限制违法性阻却事由。

帮助行为是通过正犯造成法益侵害，在客观上表现为对正犯构成要件的加功或者协助，具有实质促进作用。通过正犯实现对法益的侵害是处罚帮助犯的根据，这意味着帮助行为不能仅仅对法益侵害起到可能的促进，而需是实质的、现实的促进，才有归责必要。有观点认为，帮助行为是指基本构成要件之外的为正犯实行加功的行为，并不要求该帮助符合条件公式的要求。②也有观点认为，帮助行为的促进作用可以是通过对正犯提供物质或精神上的支持，使得正犯构成要件易于实现，或扩大损害结果范围等。

从这些表述能看出帮助行为的形式与实质特征：形式上，帮助行为系非构成要件的参与行为；实质上，帮助行为使正犯构成要件易于实现。当然，帮助犯因果关系与帮助行为并非同一问题，因果关系是能否将正犯的法益侵害结果归责于帮助行为人的客观基础，但并非有因果关系就构成帮助行为，帮助行为虽然无法类型化，但并非没有判断标准。帮助行为应当立足于处罚根据，从规范论的角度看，帮助行为的社会危害性必须与构成要件保护目的相关联，否则相当部分帮助行为无法明确性质，尤其在中立帮助行为的场合。从存在论的角度看，正犯行为是帮助行为与法益侵害之间的媒介，两者必定会产生结合。应从以下三个方面把握：

一是存在客观的促进作用。事物发展受客观因素的影响，发展方向呈一定的偶然性。帮助行为虽具有促进正犯构成要件的可能，但如果其他一些条件变化，促进可能性无法实现。因此，帮助行为必须客观上起到现实促进作用，由可能的促进转变为现实的促进。

---

① ［日］前田雅英：《现代社会と实质の犯罪论》，东京大学出版会 1992 年版，第 21 页，转引自周光权：《犯罪论体系的改造》，中国法制出版社 2009 年版，第 117 页。

② 参见［日］大谷实：《刑法讲义总论》，黎宏译，中国人民大学出版社 2008 年版，第 402 页。

二是坚持事前评价。帮助行为是否对实行行为起到促进作用必须事前评价。有观点主张，“在某一行为是否具有对正犯行为的实质促进作用的判断上，应当借鉴关于危险判断的学说，选择事前的时点并进行事前判断。”[①]有批评意见认为这等于将帮助犯理解为危险犯，帮助行为通过现实促进效用并侵害法益，将帮助犯理解为危险犯与因果共犯论必然矛盾。若坚持危险说，则帮助犯在法益侵害结果没有实现的场合下，也可能既遂，最终会导致侵害犯危险犯化的问题。[②]帮助犯当然不是危险犯，但这与事先还是事后判断无关，事后的客观归责只能解决结果能够归属于帮助行为的问题，但是无法解决既遂结果能否归责于主观故意的问题，而主观归责的标准只能是行为时对禁止风险的认识可能性。帮助故意只存在于帮助行为当时，尽管作用效果会延续，但在主观归责时，对于帮助行为只能采用行为时的视角，看是否认识到了帮助行为的促进作用，若帮助行为所提升的风险实现是行为时所无法认识的，则不能归责。帮助行为在刑法分则中并未明确，无法实现类型化，缺乏可靠明确的行为类型用于判断帮助行为。因此，帮助犯因果关系属于事后判断问题，帮助行为的促进效果也只有事后才能作出全面判断，但标准并不是事后的评价规范，而是行为规范，对客观上的行为规范的违反才是进行结果归属的决定性因素。当然，立足于二元的规范论，刑法规范包括评价规范和决定规范两个维度。二者虽体现了规范的不同层面，但也存在关联性，“事前描述的禁止规范，从事后的观点来看，也还是一个适于用来防止结果发生的措施。”[③]

三是促进作用应达到相当程度。从限制处罚范围角度，促进强度必须达到一定程度，但这种程度上的限制标准尚没有定论，但一般认为并不要求达到不可缺少的程度。有观点认为，“要认定属于犯罪的帮助行为，只要认识到是犯罪行为，仍给予犯罪以实行的便利，使之容易实现即可，而不必要求

① 参见刘凌梅：《帮助犯研究》，武汉大学出版社2003年版，第100页。

② 参见杨金彪：《帮助犯的因果关系》，载《湖南公安高等专科学校学报》2008年第1期。

③ ［德］许乃曼：《关于客观归责》，陈志辉译，载许玉秀、陈志辉合编：《不移不惑献身法与正义》，新学林出版股份有限公司2006年版，第552–553页。

对犯罪的实施给予了不可或缺的助力。”[①] 但共犯作为刑罚的扩张事由，附加限制条件是必要的，不应将任何程度的帮助行为均定罪处罚，要衡量帮助行为对法益的侵害程度，划定处罚界限。德国司法判例对促进作用的认定相对宽松，如提供犯罪工具但正犯未使用的案件，判例依然视为对正犯行为起到了促进作用，甚至在不能明确认定强化行为决意的情况下（心理上的帮助）也如此。[②] 也有观点认为，帮助犯的可罚性应当限定在帮助行为提升了正犯行为引起结果的风险的情形，如使正犯行为的实现变得可能或变得容易、强化正犯的犯罪决意、确保正犯行为得逞等情形。[③] 总之，帮助行为只有对正犯构成要件具备物理或心理影响，才能认定侵害了法益，具有处罚必要，否则过于扩大打击范围。

（二）帮助行为的表现形式

案例 1：甲是仓库保管员，因对单位心怀不满，发现几个小偷在仓库附近，决定助其盗窃，离开仓库时故意未锁门，当晚仓库被窃。

案例 2：甲意图盗窃某银行，找乙来收集该银行建筑结构的信息，依据这些信息顺利完成了盗窃行为。

上述两个案例引出了如何认定帮助行为的表现形式的问题。帮助行为包括作为、不作为和持有，但多以作为方式出现，即以积极的身体动静促进构成要件的实现，如提供工具、资金、信息、技术、鼓励等。不作为的帮助行为，是以消极的身体动作促进构成要件实现，这以行为人具有保障人的地位为前提，而保障人的义务与正犯作为义务的内容是有所区别的。一般认为不作为帮助犯成立条件是违反作为义务。如我国《刑法》第 411 条放纵走私罪的本质就是不作为的帮助行为。在英美刑法中，“持有”这一行为模式被视为与作为和不作为并列的行为形式[④]，有别于作为、不作为，可以成为独立的行为形式。我国刑法规定了非法持有枪支弹药罪等持有型犯罪。但对帮助行

① 大判大正 2·7·9 刑录 19 辑 771 页。转引自［日］西田典之：《日本刑法总论》，刘明祥、王昭武译，中国人民大学出版社 2007 年版，第 281 页。

② 参见［德］汉斯·海因里希·耶塞克、托马斯·魏根特：《德国刑法教科书》，徐久生译，中国法制出版社 2017 年版，第 941 页。

③ ［德］克劳斯·罗克辛：《德国刑法学总论》（第 2 卷），王世洲等译，法律出版社 2013 年版，第 154 页。

④ 参见储槐植：《美国刑法》（第二版），北京大学出版社 1996 年版，第 54–55 页。

为的持有形式有争议，实践中常见的在正犯实行前或犯罪时，保管、携带犯罪工具。如甲与丙有矛盾，约丙谈判，临行前将刀放在乙处以防万一，乙随甲与丙谈判，发生冲突，甲从乙处抽刀将丙捅死。可见，持有型的帮助行为是客观存在的。

（三）帮助行为的其他分类

帮助行为还有不同的分类方式。根据作用方式，可分为物理、心理性帮助；依据实施时间，可分为事前、事中、事后帮助以及承继的帮助。事前帮助，又称预备的帮助，是指在正犯者实行之前，给予正犯者助力。[①]就此，事前帮助属于犯罪预备，而非按照从属性原则处理犯罪参与行为。事中帮助，是在正犯实行时，给予助力。区别事中帮助与实行行为是厘定共犯与正犯的关键。事后帮助，是正犯实行后再参与其犯罪的情况。隐匿犯人、毁灭罪证等行为曾被作为事后帮助犯处罚，但大陆法系国家基本将上述行为独立化，确立为独立犯罪。而在正犯部分实行后参与犯罪，使正犯之后的实行变得容易的情形，被称为承继的帮助犯。[②]

（四）帮助行为的完成形态

乙欲租用甲的仓库生产伪劣产品，甲答应了，但告知乙仓库较乱，需要清理。后乙因之前生产伪劣产品的行为被警方抓获，乙将甲准备提供仓库之事供出，警方将正在清理仓库的甲抓获。该案例就涉及帮助行为完成形态的认定问题。任何行为的完成存在一个过程，在过程的每个阶段都可能终止，形成不同形态。帮助行为也会出现预备、中止、未遂和终了的状态。“行为之全体，只算一个行为。所谓之开始至终了，不过形容行为之过程；过程如何，并不影响行为本身之价值”。[③]停留在不同行为阶段的行为形态同样具有自身的属性和意义，虽然帮助行为会出现预备、中止和未遂等形态，但因具备帮助属性而属于帮助行为的范畴。上述甲清扫仓库便是预备形态的帮助行为。预备形态的帮助行为不仅包括准备工具，也涵盖提前掌握技能等，如甲通过学习网络知识以实现对网络诈骗正犯的帮助，此处的学习知识就是帮助行为预备。

---

① 参见陈子平：《刑法总论》，中国人民大学出版社 2008 年版，第 405 页。

② 参见［日］大塚仁：《刑法概说（总论）》（第 3 版），冯军译，中国人民大学出版社 2003 年版，第 275 页。

③ 郑建才：《刑法总则》，台湾三民书局 1982 年版，第 133 页。

帮助行为的着手意味着开始实施，如甲在家里为乙盗窃准备了犯罪工具后，赶往目标处，前往的行为便意味着已经着手。不同类型的帮助行为预备和着手时间差存在差异，有短有长。

帮助行为的中止，是帮助者预备或着手后，中途放弃的状态。例如，甲为乙准备了犯罪工具，但因害怕并未交付；又如，甲携带犯罪工具赶往预定区域，但半途惧于法律处罚而返回。

帮助行为的未遂是着手后，由于意志以外的原因未实行终了。如甲与丙进行毒品交易，为了逃避侦查，甲交易时未携带毒资，而是让乙开车将毒资送往交易地点。乙开车途中遭遇检查，警察查获毒资，乙构成帮助行为的未遂。值得一提的是，帮助行为未遂并非帮助未遂，后者是指帮助行为已成功实行，但被帮助者未按照设定的意图实施犯罪。

帮助行为的终了，是帮助行为实施后与正犯构成要件相结合，构成了对法益的侵害。帮助行为的终了不以被帮助行为的实施为前提。如甲将为乙准备的盗窃工具交付时，表明帮助行为已实施终了，至于乙何时着手盗窃、是否会使用甲提供的工具，不影响帮助行为的完成。

从帮助行为的完成形态与帮助犯因果关系的关系看，一般只有当帮助行为实施终了，才能构成帮助犯因果关系。对于预备状态的帮助行为一般无处罚必要，预备阶段的帮助行为基本没有侵害法益的可能。当然，对一些可能对重大法益构成侵害的预备阶段的帮助行为，如为了资助恐怖活动而积极扩大生产、联系业务、筹集资金，在有证据证明的情况下，可以考虑处罚。《刑法》中也有涵盖帮助行为预备状态的犯罪，如第125条非法制造枪支、弹药、爆炸物罪，便将为了帮助他人实施严重暴力犯罪的行为包含在内。这显然还未进入帮助着手的阶段，仅是帮助行为的预备阶段，但基于可能造成的危害后果予以处罚。中止的帮助行为由于尚未与正犯构成要件结合，对法益侵害结果也未体现促进作用，也就不构成帮助犯因果关系，一般也不处罚。未遂状态的帮助行为则相对复杂，必须区别对待。对促进了构成要件实现的帮助行为，哪怕没有达到预想的帮助效果，也可考虑予以处罚。如前文中乙协助甲运送毒资的行为，尽管未遂，但答应运送这一事实本身就能够让甲放心进行毒品交易，毫无疑问对构成要件的实现起到了促进作用，归责的形态取决于甲构成要件的完成形态。对构成要件的实现没有促进作用的帮助行为，不应处罚。

（五）间接帮助行为

一般来说，帮助行为与正犯构成要件存在直接联系，能够直接促进正犯的构成要件。但是通过间接帮助，即帮助帮助犯，继而产生对正犯构成要件的促进效果能否视作帮助行为，对此有肯定说和否定说。肯定说认为，帮助犯不仅包含直接使正犯之实行行为容易之直接帮助，即便是间接使之容易之间接帮助，亦属于帮助犯。[①]否定说认为，帮助者不是具备基本构成要件的正犯，刑法没有关于间接从犯的规定，从这个意义上不处罚才符合法治国理念。[②]就帮助行为的对象而言，不仅包括实行行为，也包括帮助行为，即不管是结合实行行为还是其他帮助行为，都能够对法益造成侵害或者危险。否定说主张间接帮助不可罚，便缺乏足够的理论支撑，有些情况下间接帮助对法益的侵害或危险不一定小。因此，如果单纯从有无因果关系的角度无法得出确定结论，毕竟帮助行为的因果关系本就间接，至于有多间接可以归责难以事先划定。因此，从总体上承认间接帮助可以归责，但在归责时必须考虑帮助行为人的故意和对法益的敌视态度，才能实现合理归责。

帮助犯是修正的构成要件，本就无法类型化，是否对帮助犯之修正构成要件再做修正，也就没有什么区别。尽管这样一来，不确定的构成要件显得更为模糊，但是帮助行为归责的根据本来就不在形式的限定性上，而在与正犯实现构成要件的因果关系上。因果关系固然在一定程度上取决于行为、结果联系的远近，但从本质上还是看帮助行为对正犯构成要件的促进效果，只要对结果实现具有关键作用，则是否间接帮助并不重要。当然，间接帮助的可罚性不完全取决于因果关系，更为重要的是，间接帮助的目的是否为促进正犯构成要件的实现，主观是否存在故意是归责的关键。

（六）被强迫的帮助行为

在外界因素压迫下，不得已实施的帮助行为系被强迫的帮助行为。例如，甲侵入银行后，以暴力威胁保管金库钥匙的乙，将金库钥匙交出，乙将钥匙交与甲。乙虽对甲抢劫行为予以了帮助，却是在生命受到威胁时作出的无奈之举，不能期待行为人此时作出抵抗的选择，不应归责。当然，能够产生阻却不法的强迫程度应当非常高，所以有必要区分被强迫的帮助与被胁迫

---

① 参见陈子平：《刑法总论》，中国人民大学出版社 2008 年版，第 416 页。

② 参见［日］大塚仁：《刑法概说（总论）》，冯军译，中国人民大学出版社 2003 年版，第 279 页。

的帮助，一般的言语威胁显然要低于暴力威逼。对于被胁迫的帮助，一般应予以归责，但可以考虑从宽。

三、正犯化的帮助行为

大多数帮助犯都可以依据因果共犯论和法益侵害找到正当化的处罚根据，并根据正犯的罪名进行处罚，但也有一类特殊情况，即帮助行为正犯化。其中部分属于绝对正犯化，如我国刑法规定的帮助恐怖活动罪、容留吸毒罪等。这些行为或明显违法，或具有严重法益侵害危险，处罚根据充分，且这些行为不存在或不需要正犯，具有独立可罚性。

但还有一种情况，帮助行为的相对正犯化，即将一些原本的共犯行为予以正犯化。有观点就认为，虽然在共犯责任领域限制从属性说具有合理性，但该说无法解决帮助违法行为、中立帮助行为的入罪化问题。[①] 很多一开始按照帮助犯定罪处罚的行为被相对正犯化，此类行为违法性较低，部分具备中立行为特征，存在对正犯化依据的寻求。不可否认的是，帮助行为正犯化的分则地位决定了拥有独立的构成要件，与共同犯罪已无联系。帮助行为正犯化无须遵循从属性原理，也不意味着采取了共犯独立说。用原本属于帮助行为的理由，来指导已成为实行行为的应用，是方法论的错误，没有理解其已成为独立罪名。帮助行为正犯化既不能以从属性限制处罚，也不应以共犯独立说扩大处罚。应摆脱要素从属性，从法益侵害寻求结论。帮助犯的处罚范围应当以法益侵害为外部范围，如果绕开共犯从属性原理，则有可能处罚实质上不具备任何法益侵害危险的帮助行为。只有法益侵害才能既替代从属说，限制帮助行为正犯化的处罚范围，同时又避免共犯独立性说而导致的过度处罚。

近年来我国刑法也有调整：一是将以往的帮助行为提升为正犯，如组织考试作弊罪、帮助信息网络犯罪活动罪等。从行为特征可以看出，这类帮助行为违法性较低，甚至有些属于中立帮助行为。二是将原本尚不成立帮助犯的帮助行为犯罪化。这体现了刑事政策的目的，一些罪名的被帮助行为只是一般违法行为，但是规范的帮助行为可以分解为若干具体行为，使得整体法益侵害严重。各行为侵犯法益的性质相同，可以合并同类项，如帮助信息网

---

① 参见于冲：《帮助行为正犯化的类型研究与入罪化思路》，载《政法论坛》2016年第4期。

络犯罪活动罪，通过帮助行为的集合，显著提升了违法性。而处罚的根据是法益侵害后果，并非其行为本身或者行为人的不法，故通过将多个帮助行为评价为整体行为，避免了评价的碎片化。

当然，对于这个问题不能作绝对化的理解，即是否帮助行为正犯化了，就不需要借助帮助犯因果关系的筛选功能而直接根据构成要件符合性进行归罪。为了体现归责的规范性、合理性，还是要有恰当的处罚根据，帮助行为正犯化与正犯行为之间依然具有密切联系，同样需要受到法益的制约。尽管实行行为不是天然存在的，当法条确立一个构成要件，自然就成为实行行为了。因此，不存在所谓的“帮助犯的量刑规则”，原本意义上的帮助行为一旦被立法进行构成要件定型化，其就成为规范意义上的实行行为，就不能再被称为正犯行为的帮助犯，而是独立的正犯。[①] 相对正犯化的帮助行为，尽管不再属于共同犯罪，不受从属性的限制，但还是应当具备处罚的正当化根据，法益侵害是实质违法性的基础。因此，尽管将部分帮助行为相对正犯化，对于其他犯罪而言，本质上仍是帮助行为，在处罚根据上与帮助犯并无差别，依然要立足于与法益侵害的因果关系。基于共犯从属性，帮助行为至少要求正犯着手实行，否则不具有可罚性。同时，从客观违法论的角度来看，帮助犯的成立虽然要满足正犯构成要件符合性的前提，但并不以正犯具备有责性为必备条件。

总之，根据实行从属性，只有正犯着手实行，共犯才有可罚性，相对正犯化后的处罚范围应与正犯化之前的帮助犯一致。共犯从属性与帮助行为正犯化是不同层面的问题，共犯从属性原理是一种能够实质划定处罚范围、防止处罚失去正当性的理论工具，所以在划定处罚范围时，要符合从属性原理，排除仅在形式上符合构成要件但不必处罚的行为。因此，在帮助行为正犯化立法中，从属性原理是判断帮助行为是否具有实质可罚性的参考标准。[②] 例如，如果被帮助者未着手实施信息网络犯罪活动，或者虽然着手，但没有使用相应帮助时，没有引起法益侵害，不宜论处；对于明知他人用于出版淫秽物品而提供书号的，应以他人着手实施出版淫秽物品为处罚条件。

---

① 参见刘艳红：《网络犯罪帮助行为正犯化之批判》，载《法商研究》2016 年第 3 期。

② 熊亚文：《从共犯论到法益论：帮助行为正犯化再审视》，载《法学》2021 年第 8 期。

当然，从属性仅是限制处罚的辅助手段，一旦帮助行为正犯化，处罚范围不应再受从属性的限制。帮助者与被帮助者都是各自犯罪的正犯，而非正犯与帮助犯。如果将帮助信息网络犯罪活动罪、强迫卖淫罪、组织考试作弊罪等理解为帮助犯的量刑规则，处罚范围就不能包括被帮助方尚未着手的情形，限制了处罚范围，从而使帮助行为正犯化丧失了应有地位。帮助行为正犯化主要是解决难以查获正犯而无法追究共犯的问题。

四、正犯预备行为

当被帮助者尚未着手实行犯罪行为，而仅仅停留在犯罪预备阶段时，帮助犯因果关系是否成立，帮助行为应如何处罚？这又可以分为两类情况：一是同罪名的帮助行为，由于对预备犯的处罚本就是例外，对预备犯的帮助，原则上不处罚；二是已被正犯化的帮助行为。对于犯罪预备行为的帮助，实际并非共同犯罪问题。正犯与共犯的关系理论不适用于预备阶段的犯罪参与。当所参与者都未着手实行，构成要件未实现，也就不存在正犯与共犯。不能将“犯罪参与的前阶段”概念与着手实行犯罪后的正犯与共犯概念混为一谈，更不能认为处罚犯罪预备阶段的参与犯意味着采取了所谓的不以正犯者着手实行犯罪为必要的“共犯独立性说”。①若只是预备阶段的帮助犯，不成立帮助犯因果关系，不属于共犯，属于预备行为。既然对犯罪预备采处罚为例外，有必要进行限制：一是被帮助者的犯罪行为的法益侵害性相对严重，既包括重大法益，如国家安全、公共安全、生命健康等，也包括对数量众多的法益，如网络犯罪。二是应具备引起法益侵害的可能性，既可以是抽象危险，也可以是具体危险。若只在客观上具有促进作用，但终止于预备阶段的帮助，则不会引起法益侵害的危险。如部分帮助行为根据法律规定，因具备类型化的抽象危险而受处罚；有些则要具体分析，取决于是否引起法益侵害的具体风险。提供专门用于侵入、非法控制计算机信息系统的程序、工具等属于类型化的抽象危险；具体危险一般包括传统的帮助类型，如协助强迫劳动、协助组织卖淫、提供书号等，此类行为本身不值得科处刑罚，有些属于中立帮助行为，不具有抽象危险性。只有提升了他人创设的具体危险时，才有可罚性。三是创设了法所不允许的危险。为了限制处罚范围，必须

① 参见林山田：《刑法通论》（下册），北京大学出版社2012年版，第16-17页。

将可罚的中立帮助行为限制为偏离了中立性，违反了相关行为规范、法规范及法秩序，明确表现出对法益的敌视态度，方可归责。四是当帮助者与被帮助者存在事前通谋时，直接以预备犯论处，而不认定为独立正犯。原因在于，帮助者是基于实现正犯目的的帮助故意而作出实行行为，属于共同犯罪的组成部分，而非仅符合帮助行为正犯化后的构成要件。简言之，是否具有事前共谋直接影响了帮助行为的主观构成要件，从而划定了其处罚范围。如帮助者与开设赌场的行为人共同谋划，由其提供网络技术、支付结算等帮助，则此种帮助行为属于开设赌场的共同正犯。

五、正当性事由

正当性事由是指虽然造成了一定的法益损害后果，但基于一定的理由允许其存在，并赋予合法地位。常见的正当化行为有正当防卫、紧急避险、基于法令的行为、正当的业务行为、自救行为、被害人承诺的行为和义务冲突行为等。正当性事由不构成帮助犯因果关系的成立前提。

（一）帮助正当防卫的情形

如甲看见乙被丙、丁围殴，甲捡起砖头丢给乙，乙拿起砖头将丙、丁击倒。甲虽然在客观上对于乙伤害丙、丁的行为予以帮助，但由于乙是正当防卫，因此甲并不构成帮助犯。如果具有防卫意识和防卫条件的防卫人使用帮助者提供的帮助防卫过当时，尽管从主观上说帮助者对防卫人可能造成的过当结果存在盖然性认识，但帮助者主观上没有否定被害人的身体健康或生命权的法益的意识，不宜将结果归属于帮助行为。

（二）帮助紧急避险的情形

帮助者对于他人避险行为予以帮助的，虽在客观上对法益造成侵害，也不予归责。如甲被歹徒追杀，想撬门入户摆脱追杀，但没有工具，路过的乙将螺丝刀给甲，助其撬门。乙的行为便属对紧急避险的帮助，不成立帮助犯因果关系。

（三）基于法令的帮助行为

法令行为虽然不是刑法明确规定的正当化行为，但对基于法令客观造成了损害的实行行为一般也不予处罚。如有关法律允许特定机构以特定形式发行彩票不属于赌博罪，司法工作人员对犯罪嫌疑人实行逮捕不构成非法拘禁罪等等。[①]又如，警方卧底为犯罪活动提供的建议和方法乃至参与，虽然属于对犯罪的帮助，但这种帮助既是法律考虑到对犯罪的打击而允许的，也是缺乏对正犯构成要件的促进意愿，不能构成帮助犯因果关系。

（四）基于正当业务的帮助行为

正当业务是指虽然没有法律规定，但被认为是合理正当的业务行为。如医生在治疗时伤害病人身体。中立帮助行为包括职业或业务行为，如出租司机载客、银行工作人员转账、农资公司经理售卖剧毒农药等。这个问题下文还将做详细分析，是否帮助者主观上认识到正犯准备或正在犯罪，便可否认业务的中立性；或仅因为对犯罪有着确定认识，也意识到帮助行为客观上能够促进犯罪活动，就能够认定成立帮助性因果关系？本书认为，仅凭主观故意不足以否认业务行为的中立性，认为构成实质性的帮助犯因果关系，关键在于行为人是否在特别认知的支配下提升了额外的风险。法律对特定行业的非正当业务予以明确，以客观行为直接推定存在故意和提升了额外风险，如非法提供公民个人信息罪，就是对金融、电信、交通、教育、医疗等行业的运行规范予以明确，将公民个人信息提供给他人的，不属于正当的业务行为。当然，对于中立帮助行为因果关系的认定，还涉及主观故意如何判定的问题，如果单纯将故意视为心理状态，是难以作为处罚的合理根据，解决方案还在于对故意的认识因素和意志因素的规范化上，只有摆脱了纯客观的心理状态，才具备构成帮助犯因果关系的主观基础，也才能真正成为归责的依据。

第二节　帮助犯因果关系的实质内涵

一、帮助犯因果关系的规范含义

被害人 X 曾经诱骗了被告人 D（身份是法官）的弟媳。被告人 D 弟媳的两个兄弟 A 和 B 因此追踪被害人 X 至 Stevenson 地区附近的一个小镇，准备将其杀害。被害人 X 的一个亲戚给他发电报告诉他即将到来的被杀害的危险，

① 参见张明楷：《刑法学》（上），法律出版社 2021 年版，第 307 页。

被告人D得知后，发了电报给Stevenson地区负责管理电报发送的与自己相熟的工作人员告诉他不要将X的亲戚准备发给X的警告电报发送出去，该工作人员予以照办。后A和B追上X，将其杀害。事后查明A和B追上X并杀害他的时间要早于X的亲戚发给X警告电报正常到达的时间。换言之，即使D不阻碍电报的发送，X仍然无法在A和B追上自己前收到该警告电报。D被指控为谋杀罪的共犯。①

这是一个英美刑法经常提及的案例，争议焦点在于帮助行为没有对损害结果有实质贡献时能否肯定因果关系的存在？因果关系是现象与现象之间的引起与被引起联系。刑法因果关系，指犯罪实行行为与对定罪量刑有价值的危害结果之间引起与被引起的合乎规律的联系。②帮助行为一般是通过正犯构成要件侵害法益。若帮助行为与正犯行为结合，从而导致了危害结果的发生，则因果关系的存在是毫无疑问的，但如果正犯行为没有利用帮助行为便引起了结果，又应当如何评价？肯定说认为，帮助行为和结果存在因果关系才具备可罚性，“既然帮助犯的构成在客观不法上是以实害结果为要件，那么帮助行为和实害结果之间的因果关系自然也是构成帮助犯之不法要件”。③否定说则认为，帮助行为和结果是否存在因果关系不影响帮助犯成立，“因为任何形式的帮助原则上都会提高法益侵害的风险，即使是多余的、没有实际帮助效果的加工行为也是可罚的”。④

危害结果一般是指危害行为造成的实际损害和危险，这是狭义的危害结果，行为犯、预备犯和未遂犯并不需要具体的危害结果。⑤前文已经论证了帮助行为的结果不是正犯行为，也不是正犯结果，而是整体的正犯构成要件，这里只做简单说明：一是只有整体的构成要件才能揭示出帮助行为的客

---

① AttorneyGeneralv.Tally，15So.722（Ala.1894）. 参见［美］史蒂文·L.伊曼纽尔：《刑法》（影印本），中信出版社2003年版，第208页。

② 参见马克昌主编：《犯罪通论》，武汉大学出版社1999年版，第214页；赵秉志主编：《犯罪总论问题探索》，法律出版社2002年版，第347页。

③ 参见黄荣坚：《基础刑法学》（下），中国人民大学出版社2009年版，第559–560页。

④ 参见［日］山中敬一：《刑法中的因果关系和归属》，成文堂1984年版，第108页。

⑤ 高铭暄、马克昌主编：《刑法学》（上编），中国法制出版社1999年版，第136页。

观目的性，帮助行为之所以可罚是因为在主观故意的支配下促进了对法益的侵害，其目的性是非常明确的。但是无论是正犯行为还是正犯结果都无法全面揭示正犯的不法，在新古典犯罪论结构中，构成要件几乎等同于不法，换句话来说，构成要件促进说也等同于正犯不法促进说。如果帮助犯是因为促进了正犯不法而可罚，那么帮助行为的作用对象也只能是正犯的整体不法。二是只有整体的构成要件才能全面揭示帮助行为的作用途径。作用于正犯行为或正犯结果的确涵盖了大多数的帮助行为，但是碎片化的构成要素必然无法体现帮助行为的全部作用路径，如心理性帮助、不作为的帮助行为等。前者作用部分体现于强化犯意，直接作用于正犯的主观构成要件，根本无法在客观构成要件中找到作用的痕迹；不作为的帮助行为更是缺乏明确的作用对象，只能理解为从整体上对正犯构成要件的促进。因此，帮助行为对正犯构成要件的促进作用，又可以理解为提升了正犯所制造和实现的禁止风险，即帮助行为所提升风险的实现过程就是帮助犯因果关系的实质，如果这一提升的风险又处于规范保护目的范围之内，那就构成了处罚帮助犯的实质根据和归责依据。

总之，要从帮助犯的独特性来确定其因果关系的实质、作用对象及判断标准。帮助犯因果关系的判断标准在一定程度上体现了对帮助犯因果关系实质的思考及对共犯处罚根据的不同认识。相对单独犯因果关系，帮助犯因果关系的存在必要性及判断标准应如何修正，都必须从帮助犯处罚根据的角度出发进行思考。具体来说，帮助行为的处罚根据在于故意结合正犯构成要件侵害或威胁了法益，当结合的状态出现时，就已经具有了可罚性，而这一结合状态的实质就是帮助犯借助帮助行为的促进效应，提升了正犯创设的风险并最终合乎主观目的加以实现。具体而言，标准有两条：一是帮助行为已经实行完毕；二是帮助行为促进了正犯构成要件的实现。所谓促进构成要件的完成，并不代表正犯必须从中获利，只要在心理上感知到了这种帮助可能促进对法益的侵害，即可归责。“只要被告人的行为在事实上为主犯的执行行为提供了便利的，即使遵照普遍的认识即使没有该帮助行为犯罪结果也会出现，也不能否定帮助行为在事实上起到的降低该消息（包括被害人亲戚在内的人通过电报等方式警告被害人危险的消息）传播可能的作用”。①

---

① ［美］史蒂文·L.伊曼纽尔：《刑法》（影印本），中信出版社2003年版，第208页。

帮助犯因果关系的实质是一致的，但在不同的不法类型、犯罪形态中表现形式各不相同，目的都是从共犯的不法类型、法益侵害结果中寻求实质的处罚根据。如果帮助行为是故意的作为，则体现了主观不法，应当对帮助行为人的主观故意是否体现了对正犯所侵害法益的敌视态度，行为的目的是否为了促进正犯构成要件的实现等进行判断。当正犯是行为犯或抽象危险犯时，帮助性因果关系则体现为帮助行为对正犯行为的促进作用；若正犯是结果犯或具体危险犯，帮助性因果关系则表现为通过正犯行为共同造成法益损害。当正犯未遂，帮助犯因果关系表现为对正犯实行行为的促进，对法益侵害产生危险，虽与结果缺乏条件关系，但依然对正犯构成要件起到了促进作用并使法益处于危险状态。

二、帮助犯因果关系与客观归责

目的行为理论揭示了行为的主观不法特征。而行为在客观面上的不法特征，正是客观归责理论所要揭示的。[①]该理论用制造和实现法所禁止的风险，实质化解释客观不法。以往的犯罪构成理论中，帮助行为与结果依靠因果关系实现连接，但帮助犯因果关系仅是事实联系。帮助行为与结果并不仅是客观存在，还是对这种客观存在的规范评价。只有从规范上把握帮助行为与结果的联系，才能更好地说明帮助行为的客观本质，加深对帮助行为本质特征的把握。行为是由人的自由意志支配的违反规范、危害社会的动静，只有既具备社会危害，又体现规范违反的行为，才是刑法意义上的实行行为。违反刑法规范既包括违反禁止性规范，也包括违反命令性规范。[②]法所禁止的行为，从评价规范的角度看，是对社会有害的或侵害法益的行为。刑法规范是有其保护目的的，刑法设立命令规范，就是为了保护利益。禁止的前提是明确规范的保护目的和范围。帮助行为违反刑法规范必然意味着侵害了刑法所保护的利益，不能因为从形式上符合帮助犯客观特征就是刑法意义上的帮助行为，应当联系规范保护目的，进行实质解释。同样地，仅考虑结果与帮助行为是否具有因果关系是不够的，因果关系只能说明有事实联系，不能说明

① 王扬、丁芝华：《客观归责理论研究》，中国人民公安大学出版社 2006 年版，第 11 页。

② 高铭暄、马克昌主编：《刑法学》（上编），中国法制出版社 1999 年版，第 121-122 页。

具有规范联系。刑法规范包括行为、结果规范。法益的确定性不仅为处罚犯罪提供了实质性根据，也是对行为进行规范评价的基础。

对帮助行为的客观归责揭示了帮助犯因果关系的实质性含义，找到了帮助行为与正犯构成要件的规范联系。客观归责分为两个部分：一是制造和实现了风险，属于对行为性质的客观认定；二是在构成要件范围内实现，属于是否具有法禁止性的规范评价。对帮助行为和正犯构成要件进行价值判断，可以揭示帮助行为的客观不法特征，不再只是事实联系，而是有了规范联系，这使得帮助行为与正犯构成要件均成为客观归责要素。客观归责的纽带是风险，帮助行为提升了正犯创设的禁止风险，正犯构成要件的实现就是帮助行为所提升风险的实现。如果帮助行为没有提升风险，则不能就结果对其进行归责，即使帮助行为与正犯构成要件之间有现实的因果性，但结果如不是帮助行为所制造风险的实现，也不能客观归责于帮助行为。通过客观归责，帮助行为与正犯构成要件的因果联系得到了实质性的解释。因此，从规范上看，帮助行为提升了结果发生的风险，如果没有提升这种风险，就不能归责。同样，正犯构成要件如果不是帮助行为所提升风险的实现，也不能认为对法益造成了实际损害和现实危险，同样不能归责于帮助行为。帮助犯因果关系的实质化解释体现在以下几个方面：

（一）帮助行为提升了正犯所创设的禁止风险

客观归责理论最初适用于正犯行为，在归责时以禁止风险的创设与实现为基本判断依据。但对于不具有实质支配性的帮助行为，制造风险的判断与正犯理应有所区别。有观点认为，帮助行为客观归责的第一步应调整为：促进正犯行为对法益侵害的禁止风险升高，并增加正犯行为实现结果的机会。从这个表述看，帮助行为的促进作用体现在正犯行为和结果上，即提升正犯构成要件实现的可能，并提升了侵害法益的风险。帮助行为既从属于正犯行为，又增加了正犯制造和实现禁止风险的可能性。帮助犯与正犯客观归责时的差异主要体现在制造风险的环节上，风险实现和是否处于规范保护范围的差别不大。帮助行为的客观归责标准与帮助犯因果关系的判断标准必须实现协同递进，毕竟帮助犯因果关系是客观归责的事实基础。可以考虑将帮助行为的客观归责标准设定为提升了正犯制造的风险水平或使正犯制造的风险更易实现。帮助行为促进了正犯构成要件的实现是客观的因果关系判断，尽管也有规范内容，如应当如何理解“促进”，但毕竟还属于客观事实，是归责的前提；帮助行为对正犯实现构成要件的促进，提升了正犯制造的风险水平，使法益更易受到侵害，这是价值判断，是对帮助行为客观归责的实质理由。

如果对帮助行为与正犯行为在归责原则上不加区分，均以制造了禁止风险为归责标准，则是对帮助行为提出了过高要求，也混淆了正犯行为与帮助行为的界限。所以，在正犯制造禁止风险的基础上，帮助行为有无进一步提升了风险可能，是更为合适的归责标准。“行为对结果的作用力大小与对其进行归责的限制是呈反比的，作为引起型因果类型的帮助行为与作为造成型因果类型的正犯行为相比，对其归责限制应该更大一些。”① 因此，要通过禁止风险升高对帮助犯因果关系进行规范评价，进一步发挥客观归责理论的限制处罚机能，实质化判断帮助行为升高禁止风险的概率，以判定其客观可罚性。总之，只有帮助行为提升了正犯造成实际损害或现实危险的风险，给法益制造了禁止风险，才能归责，否则即便与法益侵害存在因果关联，也不应处罚。从这个角度看，帮助行为应具有以下实质特征：

一是具有提升正犯制造风险的能力。如果帮助行为不能提升风险，则不是危害行为。如提供咒语给他人用于杀人的行为，客观上不可能制造任何风险，这就不能认为是不法意义上的帮助行为。对于迷信犯，以往大多通过认识错误来处理，认为这是一种手段的绝对不能犯，区别于误将白糖当成是砒霜的手段相对不能犯。② 两者的区别在于，前者就没有制造任何风险，后者则制造了风险，只是没有实现。刑法包括行为规范，须以行为人所认识到的事实作为判断依据；刑法也是评价规范，还必须站在事后的角度看事前的行为规范能否防止结果发生。从事前的认识看，念咒杀人绝无可能，而用砒霜杀人则有实际危险。因此，前者不是危害行为，而后者则是故意杀人的危害行为。

二是只有提升了禁止风险的行为才是帮助行为。若客观上提升了正犯制造的风险，但为规范所允许而非禁止，则不构成帮助行为。如借助公共交通运输的犯罪大量存在，但公共交通行为为社会所允许，所提升的风险并不为法律所禁止，不成立帮助行为。

三是要衡量法益。帮助行为如在侵害法益的同时，保护了更重要的利

① 劳东燕：《风险社会中的刑法——社会转型与刑法理论的变迁》，北京大学出版社 2015 年版，第 153-154 页。

② 陈忠林主编：《刑法学》（上），法律出版社 2006 年版，第 208 页。

益，如对正当防卫、紧急避险等正当化行为的帮助，则应当站在行为时，以帮助行为人所认识的事实进行法益衡量。对法益的衡量应以社会一般认识为标准，而非当事人自身标准。如二人互殴，第三人出于协助正当防卫的意愿对其中一人提供了棍棒，由于是互殴不存在正当防卫，就不能认为帮助行为保护了合法权益，也不能进行法益衡量，至于是否需要追究责任，要结合主观面综合认定。

（二）帮助行为所提升的禁止风险在结果中实现

正犯结果是共同犯罪行为所造成的实际损害和具体危险状态，这种损害和危险是刑法规定的，也是帮助行为法益侵害的具体体现；不仅是客观事实，还有价值内涵；要从规范意义上判断结果是否为帮助行为所提升风险的实现。只有具备什么条件，正犯结果才能在客观上归属于帮助行为，并最终归属于帮助行为人？结果归责的前提是帮助犯因果关系与成立帮助行为，除此之外还应具备以下几个条件：

一是实现了帮助行为所提升的风险。正犯结果只有是帮助行为所提升禁止风险的实现，才能在客观上归责。通过结果归责，将单纯的法益侵害结果与构成要件的结果进行区分。风险实现事实上是另一个提升风险的判断，判断标准一致。不同之处在于，帮助行为的风险实现针对实际发生的结果，而提升风险针对抽象的结果。如甲借枪给乙，将丙打死。在甲的行为是否提升了乙杀丙风险的问题上，判断对象是构成要件意义上的结果，即乙侵害丙生命权的风险是否因借枪行为而提升；风险实现的判断，则针对甲提升的抽象风险是否在丙死亡的具体结果中实现了。

帮助行为实施时是否增加了正犯所制造的禁止风险是风险提升的判断时点，在此基础上，才能认定帮助犯的成立与否。结果发生是风险实现的判断时点，要看帮助行为提升的风险在结果中是否实现。在正犯直接导致结果发生，没有介入因素时判断较为容易。但在正犯行为、帮助行为交织，并存在其他介入因素，判断难度就增加了。如甲追杀乙，为阻挠乙逃跑大喊抓小偷，丙听到后丢了把椅子干扰乙，乙被绊了一跤，被经过的机动车撞死。对于这样的案例，需要先考查帮助行为是否提升了正犯创设的风险，进而判断风险是否实现。甲为了追上乙，谎报抓小偷，希望借助旁人的力量阻拦乙，的确创设了一个针对乙的风险，但并不包括让乙被车撞死的风险，所以乙被撞死的结果不能归责于甲；丙的阻挠行为提升了甲赶上乙的风险，但是否制造了乙被经过的汽车撞死的危险，这要取决于丙是否注意到了经过的汽车可能带来的风险。从事实上分析，丙的行为确实制造了风险。当然这仅是对丙行为的客观归责，要追究责任还需要存在主观故意。丙显然缺乏对甲杀人行为的认识，也没有促进实现甲杀人的意图，更没有对乙生命法益的敌视态度，所以不能认定故意，在其他条件具备的情况下可认定为过失。这个案例说明，对故意作为犯的认定还是要坚持以主观面为主导，即使能够通过客观归责的检验，也必须兼顾主观故意的认定，客观面起主导作用的主战场还是在过失犯和不作为犯。

二是实现的风险是法规范所禁止的。成立帮助犯因果关系的前提下，风险实现还取决于结果与行为的相当性。如果帮助行为增加了结果发生的可能性，就说明帮助行为与结果不是偶然联系，帮助行为存在着结果发生的实质根据。因此，必须思考帮助行为是否与正犯结果具有规范意义的关联，客观评判该行为是否促进了正犯结果实现。根据规范禁止还是允许，能够说明帮助行为不需要客观归责的情况，如提升了允许风险、风险降低和未提升风险等情况。所谓风险降低行为，是指帮助行为虽然引起了法益侵害结果，但是与其介入前的正犯行为可能造成的结果相比，明显降低了损害程度。风险降低主要表现为：“一是对于既存的危险在程度上加以修正；二是在时间上延后危险行为对于结果的作用；三是在方式上让该结果由另一种形态出现。”[①] 如医生甲明知乙购买安眠药杀害妻子，将可能导致他人拉肚子的药出售给乙，虽然其行为也造成了一定结果，但是与致人死亡相比，明显降低了损害程度，不应构成帮助犯。所谓未制造风险的行为，是指某一帮助行为对于法益侵害结果或者危险而言，虽然没有降低风险，但也没有制造新的风险的情况。此种类型一般是提供饮食、住宿等具有社会通常意义的日常行为。如争议较多的为赌场提供饮食、保洁服务的行为，虽然从形式上看确实对开设赌场起到了一定的保障作用，但是此类行为的作用对象根本不是开设赌场罪构成要件的任何要素，无法构成帮助性因果关系，也不具备提升正犯不法的可能性。因此，可以合理设想禁止提供饮食、保洁服务的规范根本无法阻止开设赌场行为的发生，这些行为没有包含促进结果发生的风险，也就不成立构成要件意义上的帮助行为。

三是规范地理解风险的实现。对于帮助行为来说，并不是只有正犯实现了既遂的构成要件才是风险的实现，也不仅是正犯给法益造成了实际损害和

---

① 林东茂：《刑法综览》，中国人民大学出版社2009年版，第66页。

现实危险状态才是风险实现。这对结果的理解过于狭隘，忽略了行为犯、未遂犯、抽象危险犯并不需要具体结果，也忽略了帮助行为没有直接作用于正犯行为却提升了结果发生可能性的情况。因此，这也说明帮助行为的客观不法来自于促进了正犯不法，所以对于帮助行为来说，风险的实现就是正犯不法的实现。这里的“实现”需要规范理解，既可以是正犯着手、完成，也可以是结果的发生、未遂，只要从整体上看，促进了正犯不法即可。根据从属性原则，如果不存在因果关系偏离、认识错误等主客观不一致的情况，帮助行为的完成形态与正犯行为的完成形态一致，正犯既遂，帮助犯既遂；正犯未遂，帮助犯未遂。

四是帮助行为人遵守规范能够避免结果发生。在实践中，虽然某些结果可以认为是帮助行为提升风险的实现，但如果缺乏帮助行为，结果也无法避免。行为规范难以防止结果发生，那将结果归责于帮助行为就没有意义了，因此不能认为帮助行为提升了风险实现。

案例 1：甲是仓库看守，意外知道晚上有人前来盗窃，为报复单位，故意没有将门上锁，但盗窃者没有走前门，而是破窗而入。

案例 2：甲是仓库看守，意外知道晚上有人前来盗窃，为报复单位，故意没有将门上锁，但当晚发生地震，库房震塌，盗窃者直接进入。

案例 1 中，即使甲在当时把门锁上，盗窃行为依然会发生，而且因为是片面帮助，对方并不知情，也就不可能产生心理性因果关系。因此，即使甲遵守了规范，也不能避免结果的发生，甲所提升的风险没有实现，盗窃发生的结果不能归责于甲的行为。从表面看，案例 2 与案例 1 非常相似，甲即使锁门，因为地震，盗窃也会发生，似乎说明甲即便遵守行为规范，坚持锁门，结果也不可避免。但不同的是，案例 1 是甲即使进行了锁门这一合法替代行为也会导致结果发生；而案例 2 是自然事件导致结果发生。在假定合法行为条件下，帮助行为还是导致了结果的发生，说明遵守规范对于结果没有意义，因此不能归责。在自然事件或发生其他介入因素的情况下，规范依然有其意义。案例 2 中甲只要锁门，规范保护目的就达到了，不能以事后地震的发生而否定甲遵守规范的意义。

（三）帮助行为处于构成要件的效力范围内

刑法作为行为规范，对社会关系的保护是有范围的，不可能对社会关系提供全面保护，只能保护最重要的部分，保护范围限定为构成要件所确定的部分。“法律规范的文字含义所能表达出的法益类型及其范围，就是构成要件的效力范围。”[①] 刑法保护具体社会关系，而非抽象的。帮助行为提升的禁止风险必须属于构成要件的效力范围内，才可归责。

帮助行为只有根据刑法规范的目的进行解释，才能正确把握刑法规定的涵义。刑法因保护法益而存在，所以分则罪名的构成要件结果必然是欲保护的法益，帮助行为必然是给法益提升了禁止风险的行为。帮助犯因果关系就是帮助行为与正犯构成要件的事实联系，而风险关联是帮助行为与正犯构成要件的内在联系，风险关联说明了两者的实质内涵。没有风险关联，帮助行为就不是帮助犯的构成要件行为，结果也不是帮助犯的构成要件结果。提升风险检验构成要件行为，风险实现检验结果，规范保护范围则是对行为和结果进行的实质化的限定。存在风险联系说明了帮助行为与结果的规范联系，解释了帮助行为的客观不法特征。无论是禁止风险还是允许风险都是一种规范评价，是价值衡量的结果。[②] 某一行为所产生的风险为法律所允许还是禁止，并不是仅仅依照当时的实定法律，因为透过允许风险定义的客观可归责性是一个实质的概念，所构建的体系当然也是一个开放的体系，具有演绎可能性。[③] 法的规范保护目的的过程就是利益衡量的过程，作为允许（禁止）风险判断前提的并非单纯是成文的法律法规，而是以事先利益衡量为核心的公共秩序作为判断基础，如果综合各方面因素，认为存在优越利益的行为人并没有实质上违反注意义务，其行为的风险是被允许的。[④]

如果帮助行为及结果不在规范保护目的范围之内，则这些行为及结果也不是客观要件的行为和结果。刑法保护是有范围的，如被害人自愿承担风险，当风险真实发生时，由被害人自己负责；有时结果发生在他人的责任领域内，应由他人负责。大致有以下几种情况：一是被害人自愿从事存在风险的活动。一些被害人被引诱从事危险活动，而被害人对此有认识，应由被害人自己负责。二是被害人同意对自己造成危害。被害人同意他人造成危险，较多是存在同一风险的特定场合。行为人造成危险的同时，给自己制造

---

① 王扬、丁芝华：《客观归责理论研究》，中国人民公安大学出版社 2006 年版，第 38 页。

② 参见许玉秀：《当代刑法思潮》，中国民主法制出版社 2005 年版，第 507 页。

③ 参见许玉秀：《当代刑法思潮》，中国民主法制出版社 2005 年版，第 507 页。

④ 参见王俊：《客观归责体系中允许风险的教义学重构》，法律出版社 2018 年版，第 18 页。

风险，多为过失犯罪。三是处于他人责任范围。“他人专属负责之领域，形成构成要件效力范围之界限，应由该人单独负责。”[①] 如医疗等特殊领域，特殊职业在职权范围内对特定危险源的监控是排他性的。因此，在职权范围内发生的损害结果，独立承担责任。在结果属于他人责任范围的情况下，帮助行为提升的风险也不在刑法保护范围之内。责任范围能够限定结果归责，对结果加重犯有重要意义。许多故意犯罪都有结果加重的规定，如故意伤害致人死亡、强奸致人重伤死亡、抢劫致人重伤死亡等。在正犯造成被害人重伤、死亡的情况下，如果主观条件具备，认定帮助行为人构成结果加重犯的帮助犯也是可以的。但在正犯行为与结果之间介入了特定人员的故意或过失行为，能否认定构成结果加重犯的帮助犯，则就值得研究了。甲提供纵火材料给乙烧毁乙的房屋，消防队员来到现场，但处置不当，造成火势蔓延，造成多人死伤。这一行为属于放火罪的结果加重行为，但认定加重结果，仅进行因果关系判断是不够的，消防员的过失行为制造和实现了被害人死亡的风险，而且结果发生在特定的职业范围之中，甲、乙无法监控职务活动，消防员对结果负有排他性责任，不构成结果加重犯的帮助犯。

第三节　帮助故意与主观归责

实质化解读帮助犯因果关系仅说明了帮助犯各要素间的客观联系，只解决了问题的一个方面，帮助犯因果关系各要素之间还存在规范的主观联系。刑法通过命令规范作用于意志，引导行为并保护法益。因此，帮助行为必须考虑主观要素，帮助行为可以客观归责，并不能证明违反规范，只有确认故意、主观归责后，才能说规范被违反了。

一、帮助故意

帮助意思或帮助故意，系指认识正犯者的实行行为，而且意欲或容认帮助者自身的行为使正犯者的实行行为容易进行。[②] 德、日刑法均规定了帮助

---

① 林钰雄：《新刑法总则》，中国人民大学出版社 2009 年版，第 131 页。

② 参见［日］大塚仁：《刑法概说（总论）》（第 3 版），冯军译，中国人民大学出版社 2003 年版，第 272 页。

犯主观应是故意，而非过失，我国刑法也有类似规定。一般认为帮助行为与实行行为不同，其主观意识应当体现为故意，在故意的主观状态下，才对其进行归责，对过失帮助的处罚属于特例。对于帮助故意中的认识因素和意志因素，一般主张包括双重认识与意志要素。

（一）故意的规范化

由刑法的目的所决定，刑罚必须是着眼于人的意志。刑法不仅保护法益，还有法规范，不能无视行为人意志内容。① 作为主观要件的故意与不法具有密切联系。“故意是受刑罚威胁的行为的要素之一，这些要素决定了违法程度，也就是说故意是不法的组成部分。” ② 故意要素是主观不法方面的集中体现，是进行归责的前提要素。由于故意形态的不同，很难对其仅作出一种具有概括化的一般性定义，每种故意形态具有能够准确反映其涵义的概念也具有科学性。“故意”的定义非常难，只能通过描述的方式去展开。在德国刑法理论中，故意被理解为一种心理事实，是对构成要件的所有要素均具备认识的情况下所具有的实现某个构成要件的意志。③ 但纯心理角度的故意，有两个不足：一是对未必故意和有认识过失的难以实现合理区分；二是就所谓故意的意欲要素，在心理学的故意概念中被当作前提要件的意识现象，并非在所有故意的种类中皆存在。④ 故意意志因素除“希望”能够作为意识现象清楚把握外，间接故意的意志因素，如接受、放任等的确难以把握。而且心理学的故意概念对刑法评价没有意义，因为心理现象和规范评价之间缺乏内在逻辑。故意概念的确存在不能被心理因素所覆盖的规范评价，故意是对行为人心理状态的规范化的整体评价，其判断标准也应当在规范中寻找。

因此，将故意客观化是一种尝试，即用认识因素取代意志因素，或者说将意志因素纳入认识因素，用“认识到了应当认真对待的风险”“真的认为

---

① 李海东：《社会危害性与危险性：中、德刑法学的一个比较——以法益实害未发生时的可罚根据为切入点》，载《刑事法评论》1999 年第 1 期。

② ［德］施特拉腾·韦特：《刑法总论 Ⅰ——犯罪论》，杨萌译，法律出版社 2006 年版，第 108 页。

③ ［德］韦赛尔斯：《德国刑法总论》，李昌珂译，法律出版社 2008 年版，第 120 页。

④ ［德］许乃曼：《刑法上故意与罪责之客观化》，郑昆山、许玉秀译，载许玉秀、陈志辉合编：《不移不惑献身法与正义》，新学林出版股份有限公司 2006 年版，第 482 页。

结果有发生的可能”等来统一说明故意的本质。但规范化的故意，不代表意志因素的客观化甚至对意志因素的否定。[①] 出路应当从规范地理解意志因素方面去寻找，帮助行为人对法益侵害的态度才是决定性的。这种规范评价受到两个方面的制约，一个是犯罪支配，另一个是对法益敌对的意念。[②] 前者是前提，因为即使行为人确实敌视法益，只要不能认识到侵害法益的可能性，则不能按照故意归责，只可能是过失。故意还必须包含敌视法益的意念，表现为对规范的敌视，只有同时考虑主观、客观面，才能更好地体现规范评价。

以往故意和过失被看作是两种责任形态。目的行为论提出后，故意开始作为行为的主观要素。同时，认为不法并不是仅是法益侵害，行为只有作为行为人的“作品”才构成不法。行为人在自由意志下对客观行为的目的导向的设定、行为人实施行为时的主观心态以及行为人是否存在某些特定义务，均会对帮助行为的不法判断存在重要影响。

在新古典犯罪论中，故意从责任要素转变为主观不法要素、构成要件。但作为不法要素的故意，不包含违法性认识，是一种事实的故意，违法性认识仍然属于责任阶层，这是故意的双重地位。

不法是主客观统一的，既要考虑客观，也要考虑主观。把故意同时理解为主观、客观要素，实质上是将故意概念予以规范化和客观化，在规范论中重新阐释。犯罪支配是从规范化的故意概念的存在结构中推导出来的，敌视法益是从规范的角度得出的，体现了故意概念的客观化、规范化趋势。强调犯罪支配，说明主观面必须基于客观面；强调敌视法益的态度，则体现了对事实的规范评价，与事实判断存在区别，两者可以相互分离。

（二）规范化的帮助故意

主客观相统一原则要求不能割裂帮助行为与主观认识的关系，在对帮助行为进行归责时，必须从行为人的主观面着手，以主观罪过形态作为区分一

---

① 参见许玉秀：《客观的故意概念——评德国的间接故意理论》，载许玉秀：《主观与客观之间——主观理论与客观归责》，法律出版社 2008 年版，第 62 页、第 68 页、第 81 页。

② ［德］许乃曼：《刑法上故意与罪责之客观化》，郑昆山、许玉秀译，载许玉秀、陈志辉合编：《不移不惑献身法与正义》，新学林出版股份有限公司 2006 年版，第 483、486 页。

般帮助行为人和帮助犯的标准。因此，要成立客观层面的帮助行为和规范评价后的帮助犯，帮助行为人主观上必须具备帮助故意。帮助故意是帮助犯认识到正犯的犯罪故意，加功或提供助力促进正犯构成要件实现的一种主观心态，帮助故意同样包含认识和意志两种因素。与正犯故意的差异主要体现在帮助犯的认识内容较多。因为，帮助行为与正犯行为结合侵害法益，帮助者对这种结合必须有认识，不仅要认识到帮助行为的性质，也要认识到被帮助行为的性质。

由于帮助故意的认识内容较多，与意志因素的组合也较为复杂，所以应被看作是一种类型。按照类型化的故意概念，某种心理状态和规范评价的组合只要还处于允许的范围内，就可以依然认定为特定的类型。但在一个类型中，当一个特征完全付之阙如时，则不同强度形态的补偿就不再可能。① 类型化的故意概念中，认知因素是心理状态，意志因素却同时存在主观及客观成分，分别体现出故意的规范特征，即犯罪支配和敌视法益的意念。对于帮助故意而言，故意的规范特征则表现为对正犯构成要件的促进和对规范保护范围内法益的敌视态度，帮助行为的主客观要素对于规范特征的体现有强度上的差别。若促进构成要件或者敌视法益态度的程度非常高，故意的成立对其他特征的要求便降低，如在“希望”支配下的行为，在结果发生可能性极低的情况下，也可以归类为故意；行为人在认识到结果必然发生的情况下仍然实施了行为，随后发生的法益侵害结果未必是行为人所希望的，故意也能成立；如果只是认识到结果可能发生，而行为人事实上并不希望结果发生，则需要另外的要素以证明行为人对法益的敌视态度。②

二、帮助故意的认识因素

故意的认识因素为明知行为会发生危害社会的结果，有双重含义，即正犯故意及对正犯构成要件的促进：一是认识到正犯行为的社会危害性；二是认识到帮助行为对实现正犯构成要件具备促进作用。因果关系要求帮助行为

---

① ［德］许乃曼：《由语言学到类型学的故意概念》，林立译，载许玉秀、陈志辉合编：《不移不惑献身法与正义》，新学林出版股份有限公司 2006 年版，第 469 页。

② 参见［德］许乃曼：《刑法上故意与罪责之客观化》，郑昆山、许玉秀译，载许玉秀、陈志辉合编：《不移不惑献身法与正义》，新学林出版股份有限公司 2006 年版，第 487 页。

客观上能够促进正犯构成要件，而帮助故意则是从主观方面限制促进公式可能导致的泛化。两层认识因素中，“第一层认识因素即认识到被帮助行为的犯罪类型是帮助犯主观方面存在的前提；第二层认识因素即认识到帮助行为对正犯行为的促进关系才是帮助犯认识因素的核心与关键，而帮助犯的意志因素则以此为基础”。① 对具体认识内容，有学者认为应包含以下几方面：一是认识到自身行为具备的是帮助属性，而非实行属性；二是认识到正犯的犯罪故意，且将要或正在实施犯罪；三是认识到自身行为能够促进正犯构成要件从而提升法益侵害风险。② 具体来说，认识因素涉及以下一些问题：

（一）认识到正犯构成要件的该当性

从属性决定了帮助犯在实施帮助行为时，应对正犯行为性质有所认识。关于帮助者对被帮助者的行为性质应认识到何种程度，有观点认为，虽不要求对根据正犯的实行行为实现基本的构成要件的情况有认识，但对正犯的实行行为必须有认识。③ 也有观点提出，帮助犯的故意应限于直接故意，应要求被帮助者实施的犯罪是行为人认识范围内的事实。④ 若要求过苛，必然限制帮助犯成立；若要求较宽，则提升了构成的可能性。

一般认为，不宜要求对于非构成要件事实的明确认识，如正犯行为的时间、地点、被害人等。只要认识到正犯者实施的行为是犯罪也能认定帮助的可罚性。⑤ 由于这类情况存在不确定性，正犯未必都有明确认识，不能要求帮助犯的认识标准高于正犯，将非构成要件事实从帮助故意的认识内容排除是合理的。只要认识到帮助行为有可能促进正犯构成要件既遂，否则阻却帮助故意成立。相对于非构成要件事实，在正犯实施相应类型的构成要件的问题上，帮助者的认识必须是明确而肯定的，即确定地认识到正犯即将或正在实施犯罪，而不仅限于某一具体犯罪。无论帮助行为人能否认识到正犯犯罪及细节，还是只能认识到正犯有可能实施某一犯罪类型，都能满足帮助犯主

---

① 张伟：《帮助犯研究》，中国政法大学出版社 2012 年版，第 98 页。

② 参见马克昌主编：《犯罪通论》（第三版），武汉大学出版社 1999 年版，第 550 页。

③ 参见［日］大谷实：《刑法讲义总论》，黎宏译，中国人民大学出版社 2008 年版，第 402 页。

④ 参见刘凌梅：《帮助犯研究》，武汉大学出版社 2003 年版，第 65 页。

⑤ 参见［日］香川达夫：《共犯处罚的根据》，成文堂 1988 年版，第 125 页，转引自刘凌梅：《帮助犯研究》，武汉大学出版社 2003 年版，第 70 页。

观认识因素的要求。德国联邦最高法院在1996年的“宝石案”中认为，帮助犯与正犯不同，大多数情况下并不能支配犯罪进程；帮助犯与教唆犯也不同，教唆犯能够预见到确定的罪行和犯罪结果。因此，只要故意地向正犯提供重要的援助行为，并能够认识到该行为增加了正犯罪行得以实施的风险，就可以构成帮助犯，这种指向构成要件的帮助犯故意已经足够。[①] 与大陆法系不同，美国刑法理论要求构成共同犯罪以存在“共同犯罪意图”为前提，行为人必须对共同计划实现的犯罪的基本性质和发展路径存在总体认识，而不需要认识到所有的具体细节。[②] 这就是所谓的预见规则，预见内容包括：第一，正犯的行为符合犯罪行为的要求；第二，预见到犯罪行为的相关情节，但不是所有细节；第三，预见到正犯有犯意。[③]

可见不同法系对帮助故意认识因素的要求基本一致，只要能够认识正犯构成要件及帮助行为能起促进作用即可。因此，只要正犯构成要件在共犯概括的认识范围之内，就没有超出预见范围，帮助故意能够成立。至于如何判断预见范围：一是存在共谋或意思联络，可以判断有明确认识；二是从帮助内容合理推理，如提供万能钥匙，可预见为侵财犯罪；三是以往的犯罪经历，如曾盗窃、抢夺、抢劫，对于望风者来说，无论是盗窃、抢劫均未超出概括的认识范围。

（二）认识到帮助行为性质

虽然有观点认为帮助犯的第二重认识因素是帮助行为足以帮助他人实现构成要件。[④] 但前文分析了促进关系是指帮助行为与正犯构成要件之间的促进效果，因此帮助故意的前提是行为人认识到正犯行为的类型性，而认识到能够起到促进作用才是核心与关键。对促进关系的认识无疑包含了行为人有帮助正犯实现不法构成要件的意图，即在帮助犯看来，正犯必须具有完成犯罪的可能，此谓之“既遂的故意”。[⑤] 这就涉及未遂的帮助问题，所谓未遂的

---

① ［德］克劳斯·罗克辛：《德国最高法院判例：刑法总论》，何庆仁、蔡桂生译，中国人民大学出版社2012年版，第228—230页。

② 储槐植：《美国刑法》，北京大学出版社2005年版，第120页。

③ 参见郭自力：《英美刑法》，北京大学出版社2018年版，第263—264页。

④ ［日］大塚仁：《刑法概说（总论）》，冯军译，中国人民大学出版社2003年版，第272页。

⑤ 林山田：《刑法通论》（下册），台大法学院图书部2008年版，第135页。

帮助，是指帮助者预期正犯者的犯行终于未遂而进行了帮助行为的情形。①

有观点主张，在虚假帮助的情形下，行为人具有帮助故意，应以帮助犯处罚。②还有观点认为在客观上提供的是虚假帮助，或者明知犯罪本身存在不能既遂的客观原因而进行帮助的场合，不应负刑事责任；在明知犯罪处于警察或被害人监控范围内，最终必将失败而进行帮助的场合，如果行为人为了协助警察抓获犯罪人而为虚假帮助，不应构成犯罪；反之，如果出于陷害他人或其他个人目的的，则可按照犯罪促进罪处理。③对于虚假帮助的认识不能离开对帮助故意的规范化理解，如果单纯将故意理解为心理状态，的确很难划分可罚的界限，但如果能够从规范的角度理解故意，则能找到不同帮助行为的主观差异。当帮助行为人不是出于对法益的敌对态度，认识到自身行为对正犯构成要件不可能有促进效果的情况下，实施了帮助行为的，自然不可罚。帮助行为人对正犯的社会危害性有无认识不是关键，是否出于自愿实施了帮助行为也不是关键，能否认识到帮助行为提升了正犯构成要件创设的风险才是关键。

帮助故意的认识是对可能结果的预想，而不是对实际结果的认识。帮助行为人对于发生的法益侵害结果的认识并不是帮助故意的认识内容。如甲欲杀乙，丙提供木棒给甲，将乙打昏，甲、丙以为乙死亡，但乙未死。丙对甲打乙可能产生死亡结果的认识是帮助故意的认识内容，这种预想对于行为犯和结果犯而言，表现形式不一致。行为犯结果是抽象的危险状态，并非客观构成要件，只要帮助行为人能认识到行为的社会危害性，无须对结果有认识。结果犯的危害结果是实害或者具体的危险状态，是客观构成要件。因此，预想到正犯结果是帮助故意认识因素的内容，无论实害结果发生（既遂），还是不发生（未遂），都不影响故意的成立。

（三）明知

有学者将明知分为“确知”（肯定知道）、“实知”（事实上知道）、“或

---

① ［日］大塚仁：《刑法概说（总论）》（第3版），冯军译，中国人民大学出版社2003年版，第272页。

② 陈兴良、曲新久：《案例刑法教程》（上卷），中国政法大学出版社1994年版，第475页。

③ 刘凌梅：《帮助犯研究》，武汉大学出版社2003年版，第67页。

知”（可能知道）、“应知”（应当知道）。[①] 大多数应当知道属于实知，也有部分是推定明知，即对于通过客观情况或一般的社会经验或常理来判断属于应当知道的内容，通过推定为明知，从而解决证明责任的难题。知道、应知属于明知，知道属于确知或实知；确知、实知属于确定的故意，帮助者对正犯意图有着肯定和明确的认识。或知则代表着可能知道，也可能不知道。应知是对或知的进一步推断，通过事后判断，判定帮助者能够认识到被帮助者的犯罪意图。有观点提出，若帮助行为人确切认识到正犯犯罪意图，则具备构成帮助犯的基础；反之，如果只是认识到行为被犯罪所利用的可能性，则不宜认定为帮助犯。[②] 从主观上确定帮助犯的判断标准是正确的，但是主观上不确定的故意并不一定代表缺乏对被帮助行为的认识，不确定的故意是一种“两可”的故意。正是基于此，我国刑法才有应当知道的规定，通过推断确认主观上应知、未必的故意，将结果归属于帮助行为人。而且由于帮助故意的内容较多，组合复杂，必须用类型化的概念来处理帮助故意的判断问题，不能仅因为认识因素不够明确，就认为不构成帮助故意。

（四）认识因素的规范性要素

帮助故意的认识因素包括事实性、规范性认识两重内涵，其中规范性认识体现了行为人对法所禁止的风险的认识，明显地揭示了其主观恶行。故意与过失在认识因素上存在差别，主要体现为是否认识到了行为的社会危害性，故意认识到了，而过失未能认识到。帮助故意的认识因素是否有规范性要素，这涉及违法性认识问题。原本德、日刑法理论认为，故意的认识只限于客观构成要件事实，不包括社会危害性，对于假想防卫、假想避险等正当化事由为何能够阻却故意的解释合理性不足。正当防卫的不法侵害不是构成要件事实，不属于故意的认识内容，不应当影响故意的成立。近年来，德、日刑法也已认识到故意仅有对构成要件事实的认识是不够的，必须在这个基础上领会到自己举止行为的危害意义或者说危害法益的意义。[③] 从规范责任论的角度出发，违法性认识毫无疑问是必要的，但更为关键的是如何理解违法性认识的内涵，如果仅理解为刑事违法性认识，不仅在事实上不可能，而

---

① 参见周光权：《明知与刑事推定》，载《现代法学》2009年第2期。

② 参见陈洪兵：《中立的帮助行为论》，载《中外法学》2008年第6期。

③ ［德］罗克辛：《德国刑法学总论》，王世洲译，法律出版社2005年版，第322—323页。

且更加重了证明负担。因此，将违法性认识界定为对刑法规范的违反，并客观化为对社会危害性的认识。社会危害性是违法性的本质特征，同时违法性又是社会危害性的法律化、规范化。帮助行为人有必要就正犯行为及帮助行为的社会危害性存在认识。

根据我国刑法对故意的规定，其内容应当包含对社会危害性的认识，即"明知"会发生危害社会的结果，这一结果之所以是有危害的就是因为特定的社会关系受到侵害，对犯罪客体的认识在本质上就是社会危害性的认识。作为故意认识内容的只能是行为侵犯了刑法所保护的社会关系，而社会关系是一种理论意义上的抽象概括，让行为人必须认识到其实质内容并不合理。[①]只要行为人认识到社会关系受到侵害，社会危害性认识就得到了满足，并不要求行为人认识到这种社会关系的规范意义。我国犯罪故意概念更好地体现了行为违反刑法规范的主观根据。

故意行为人承担更重责任的理由在于完全能够选择不实施行为，由于社会危害性是帮助故意的认识对象，故帮助行为人需同时认识到正犯构成要件及其行为的社会危害性，才有可能形成不实施帮助的反对动机。故意如果单纯作为一种心理事实，不含有任何规范成分，就不能说明为什么在故意支配下的行为会违反刑法规范。"在刑法上，作为罪过形式的故意不是一种纯心理事实，而同时包含着规范评价因素。"[②]故意不仅是纯粹的心理事实，还包含了价值评价。

作为故意认识内容的社会危害性，与犯罪意义上的社会危害性不同。社会危害性是在主观意志支配下产生的，先有主观罪过，客观犯罪事实再随之产生。因此，行为人对社会危害性的认识不应包括对主观罪过的认知，故意认识的内容应当是客观危害。如果对社会危害性的认识没有具体的标准，则会导致一般的法益敌对态度容易被认定为犯罪故意。因此，故意认识的内容应当包括客观构成要件，并结合对要件事实的认识和对社会危害性的认识，来判断行为人主观上的故意。但需要注意的是，如果行为人首先就缺乏对客观构成要件的认识，则足以阻却故意的成立，而无须再判断是否存在对社会危害性的认识。

社会危害性以社会价值观为标准，不能以个人的价值观来判断是否具有

---

① 高铭暄主编：《刑法专论》（上编），高等教育出版社2002年版，第261页。

② 陈兴良：《本体刑法学》，商务印书馆2001年版，第342页。

社会危害性认识，应以社会价值观为判断标准来看行为对社会是否有危害。行为人认识到行为在客观上有危害，会侵害法益。帮助行为是否包含了促进结果发生的禁止风险，帮助行为人如果认识到了这一禁止风险，就认识到了帮助行为的社会危害性。帮助行为人还要认识到风险是法所禁止的。间接故意的帮助与过失帮助的不同就是行为人有无认识到帮助行为能够提升正犯结果造成的风险。前者认识到了，过于自信的行为人则没有认识到，只是认识到行为与结果之间的条件关联。

三、帮助故意的意志因素

（一）“希望”和“放任”

故意内涵中的“希望”是指行为人对结果的发生具备积极追求的主观心态。直接故意的认识内容包括结果必然或可能会发生，间接故意的认识内容仅为结果可能会发生。[①] 直接故意是希望结果发生，但是行为人也可能并不追求这一结果。在这种情况下，行为人的意志因素就难以确认为“希望”，因为认识到结果发生并不等同于希望结果发生，认识因素不能取代意志因素的作用。行为人的认识程度虽对意志有制约作用，但人的意志不完全决定于认识因素，而有其独立性。正因为故意的意志因素存在如此多的矛盾和不协调，证明了不能完全理解为心理事实。

所谓放任危害结果的发生，是指行为人虽然不积极追求危害结果的发生，但也不反对和不设法阻止结果的发生，对结果是否发生采取听之任之的心理态度。[②] 在这种主观心态下，行为人认识到的内容是，结果可能发生、也可能不发生。如果认识到必然发生，就缺乏“放任”的基础。认识到结果必然发生，就不存在放任。尽管行为人主观上存在对结果听之任之的心态，但这并不影响行为的实施的认定；而对于大量间接故意犯罪，往往在希望好结果和担心坏结果之间犹豫，容忍与放任的界限很难划定，也不能完全作为心理状态。

对社会危害性的认识体现了认识因素的规范性，意志因素也有规范性内容。我国《刑法》第 14 条明确要求的是行为人希望或者放任危害结果的

---

① 陈忠林主编：《刑法总论》，高等教育出版社 2007 年版，第 138 页。

② 高铭暄、马克昌主编：《刑法学》（最新修订），中国法制出版社 2007 年版，第 133 页。

发生，“危害”属性的认识体现了意志因素中的规范评价内容。但行为人认识到会侵害法益，并不能解决故意的规范评价问题。能在主观上归责于行为人，主要是行为人在认识到社会危害性的基础上，主观所具有的规范违反性。不能仅看到希望或放任两种意志形式，而忽略了背后的规范特征。这种规范违法性表现为对法益的敌视态度，并通过直接故意和间接故意表现出来。“犯罪故意中的意志因素之所以是犯罪人主观恶性的决定性因素，就在于意志是将犯罪行为付诸实施的一种主观意图。”[①]对法益的敌视态度并不是心理状态，而是规范评价，仅把故意作为心理事实，是无法承担起规范评价的任务，而意志因素的规范要素是关键。

因此，希望、放任是行为态度，而非心理态度，是主客观事实所体现出的行为态度，认定的关键在于是否体现了行为人对法益的敌视态度。认定希望、放任，不仅要考虑主观事实，是否追求结果发生，是否接受结果发生；也要考虑客观事实，是否采取了防范结果发生的措施。行为人追求结果发生，心理状态就是直接故意，因为追求危害结果就体现出对法益的敌视态度，即使结果实现的现实性较弱，也可以构成故意。若认识到结果必然发生，即使行为人并未积极追求结果，但客观上仍然选择实施帮助行为时也体现了对法益的敌视态度，可以从规范角度评价为直接故意。如果不存在放任的行为态度，则要综合考虑主客观事实，决定是否规范评价为放任。具体来说，是否采取了预防措施、补救措施，判断结果不会发生的理由是否有力等，这些客观要素与主观要素一起决定了是否评价为放任。

（二）帮助故意的双重意志因素

帮助故意的双重意志因素主要为：一是对促进正犯构成要件的心理态度；二是对正犯所要实现的法益侵害结果的心理态度。其指向对象不仅包括对促进关系的希望或放任，还包含对正犯结果的希望或放任。但这并非帮助故意意志因素的内容，帮助行为不同于正犯行为，侵害法益的方式不同，意志因素的内容也有所差别。构成要件促进说并不要求共犯行为与正犯结果之间具有必然的、物理的因果联系。要从整体上把握正犯构成要件，而不能将正犯的行为与结果分离，只要满足帮助行为与构成要件之间的促进关系，帮助犯因果关系就可成立。而且从实践看，共同犯罪日益碎片化，共犯之间对相互行为，乃至最终结果的认识都是有限的，因此只要求帮助者明知，而不强调

---

① 陈兴良：《刑法适用总论》（上卷），法律出版社1999年版，第150页。

所谓共谋，即是对司法实践中共同犯罪的必然反应。帮助犯的意志因素与正犯意志因素不完全一致，包括两方面：一是对帮助行为促进正犯构成要件的主观态度；二是对正犯侵害法益的主观态度。

帮助故意在认识因素上限于“明知”，在意志因素上不排除间接故意。有观点认为仅限于直接故意，即认为帮助故意中不存在放任，如果允许存在放任的间接故意，那么必然会出现帮助犯以间接故意的主观心态加功于正犯的直接故意犯罪行为，并对该帮助者按照直接故意犯罪的帮助犯处理的不合理结论。[①] 帮助犯既要考虑认识因素又要考虑意志因素，所以有学者提出“明知未必是故犯”的主张，[②] 在坚持帮助故意的前提下，认识因素仅“明知”是不够的，二者不是充分必要关系。故意的认识因素并非只有确定知道一种含义，还存在大量应当知道的情形，虽然无法证实行为人确实明知，但不影响拟制为故意，而且帮助行为的许多情形就是行为人持漠不关心的放任态度。间接故意支配下的帮助行为加功于直接故意支配下的正犯构成要件的情形客观存在，毕竟帮助故意并不从属于正犯故意，正犯的意志因素也不会影响帮助行为者的意志因素。由于帮助行为距离法益侵害较远，因果关系较弱，归责必要性必须有所加强，因此设置更为严格的归责要求是必要的，但没必要从意志因素的表现形式着手，而应当着眼于规范化要素。帮助故意的意志因素具有规范性要素，存在促进正犯构成要件实现的意志，且对于正犯侵害的法益有敌视态度。所以，帮助故意的意志因素也系双重，但第二重不是对正犯结果的希望或放任心理，而是对正犯构成要件所侵害法益的敌视态度。两重意志因素中，帮助行为者促进正犯构成要件的主观态度处于决定性地位。

对意志因素的规范理解能够为许多原本难以把握的帮助行为确定了合理的处罚标准。如张某到李某处玩耍，李某毒瘾发作，将钱给张某为其购买海洛因。张某用这笔钱找人购得海洛因交给李某，李某除自己吸食外，把海洛因分成若干小包贩卖给吴某和黄某等人。张某行为应如何认定，存在三种意见：第一种意见认为构成贩卖毒品罪，系贩卖毒品罪的共犯；第二种意见认

---

① 参见刘凌梅：《帮助犯研究》，武汉大学出版社2003年版，第70–71页。

② 参见邹兵建：《“明知”未必是“故犯”——论刑法“明知”的罪过形式》，载《中外法学》2015年第5期。

为构成贩卖毒品罪，系李某贩卖毒品的共犯；第三种意见认为不构成犯罪。[①]帮助吸毒者购买毒品，客观上促进了毒品买卖的实现，但帮助者并没有促进贩卖毒品的构成要件实现的故意，也没有对国家毒品管理秩序的敌视态度，因此不构成贩卖毒品罪的帮助犯。但如果是居间帮助，为了促成对向性活动而从中斡旋、撮合，客观上为达成对向活动目的提供便利，主观有帮助故意，则构成帮助犯是没有疑问的。本案中，张某是购买毒品，而不是帮助贩卖毒品，显然不构成贩卖毒品罪的共犯。张某替李某购买毒品时，主观的认识是帮李某购买，而李某购买原因是毒瘾发作，而非李某要贩卖。因此，张某在主观上缺乏对李某贩卖毒品行为的认识，不构成贩卖毒品罪的共犯。

四、犯意联络

当存在犯意联络时，帮助故意容易确定。事前通谋意味着帮助者对正犯目的非常清楚，对帮助行为的促进作用也非常清楚。但即使存在共谋，帮助者也不可能完全清楚理解，当然如果正犯在要求帮助时，明示非常确定，但事后正犯又超出了当时明示，不宜让帮助犯对正犯此后行为承担责任。在通谋的情况下，帮助故意的意志因素可以是希望，也可以是放任。无通谋的情况便有些复杂，帮助者在没有被告知的情况下，自行判断正犯即将或正实施犯罪。我国刑法实践用“明知”或“知道或者应当知道”限定故意，如全国人民代表大会常务委员会《关于惩治骗购外汇、逃汇和非法买卖外汇犯罪的决定》第 1 条第 3 款规定“明知用于骗购外汇而提供人民币资金的，以共犯论处”。

所谓片面帮助犯，是指单方面地故意对正犯行为予以帮助，而正犯不知情。片面帮助犯是共犯理论的争议问题之一，目前多数观点认为，不存在片面实行犯，片面帮助犯可以存在，对于知情的按照帮助犯论处，对于不知情的按照单独正犯论处。刑法和司法解释有涉及片面帮助犯的大量规定，如《刑法》第 350 条第 2 款规定：“明知他人制造毒品而为其生产、买卖、运输前款规定的物品的，以制造毒品罪的共犯论处。”在帮助型正犯的规定中，很多条文并没有明确主观上须具备犯意联络，仅要求明知，有些则规定了客观的帮助方式，都体现了片面帮助犯的含义，“如在辩护人、诉讼代理人毁

---

① 徐以会：《帮助他人购买毒品的行为应如何定性》，载《检察实践》2000 年第 3 期。

灭证据罪中，被帮助者（被告人）现实中完全有可能意识不到帮助者（辩护人）实施的帮助毁灭证据的行为，这也从司法实践上印证了在刑法理论上承认片面帮助犯的态度是科学的、妥当的”。[①] 近年来，随着网络犯罪等新型犯罪不断涌现，传统共同犯罪理论在打击犯罪上有所力不从心，若一味按照传统共同犯罪理论要犯罪人之间必须具备“犯意联络”，会导致明显的处罚漏洞。[②] 因此，一些涉及网络犯罪的司法解释对认定共犯不再要求事先通谋，仅要求明知即可，另外还扩充了大量“明知共犯”的适用规则，均不要求事前通谋，而只要共犯认识到自己故意参与共同犯罪即可。

承认片面帮助犯，必须解决犯意联络问题。如甲明知乙入户盗窃，却主动为乙望风，被害人回家，甲为了使乙的盗窃得逞，故意阻拦拖延丙，直到乙得手。甲客观上为乙提供了帮助，且完全没有犯意联络。《刑法》第 25 条第 1 款中的“共同故意犯罪”以往多理解为“共同故意地犯罪”，进而要求成立共同犯罪必须具备“意思联络”，但该款也可以理解为“共同地故意犯罪”，即只要具有行为上的共同性即可。只要参与人的行为与正犯构成要件的实现具有客观上的因果性，就可以成立共犯，而犯罪参与人之间的意思联络并不是必不可少的，所以意思联络并不是成立帮助犯的必要要件。[③] 网络犯罪往往表现为意思联络的单向性，犯罪计划发布于网络，参与者各尽其职、提供帮助。尽管与传统共谋不同，但片面帮助行为与正犯构成要件也可以具备因果关系，以降低故意的认定难度。在客观上，帮助行为单方起到促进作用，既可以是事前帮助，如将对他人享有著作权的软件破解后在网络平台上公开，供网民下载；也可以是事中帮助，如驾驶出租车将贩毒团伙送至交易现场。在主观上，帮助者与正犯之间缺少双向意思联络，但帮助者对正犯可能实施犯罪必须有认识，如果缺乏认识，则无归责基础。

五、帮助行为的主观归责

主观归责立足于主观构成要件内容，通过证明行为人主观构成要件的符合性来实现对行为人的归责。帮助行为的主观归责就体现为故意归责，但并

① 张伟：《帮助犯研究》，中国政法大学出版社 2012 年版，第 184 页。

② 陈洪兵：《“二人以上共同故意犯罪”的再解释——全面检讨关于共同犯罪成立条件之通说》，载《当代法学》2015 年第 4 期。

③ 刘涛：《片面共同正犯的成立及其范围》，载《政治与法律》2014 年第 11 期。

不等于故意确认。帮助故意的认识因素包括：一是明知帮助行为会促进正犯构成要件的实现；二是明知正犯构成要件会产生社会危害性。意志因素包括：一是帮助行为人希望或者放任帮助行为对正犯构成要件促进作用的发生；二是帮助行为人希望或放任正犯构成要件社会危害性的发生。帮助行为的主观归责有助于更好地理解帮助故意中的认识因素和意志因素。

（一）帮助行为主观归责的价值与作用

1. 帮助行为的主观归责能实质化地解释帮助故意

帮助故意只有包含了帮助行为与正犯构成要件的风险关联，才能归责于帮助行为人，这样的行为意思才构成故意。从认识因素看，明知包括对正犯行为性质和内容的认识，对法益侵害结果的性质和内容认识，对帮助犯因果关系的认识。除此之外，还须将帮助行为与正犯构成要件之间的规范联系纳入认识范畴，即帮助行为与正犯构成要件的风险关联，帮助行为人只有认识到这种风险关联，才能证明认识到了社会危害性，才说明帮助行为人明知帮助行为有社会危害性，才能归责。从意志因素看，希望或放任的心理态度不能完全体现故意的意志因素，还应包括对于正犯构成要件的促进意志，而在新古典犯罪论中，构成要件基本等同于不法，意志因素的规范联系在于希望或放任帮助行为对正犯不法的促进。只有帮助行为人认识到了风险，才可能通过帮助行为对正犯构成要件的促进侵害法益。能够归责于帮助故意的前提是发生了法益侵害结果、正犯构成要件的实现与帮助行为有因果关系、帮助行为人有主观故意。帮助行为的主观归责就要确定结果能否归责于帮助故意，能归责，则成立故意犯罪既遂，帮助行为人承担故意责任。

主观归责实质化地解释了故意，揭示了主观不法特质。通过对帮助行为的客观归责，说明了帮助行为的客观不法特征，但没有说明帮助行为的主观不法特质。只有帮助行为人认识到帮助行为与正犯结果的关联，并借助因果流程才能说明主观不法。如果不对行为人主观上对结果的预想进行考量，则无法判断对于结果来说，哪种风险才是具有决定性的具有归责意义的风险。认为对于行为与结果之间的因果联系，是主观归责的内容，而不属于客观构成要件的判断范围。故归责的关键不在于客观上是否真正存在这一风险，而是帮助犯能否确实认识到这一风险。有认识，就可主观归责；反之，就不能进行主观归责。帮助行为人认识到帮助行为提升了禁止的风险，仍决意实施，就构成故意。由于故意包含对危害结果的认识，要将正犯既遂结果归责于帮助行为，就必须要求帮助故意要认识到帮助犯因果关系及因果流程的类型化发展方向。

故意是指属于法定构成要件的客观要素的知道和意欲。[①] 但若仅具有对客观要素的认识，也并不是刑法意义上的故意，只有能够对行为人进行主观归责，才能肯定行为故意的成立。如果客观上发生的结果与行为故意具有同一性，则行为故意包含结果。但二者如果不一致，结果在主观上必须能归责于行为故意，结果故意才能成立，如果不能，则故意犯罪就只有停留在未遂阶段。通过归责，各构成要件成为能够相互证明的有机整体。帮助行为可客观归责，并不能说明帮助行为违反了规范，只有可主观归责，违反规范的证明才告成立。帮助故意是帮助不法的组成部分，只有构成帮助故意，帮助行为才可以归责于帮助行为人，行为归责即故意归责或故意确认，结果归责是指法益侵害结果能归责于帮助行为人，而归责前提是结果可能归责于行为人的帮助故意。主观归责需要两个前提：一是帮助故意中必须包含对正犯构成要件的促进意愿，促进公式的实质是帮助行为提升了正犯制造的风险水平，增加了既遂结果的发生可能性，主观归责的前提是行为人有所认识，这一点对于主客观不一致情况下的合理归责显得尤为重要；二是帮助行为的主客观要素要能体现出帮助行为人敌视法益的态度。如甲不知道自己车的刹车已经失灵，明知乙希望刚学会开车的妻子遇上交通事故，但还是应乙的要求将车借给乙的妻子，结果乙的妻子因不能及时刹车而发生交通事故。甲认识到了借车行为与乙妻子死亡之间的因果关系，并且在主观上也希望结果发生，但很难把既遂结果归属于帮助故意。从认识因素看，由于甲不知道汽车刹车失灵，不能认识到借车行为在客观上制造了风险，因为单纯的借车行为并没有创设法不允许的风险，所以本案通过客观归责也能解决问题。但如果甲知道刹车失灵，还把车外借，则已认识到行为的危险，乙的妻子由于是新手闯红灯，与一辆超速、超载的车辆相撞身亡。当案件存在被害人过错、第三方介入等因素，情况就非常复杂，更为关键的是，甲主观故意对于因果流程的认识与客观风险的实现方式发生了偏差，尽管结果按照主观希望的那样发生了，但并不是按照甲主观设想的方式。这时能否将既遂结果归属于帮助故意，是一个疑难问题。后文还将在因果关系的偏离中详细分析。这里简要表述，如果最终的风险实现与帮助行为提升的风险毫无关联，属于风险替代，

---

① ［德］汉斯·海因里希·耶赛克、托马斯·魏根特：《德国刑法教科书》，徐久生译，中国法制出版社 2001 年版，第 354 页。

不能归责；如果实现的风险与帮助行为提升的风险属于竞合关系，则可以归责；如果实现的风险包含在提升的风险之中，但是不属于事前可以认识到的类型化的因果流程，不能归责。如乙的妻子发生交通事故与刹车毫无关联，不能将既遂结果归属于甲，但如果尽管存在被害人及第三方的过错，刹车失灵对于结果的发生还是存在促进作用，既遂结果可以归属于帮助故意。促进意愿是主观归责的前提条件，如果帮助故意没有包含对促进作用（提升正犯制造的禁止风险）的认识，无论存在多么强烈的敌视法益的态度，也不能主观归责。因为帮助行为人不能将敌视法益的态度通过客观因素予以实现，最多只能希望帮助故意与法益侵害结果偶然结合在一起，主观归责就是要防止这种偶然结合。

2. 帮助行为的主观归责能解决既遂判断问题

帮助性因果关系的内涵是帮助行为促进了正犯构成要件的实现，作用对象不是正犯构成要件的某个要素，因此认定成立帮助犯因果关系并不能解决全部帮助既遂的认定问题。主观归责与故意确认要解决的问题不完全相同，故意确认解决犯罪成立问题，而主观归责要解决既遂结果的归属问题。当然，在多数情况下，二者是一致的，除了因果关系偏离等主客观不一致的情形，没有必要在故意确认之外再另行主观归责。但是对于帮助犯而言，从整体上看，绝大多数正犯的既遂结果在帮助犯因果关系成立的前提下，的确可以归责于帮助行为；帮助行为距法益侵害结果较远，尤其帮助行为的归责要经过自身不法和正犯不法的双重抽象，在这个过程中既可能是由于法益的相对性，也可能是由于外部因素的介入，使得帮助故意所认识的内容，特别是提升的风险与最终正犯所制造和实现的风险不一致。这时就需要通过主观归责予以校正，解决正犯的法益侵害的既遂结果能否归属于帮助故意的问题。帮助行为在主观故意的支配下实施，其目的就是侵害法益，而且帮助行为人也认识到了通过正犯侵害法益，这是对帮助行为归责的主要根据。但这只解决了帮助行为的成立问题，只有发挥了促进作用的帮助行为才能就正犯既遂结果归责。故意要素的规范化对主观归责具有重要意义。主客观相统一原则要求行为人的行为客观上具有社会危害性，才能定罪处罚。因此，故意必然包含规范要素，由心理事实转变为主观归责根据，并从主观面决定着行为的规范违反性。客观归责对帮助行为人、帮助行为、正犯结果之间的联系进行了实质性解释，但三者之间还存在主观联系，通过命令规范引导行为，保护法益。规范的违反和法益侵害的风险需从客观和主观两个层面进行判断，主观面的归责具有重要作用。因此，帮助故意是主观归责要素，当存在认识错误、因果关系错误的情况下，如果帮助行为人的认识与实际结果并不一致，正犯的法益侵害结果只有能归责于帮助故意时，帮助行为人才承担故意帮助既遂的责任。

（二）帮助行为主观归责的具体内涵

只有将对禁止风险的认识和实现目的作为帮助行为主观构成要件的内容，才能实现帮助行为主观归责和帮助不法判断的对接。禁止风险的提升和实现都必须以帮助行为人对风险的认识为根据，而且必须是在规范保护范围内。帮助行为人必须对禁止风险所关联的正犯构成要件具有故意，才能归责。当然，帮助犯的主观归责分为行为归责与结果归责，大多数情况下，结论是一致的，只要确认行为时的帮助故意即可，正犯结果是帮助故意认识到并希望发生的，两者具有同向的一致性。但是在主客观不一致的情况下，由于帮助行为距离正犯结果较远，帮助犯构成要件的结果要经过两次抽象，正犯结果与帮助故意存在偏差的可能性要高于单独犯。

1. 是否明知帮助行为会提升禁止风险

帮助行为人没有认识到或没有能力认识到帮助行为会提升禁止风险，就不成立故意。只有明知帮助行为会提升正犯制造的禁止风险，才可能成立刑法意义上的帮助故意，才可能将结果归责于帮助故意。客观归责要求对帮助行为进行归责需满足其自身具有提升结果发生盖然性的风险。具体包括：一是帮助行为的提升风险的能力；二是帮助行为的义务违反性。但这些方面其实都暗含着主观要素，客观行为都建立在主观认识和目的的基础上。此外，帮助行为的风险提升能力应立足于行为人自身的认知角度进行考虑，而不是从一般人的视角能否遇见结果的发生，故帮助行为人的主观认知要被纳入风险提升的判断基准。因此，看似客观的风险提升能力是建构在主观认识的基础上。从抽象可能性看，很多行为都会引起法益损害风险，但多数并非规范禁止。即使利用这些风险实现结果，也不能认为构成故意。根据行为人对结果发生可能性的认知程度可以识别规范意义上的禁止风险，若行为人能够认识到行为存在发生结果的抽象可能性时，风险是允许风险，不能归责；若行为人认识到发生结果的具体可能性时，风险为规范所禁止，才可能归责。如认识到开车会发生事故，就是抽象可能性，驾驶行为不具有禁止风险；若认识到刹车有故障，则有具体可能性，有禁止风险。对结果可能性的把握，源于对风险的认识。可见，帮助行为的归责不仅要具备风险提升能力，起决定性意义的仍是有无对规范的违反。

2. 希望或放任帮助行为所提升的风险在结果中实现

要想对帮助行为人进行归责，则帮助行为提升的风险需要在结果中得以实现。如果帮助行为人由于容许的风险造成了结果，即便主观故意，也不能归责，这种限制对于故意作为帮助犯意义重大。结果是风险的实现过程，引起结果的原因同样是提升风险的原因。因此，以提升风险为条件的客观归责，其实并非实质性限制。帮助行为的主观归责和帮助故意的判断是一体的，我国刑法关于故意的定义强调了行为人对结果发生可能性的认识能力，强调了明知自己的行为会造成行为规范禁止的风险。“危害社会的结果”并非单纯的事实描述，还包含规范评价。因此，危害社会并不完全等同于法益损害，而是规范禁止的结果，即通过禁止风险而避免结果。所以，危害社会的结果是违反行为规范损害法益的结果，而禁止风险是结果实现的必经过程。

传统主观归责的思路，是通过严格限制故意的意志因素，即用希望和放任的意志状态限制故意的成立范围。但这会带来一个困境，若行为人刻意启动了一个成功率比较低的因果流程，能否认定故意就成为难题。如雷击案中，行为人确实希望被害人被雷劈死，而这个结果也确实发生了，劝说行为与结果也存在因果关系。试图通过排除行为人对结果的意志因素来否定故意很难自圆其说。即使行为人希望借助运气或偶然因素来实现计划，也依然是实现构成要件的意志因素。意志因素是对构成要件实现的希望或容忍的心理态度，和行为人所认识到的结果发生的机会大小没有必然联系。很多情况下，行为人对于结果发生并没有绝对把握，试图为因果流程加入运气成分，进而实现结果是自然想法。因此，利用意志因素限制故意具有局限性。由于传统故意概念只揭示了心理状态的一面，缺乏对行为态度的反映。因此有观点提出，借鉴客观归责论的“风险”因素，将其置入故意概念，限制结果责任。[①] 若帮助行为人认识到行为提升了禁止风险，为了避免侵害法益应当选择放弃该行为。在帮助故意中加入对禁止风险的认识和意志，意味着对抽象风险的认识和意志不成立故意，由于不属于禁止风险，帮助故意不能就正犯结果归责。主观目的体现了行为人意志，即使有客观内容，仍是一种主观面的东西，完全可以作为主观归责的实质根据，但必须与风险相关，这样就把

① ［德］沃斯·金德霍伊泽尔：《故意犯的客观和主观归责》，樊文译，载陈兴良主编：《刑事法评论》，北京大学出版社 2008 年版，第 231 页。

主观归责和客观归责实现了联结。将禁止风险纳入主观归责，通过对禁止风险的认识和意志，实现对结果归责的规范性限制。

刑法意义的帮助故意必然包含对禁止风险的希望或放任态度。如果故意的内涵仅包括对禁止风险的认识，而缺乏对于禁止风险的行为态度，等于只强调行为人的认识因素，而忽略了意志因素。立足于认识到禁止风险的故意还是一种事实性的主观归责思路，缺乏规范评价的内容。因为风险依然是事实，缺乏规范考虑，无法区分刑法和生活中的故意、过失，无法限定处罚范围，因此需要运用规范性评价来完善主观归责路径。客观要件包含禁止风险，相应地，主观要件也应包含对禁止风险的认识或认识可能性。行为规范是具体的，针对行为人的具体认知而发出命令，目的在于避免特定行为导致的法益损害结果。因此，禁止风险也是具体的，与具体的行为、具体的法益侵害结果相关联。但对具体风险的认识只构成故意的一部分，对具体风险的认识能力只是故意的成立前提，不等同于故意。故意要具备对希望和放任禁止风险实现的行为态度，之所以是行为态度，而非单纯的心理状态，其根据在于帮助行为是对行为规范的违反，对禁止风险的提升，其主观目的不是单纯地实现法益侵害，而是通过特定的行为类型提升禁止风险、实现法益侵害。所以，故意不仅包含着要实现的目的，还体现了要实现目的手段，即提升了禁止风险实现可能的行为。目的与手段实现了对帮助故意的双重限定，对责任的双重制约。以往对故意的认定需结合对风险的认识能力和对结果的主观心态，现在则通过对禁止风险的认识和实现目的，作为主观归责的关键要素。

依托对禁止风险的认识和实现的主观归责，能合理限制帮助犯修正构成要件。如乙向甲借猎枪想进山打猎，乙保证不会打保护动物，甲犹豫后还是借了枪，乙最后还是猎捕了珍稀动物。乙实施猎捕野生动物行为是明显的，但是否可以把结果归责于甲，因为结果实现的风险是使用猎枪猎捕珍稀动物，和乙承诺的风险猎捕一般动物并不一致。但是行为人很少能够事前详细预见因果流程，因此行为人能够预见哪些细节全凭偶然。帮助故意包含行为人对于因果流程的认识，不能让甲承担完全没有想到，甚至想避免的情况的责任。如果行为人认识到乙利用猎枪必然会捕猎动物，而乙并没有能力识别保护动物，尽管不存在希望结果出现的意志因素，但还是应当把结果归责于甲。对于本案例来说，甲可以辩解，乙保证过不打的。在案例中，虽然捕猎结果归责于甲的故意是符合事实的，但必须有合理根据，禁止风险是适合的根据。如果甲通过出借猎枪，提升了乙捕猎野生动物的风险，并且最后乙成功捕猎也确实依靠了猎枪，根据客观归责就存在一种风险联系。如果将禁止风险借用到主观构成要件，假设甲认为借枪行为有很大可能造成野生动物被捕猎的结果，就应当拒绝出借猎枪，但甲还是把枪借给乙了，那么甲就是故意的。当然，帮助故意应用类型化的视角来解读，认识因素和意志因素有多种组合，认识到乙一定会捕猎保护动物，是否存在希望乙捕猎的意志因素都不重要了，只要决定出借猎枪就构成帮助故意；案例最大的可能是，甲认识到乙有可能会捕猎保护动物，不然也不至于犹豫，但在乙的保证下，还是决定借了，这就是在没有改变认识因素的情况下，意志因素表达为放任，这种组合也可以构成故意。要成立帮助犯因果关系，甲必须认识到出借猎枪提升了乙捕猎野生动物的风险，而乙并无识别能力，无论是故意捕猎还是过失捕猎，风险是客观存在的，因此既遂结果可以归责于甲。甲出借猎枪，提升了乙捕猎珍稀动物的风险，乙可能故意捕猎，可能过失捕猎，可能鸣枪造成动物恐慌自相残杀，还有许多能够从借枪导出的因果流程。甲对于出借猎枪可能提升的风险已有认识，而珍稀动物被猎捕的结果使得其认识到的风险得以实现。

3. 希望或放任发生的结果是否发生在禁止风险的保护范围之内

仅仅是认识到会提升禁止风险，但结果未在规范效力范围内，则无法对帮助行为人进行主观归责。结果的主观归责不能仅从客观事实和主观事实的比较来判断，还要观察结果与帮助故意是否有基于禁止风险的规范联系。禁止风险当然要和结果发生存在联系，结果不是一般的风险所导致，而必须是与规范保护范围存在联系的风险。若结果并非处于规范保护范围，即使帮助行为人对结果存在希望或放任的意志，仍不能归责。规范限制了结果范围，结果只有发生在该范围之内，才能归责。

禁止有风险的行为只是手段，最终目的是防止特定范围内的结果。刑法处罚违反规范的行为，就是为了维护规范的有效性，若结果不在保护范围内，就没有处罚必要。禁止风险并非单纯导致结果发生的风险，而是行为规范所保护的特定结果类型发生的风险。若否认风险与结果类型的关联，会造成对帮助行为人无限归责。这对于缺乏构成要件定型化的帮助行为而言具有重要意义。只要造成法益损害，先前的帮助行为或多或少会提升结果发生的风险。在此基础上认为只要实施了帮助行为，存在因果关系的结果都可归责于帮助行为人。这显然不合理，因此要界定禁止风险的规范的保护范围。对于帮助犯而言，禁止风险可界定为帮助行为人由于违反行为规范，提升了在该规范保护范围内促进正犯构成要件发生的可能性。

第四章 帮助犯因果关系的具体判断与归责

因果关系的差异仅是形式上的原因，更为本质的是背后的处罚根据差异和不法类型、内涵的不同。多数情况是因为违反消极义务，侵害了法益而被归责；但在义务型因果关系中，行为人是因为违反积极义务，没有提供积极的帮助，基于对法益的保护义务而被归责。处罚根据、不法内涵和规范保护目的各不相同，必然会在归责问题上得以体现。刑法的结果归责一般而言并无模式上的重大差别，都要找到隐藏在客观事实背后需要对结果负责的自由意志，但在统一的归责要求背后，的确存在重大事实性质上的差别，如对实行犯的归责，原则上适用传统因果关系理论或客观归责理论，而对帮助犯的归责则主要借助促进说和共同犯罪原理来解决；相比较作为犯的归责，不作为犯的归责往往以作为义务的存在为前提，而且存在假设的因果关系内容；中立帮助行为的处罚根据、不法涵义均与普通帮助行为有所差异，不是因为提升了正犯所创设的风险而归责，而是因为“额外”提升了正犯创设风险而归责，规范意义上的区别也就自然会体现在帮助犯因果关系的具体内涵上；而心理性帮助所体现的因果力与物理性帮助也存在重大差异，这也必然会体现在因果关系的判断标准上，及与之相对应的归责要求。由此可见，因果关系的多样化决定了归责模式的多元性。鉴于帮助行为存在较多类型，本书选择了具有代表性的几类帮助行为展开论述，主要涉及故意作为帮助犯、不作为帮助犯、中立帮助行为和心理性帮助行为。

第一节 故意作为帮助犯因果关系的判断与归责

侵害法益是归责的理由，通常不区分造成侵害的因果关系种类。但除了自我答责，有时还需要为其他人所导致的结果负责。从存在论的角度看，正犯行为与帮助行为的确存在差异，前者直接支配了因果流程，后者则为他人创设的因果流程发展提供理由或条件。归责不是因为其行为制造了禁止风险或使因果流程处于其支配之下，而是为危害行为提供了理由或机会。对这类帮助犯归责的事实基础是“引起”型因果关系，[①] 帮助行为为正犯风险制造提供了理由或条件，使正犯行为变得可能或容易。正犯因果关系与帮助犯因果关系都要求行为对结果体现出积极的、现实的作用力，不过二者对因果流程的作用程度存在差异。相较而言，对帮助行为的归责对行为与结果之间的关联度要求比正犯的要求低。这种差异是导致两种不同归责逻辑的重要原因。

一、故意作为帮助犯因果关系的判断

故意作为的帮助行为是帮助犯的主要类型，对于这类因果关系的判断，首先要把握对法益侵害的作用力存在与否。引起型帮助犯因果关系强调故意作为的帮助行为必须与结果之间存在因果性。若无体现因果性的促进作用，则不构成因果关系，更不应归责。共犯关系的脱离也以因果性的消除为前提。在故意作为的帮助行为与结果之间出现外部因素时，则需着重判断前行为的因果力是否终结。故意作为帮助行为存在物理、心理性因果关系两种路径。

（一）物理性因果关系的判断

帮助行为对正犯构成要件的物理影响促进了构成要件的实现，相对清晰，一般利用生活常识和经验法则就足以判断。但对于物理上因果关系的判断不能附加假定事实，如假设没有帮助者，也会有其他人提供帮助，进而推断帮助行为不具有因果关系。从前文第二章“帮助犯因果关系判断标准”中的示例来看，如案例 1 中，不能假设无乙的行为，甲一样能够实现犯罪，所以乙对犯罪构成的实现没有帮助。因此，判断帮助性因果关系应当禁止附加他人犯罪的假定替代条件。但对于附加正犯犯罪的假定替代条件是否应当禁止存在争议，如案例 3 中，甲用质量较差的工具替换了原本的工具，应否将乙原本会使用质量较好的工具这一假定替代条件纳入考量，对于判断因果关系有重要影响。本书认为，还是要坚持禁止附加，但根据行为人的主观认识情况（是认识错误还是出于对法益的保护目的）决定因果关系成立与否，这样在维护逻辑一致性的同时，确保了结果合理，是比较理想的解决方案。

---

① 参见［英］H.L.A. 哈特、托尼·奥诺尔：《法律中的因果关系》，张绍谦、孙战国译，中国政法大学出版社 2005 年版，第 45-53 页。

（二）心理性因果关系的判断

心理性因果性一般表现为强化或助长了正犯决意。帮助行为对构成要件有贡献，就可以判断存在因果关系，不过这是帮助未遂的前提，如果帮助行为对于构成要件既没有物理上的因果贡献，也没有心理上的因果贡献，则是不可罚的未遂帮助；既遂的帮助要求帮助行为有所加功的构成要件最终引起了法益侵害结果；若帮助行为客观上并未对正犯既遂作出贡献，则无法认定帮助既遂；但在与正犯行为有因果关系，与既遂结果无物理性因果关系、却有心理性因果关系的情况下，也应承担帮助既遂的责任。如第二章“帮助犯因果关系判断标准”中案例 4 就是典型的心理上因果关系。如果甲提供万能钥匙给乙，乙到了现场用钥匙开了几下，觉得麻烦，还是撬门而入盗窃得手，这种情况也由于心理上因果关系的存在，应当认定为帮助既遂。还有一种比较复杂的情况，即缺乏物理性因果关系的帮助行为在一定程度上影响了正犯心理。如案例 2 中丁的行为，在缺乏物理上因果关系的场合，心理上的影响对于能否归责就至关重要了，换言之，在物理上帮助未遂或对未遂的帮助，能否归责为对既遂的帮助。丁的行为对于甲没有物理上的因果关系是没有疑义的，但是否存在心理影响，则需要具体分析，如果由于提供的犯罪工具的质量较差或时机较晚等原因，对于甲没有产生心理上的影响，则可以认定没有因果关系；反之，则按照既遂归责，当然如果帮助效果确实较为微弱，可以判断没有归责的必要性，但不影响因果关系存在与否的判断。

对故意作为帮助行为因果关系的判断以对结果存在现实作用力为前提条件，所以当介入其他因素，因果流程发生偏差，对因果关系存在与否的判断并无影响。因为这些因素介入后只能认为帮助行为对正犯结果不存在支配力，但帮助犯因果关系本来就属于引起型因果关系，只要对于正犯构成要件存在加功，就可以成立帮助性因果关系，也就不能排除归责。

二、故意作为帮助行为归责的基本原则

（一）客观归责与主观归责的统一

从规范意义层面的角度来讲，归责理论以确立帮助主体、帮助行为、被帮助主体结果三者之间的逻辑联系为研究起点，实质解释了帮助行为、结果、故意等要素，并使这些要素建立起了紧密联系，论证了帮助犯构成要件的不法特征。帮助行为人、帮助行为、结果之间既存在事实联系，也存在规范联系。事实联系在帮助犯因果关系中表现为，在帮助行为人的主观要素的

设定下，实施了帮助行为，并引起了正犯结果的发生，前者依次是后者的“因”，后者依次是前者的“果”。帮助犯因果关系是归责的前提和基础。规范评价的对象是客观事实，归责是因果联系的基础上，对三者规范关系的价值判断。

在不同的犯罪论体系中，客观归责和主观归责有不一样的作用。在古典犯罪论体系中，客观和主观分别决定违法性和有责性；归因的功能由客观归责负责，责任则由主观归责确定；客观归责是违法性判断，主观归责是责任判断。但随着违法性判断的客观性不再是对象的客观，而是判断基准的客观。依据归责的客体可分为客观归责和主观归责，在违法性的判断上存在差异。帮助行为的归责是客观归责和主观归责的统一，是从不同侧面揭示行为不法，共同决定帮助不法，故意作为的帮助行为在现代犯罪论体系中亦是如此。“在判断某一行为违法与否时，必须在评判力矩之中纳入行为主体的思考方式因素，基于不同行为人未经逻辑分析即对结果抱有的意志认识的差别，不仅会影响结果无价值的判断，还会影响行为无价值的评价，换句话说，基于不同行为人的意识活动，在法益侵害性和规范违反性的判断上会有不同体现。”①

客观归责强调行为的客观危害性，实质界定了帮助行为。帮助行为由主客观要素组成，客观归责要考虑特殊认知等主观要素，主观归责也必须要考虑客观要素，如故意中的推定明知。单纯的客观归责和主观归责都不存在，不法首先是法益侵害，但规范保护存在界限，只有对受保护的法益制造和实现了风险的行为才可以客观归责，即违反了行为规范。但行为规范只有作用于人的意志时才起作用，当刻画完全限制行为的“外观”时，规范本身必然要穿透“外观”到达“内部”加以补充，否则将“描写影响行为”转化为“实现意志的故意”的感受效果将大打折扣。②故意作为直接针对规范命令的行为意志，是个人行为不法的核心。③故对于故意犯罪的行为归责，需以主

① 黎宏：《行为无价值论与结果无价值论的现状与展望》，载［日］曾根威彦：《刑法学基础》，黎宏译，法律出版社 2005 年版，译者序第 4 页。

② ［德］施特拉腾·韦特：《刑法总论Ⅰ——犯罪论》，杨萌译，法律出版社 2006 年版，第 106 页。

③ ［德］汉斯·海因里希·耶赛克、托马斯·魏根特：《德国刑法教科书》，徐久生译，中国法制出版社 2001 年版，第 298 页。

观归责对客观归责进行补足。

行为规范是客观归责的规范基础，这决定了归责不可能纯“客观”。因为行为规范是主客观一体的。行为规范引导行为人作出具体意思决定的行为。行为规范要发布行为指令，就必须先作用于个人意志，告诉什么该做，什么不该做，对认识因素和意志因素产生作用，才能规制行为。在这个意义上，行为规范不仅是一种客观规制，更是主观规制。没有主观规制，就无法影响行为决定，也就无法将命令落实到客观行为。如无法仅从客观上判断风险提升与否，而是需要结合帮助者的自身认知进行判断，使帮助行为人不再只是希望帮助行为与正犯结果的随机结合，而是利用对帮助犯、正犯因果流程的认识，通过引导因果流程控制正犯结果的发生。因此，特殊认知的认识和希望符合帮助故意的构成，至少从该角度出发，帮助行为的客观归责不可避免地受到主观面的限制。

帮助行为的主观归责也受到客观面的制约，主要体现为行为所提升的风险。帮助故意是帮助行为人在对帮助犯、正犯因果关系有认识的基础上，通过控制流程走向促进正犯构成要件的实现。这取决于帮助行为人认识到帮助行为在客观上具有促进结果发生的风险，而不是希望行为碰巧导致结果的发生。只有帮助行为人认识到风险并选择实施，才构成故意，但前提是客观确实有风险。也就是说，客观层面上相当风险的存在与主观层面上故意的可能成立，是决定与被决定的关系，在客观构成要件上有回避风险可能性，才会发生成立故意的结果，其是行为人存在故意的前提。① 因此，帮助故意不可能仅是心理态度，必然包含对客观面的认识，并对导致正犯结果发生的因果流程具备影响力。

在对帮助行为的归责，信赖原则能够限定归责范围。根据归责原则，行为人只需对自己的行为所引发的法益侵害后果负责，无须对他人侵害法益的行为负责。如果刑法要求行为人需要为他人的法益侵害提供机会或条件而答责，必然限制行动自由，如卖刀具的人负有防止出售的刀具成为犯罪凶器的义务，因此可借助信赖原则排除归责。规范保护目的同样是对故意作为的帮助行为进行归责必须关注的内容。由于对帮助行为的归责要求行为人对正犯行为负责，在一定程度上与责任原则存在冲突，在适用上必须受到限制，规范保护目的便是重要的判断标准。直接决定了为他人行为所提升的风险是否

---

① 许玉秀：《当代刑法思潮》，中国民主法制出版社2005年版，第367页。

属于禁止风险，只有当行为所创设的风险属于规范所禁止的范围时，帮助犯才能因此归责。

（二）对故意作为帮助行为的归责以主观面为主导

刑法理论历来存在主观不法与客观不法的争论，当然这一争论存在于客观违法性内部，焦点在于决定不法的是客观归责还是主观归责。前者认为，客观行为才能制造禁止风险，并且实现这一风险也有特定的路径。主观故意只是将不法类型化，区分故意和过失。因此，客观归责在不法判断上具有决定意义，不法主要由客观要素决定。后者则认为，不法和行为人有关，不法是行为人的作品，不法不能由法益侵害决定。不法之所以成立不只是因客观上具有危害，而在于在不法目的支配下的行为的实施和结果的发生，客观不法在主观不法的基础上产生的，是客观存在的。故意犯罪没有主观要素，就无法归责。

究竟是客观归责决定不法，还是主观归责决定不法其实都不够全面，但对于故意作为帮助行为应以主观面为主导。帮助行为在客观上是否提升了正犯创设的风险并非关键，关键在于帮助行为人是否认识到了这一风险关联。刑法语境中的完全限制和强制规范必然不是针对不经思考就做判断的因果过程，仅仅针对行为主体较为集中的意识能动性，基于行为主体采取决定、执行决定的意志，有目的和有选择地实现计划。① 帮助故意是以正犯的法益侵害结果为目的，而非自然意义上的认识和意志，如果行为没有目的性，则不是不法意义上的帮助行为。目的性决定了帮助行为的不法，帮助行为只有基于对帮助犯因果关系的认识，有意识地利用帮助行为和正犯构成要件导向结果的实现，才能对帮助行为人进行主观归责。客观归责理论也承认帮助行为人特殊认知的意义，结果归责包含主观要素，不可能在客观要件层面完成归责。既然行为规范是主客观一体，客观归责就必须考虑主、客观两方面的情况。而“行为人主观面可以帮助归责者更好地圈定目标范畴，进而将不法色彩加持投放在被评判行为上。”② 故应以主观面主导故意作为的帮助行为的归责。具体理由如下：

---

① 转引自吴玉梅：《德国刑法中的客观归责研究》，中国人民公安大学出版社2007年版，第32页。

② 许玉秀：《主观与客观之间：主观理论与客观归责》，法律出版社2008年版，第32页。

1. 行为规范决定了对帮助行为的归责应以主观归责为主导

行为规范并非一般性的行为指令，而是通过对具体行为加以命令或禁止，防止损害法益的因果流程，最终保护法益。有观点认为，行为规范的适用对象不是具体个人，而是社会一般人。① 如果行为规范的适用对象是一般人，规范对公民具体行为的指令只能以当时一般人的认识为基础，无须考虑具体个人的特殊认知。刑法保护法益必须针对行为人对法益的保护能力，如果无视能力而发布命令，行为人无法达到规范要求，命令没有实际效果，法益也无从保护。行为人保护法益的能力越强，规范提出的注意要求和行为要求就越高；反之则越低。对风险认识得越多，行为可能性和行为自由就越多，必然带来更多的责任。如当孩子跌入水中，规范对会游泳的父亲和不会游泳的父亲的要求也不一样。因此，行为规范是具体的，不是针对社会一般人，要考虑具体行为人的主观能力，因人因地制宜地提出要求。

客观归责是规范评价，要求帮助行为所提升的风险是规范所禁止的。刑法要禁止帮助行为提升的风险，只有从禁止帮助行为开始，如果因违反行为规范而使帮助行为提升的风险实现于结果，则可归责于违反规范的帮助行为。帮助行为是否提升了禁止风险，关键在于对行为规范的违反；结果是否禁止风险的实现，关键在于是否处于行为规范之保护范围内。帮助行为提升的禁止风险和实现于结果之中的禁止风险是同一范畴，二者的禁止性都来自行为规范。认为禁止风险是纯客观概念，必然会因此忽略特别认知造成的不合理归责结论。

行为规范具有主观性，会根据主观能力不同而发出不同指令，这就不难理解主观归责的主导地位。因为行为规范是归责的规范基础，当主观能力不同，行为规范的要求也不同，不同行为人即使实施了相同行为，不法判断也不同，对禁止风险的判断也不同。归责的基础在于帮助行为人的结果避免能力，只有具备结果避免可能性，才有归责必要，根据个人的能力划定责任界限就是主观归责的实质。人的不法立足于个人能力，实现构成要件的可归责性。人的不法来自人拥有不实现构成要件的能力，如控制身体动静、预判因果流程等，但还是选择完成了构成要件。故意作为帮助犯的不法，在于帮助行为人认为通过对正犯构成要件的促进，造成法益侵害是可能的，遵守法律

① ［日］高桥则夫：《规范论和刑法解释论》，戴波、李世阳译，中国人民大学出版社 2011 年版，第 7 页。

的公民为了避免结果发生，应当不实行帮助行为，但是行为人还是做了。

帮助行为的风险提升能力必须考虑特殊认知问题，客观要素和主观要素不能完全分离。只有行为人造成的结果并不违背规范保护目的，以及被害人自我答责等情况，客观构成要件能够独立归责。其他情况下，客观归责无法在脱离主观构成要件的条件下单独归责。为了在故意帮助犯的主观构成要件中归责于故意以实质性根据，风险是适当的工具。风险是客观的，认识禁止风险属于主观。在帮助犯因果关系成立时，客观要件的检验即告完成，要限制责任的不合理扩大，必须通过判断该既遂结果能否归责于主观来解决。

但这并不意味着客观归责没有独立存在的价值，一切要通过主观面来解决问题。首先，客观归责、主观归责都是在客观主义的框架内处理问题，并不意味着向主观归罪的转变。其次，客观归责的价值在于对构成要件的实质化解释，把提升了正犯创设的禁止风险作为归责的实质性根据，把风险作为非常重要的要素提了出来，并围绕风险构建了理论大厦。这一点对于主观归责也有启发意义。最后，主观归责与客观归责相对应，把提升禁止风险作为帮助行为与结果的规范联结并不是一种简单模仿，而是立足于客观构成要件与主观构成要件的相互说明、相互补充、相互定义的特殊关系。主客观相一致的原则并不是简单地把主观要素和客观要素相互对照，能够印证的则采信，不能印证或存在冲突的则放弃，而是一个行为必然存在能够自洽的主客观要素的构成结构，在这个自洽的结构中，主观要件、客观要件是能够相互证明和定义的。如帮助行为的归责不仅要满足提升了侵害法益的禁止风险的客观要求，也要在主观上认识到或应当认识到帮助行为提升了风险，认识到正犯构成要件和自身行为是有社会危害性的。又如，客观上帮助行为提升的风险在结果中实现了，但要归责，帮助行为人还必须拥有可以不实施禁止行为的能力，但出于对法益的敌视态度而选择实施。客观提升风险与主观认识风险相结合，客观风险的实现与主观实现风险的目的相对应、客观处于规范保护范围与主观侵害法益的意志共同构成了可归责的帮助犯构成要件。

2. 主观目的而非客观目的决定故意帮助犯不法

客观归责试图撇开主观面，只关心一个人在当时当地的处境下，能否为了避免结果而放弃行为，如果不能，则不再进行主观归责。通过客观归责，的确能够把一些不重要的因果流程从归责领域排除，如结果只是行为的偶然效果，结果的产生既不可控制，也缺少客观目的性，行为造成的偶然后果是不可能禁止的。但是为了满足客观目的性的要求，在行为实施前或实施时，就必须存在禁止行为的规范和可能性。客观目的性能够帮助事后对行为的合法性做出判断，但把判断标准放在行为实施之后，意味着把行为人的决策置于禁止的规范生效之前，明显不合理。

因此，在行为人行动的当时当地，是否应该有一个客观理性的判断标准，决定行为人采取行为究竟是合乎规范还是违反了规范，是制造了风险还是没有制造风险。但这种全知全能、绝对正确的认识在现实世界根本不存在，如果不能设置一个绝对理性、公正、客观的观察标准，根本无法确定结果究竟是不是可预见或干脆就是个意外，只能满足于设置一个一般化的、社会平均水平的标准。客观的目的性强调人类的一般意志能力，结果对于行为人来说要具有一般的预见可能性和控制可能性，才可归责。判断标准不是立足行为人，而是一个抽象化的人或社会一般人。帮助行为人如果没有预见导致结果的帮助性因果流程，就不能归责；如果行为人能够预见，就没有理由不归责。这就产生了一个矛盾，如果结果发生不可预料，禁止行为的规范就不合理。因为行为人具备特别知识能够预见因果，而对于仅具有一般社会水平的观察者来说，反而是不可预见的。故意犯的义务来源于对特定结果的主观明知，在此基础上，作为守法的理性人，应当放弃实施行为。所以，客观目的性无助于对责任进行有意义的限制，更无法确定行为人避免结果发生的义务，真正关键的还是主观目的性，只有行为人具备避免实现构成要件的认识和能力，才可归责。与客观目的性不同，主观目的性是行为人的目的性。意志是行为与结果的连接点，只有目的性行为才可归责。主观目的性是行为态度，体现了行为本质，同因果关系同属客观事实。故意行为表现为意志操控，决定故意作为帮助犯不法性质的只能是主观目的，而非客观目的。

3. 禁止风险只有依托主观面才能识别

客观归责不可能在纯客观面进行考虑，主观面与归责结论紧密结合在一起。行为与结果之间的规范关联必然与主观认知相联系。客观归责是规范判断，但规范总是主客观一体的，只要是规范化评价，就不可能纯客观。客观归责论试图脱离自然主义，从规范的角度评价行为与结果的关联。构成要件行为所违反的规范，由立法事前建构用于防止某种结果发生，在这样情况下违反规范才是归责的恰当理由。客观归责通过风险的禁止性引入了规范评价，从而保证犯罪构成判断的实质性与合目的性。[①] 但禁止风险的判断根据

① 参见陈兴良：《客观归责的体系性地位》，载《法学研究》2009 年第 6 期。

是行为规范，对禁止风险的认识只能服从于主观归责的结论。行为规范无法纯客观地禁止一种结果，规范只能通过禁止人的行为来避免某种事实，与行为无关的事实即便损害法益，也不是规范对象。“只有能对义务有所反应的人类主观意志，才是规范所能以及所要禁止 / 允许的对象。”[①] 人的行为源于行为态度，不存在能够绕过人的意识的行为规范。

客观归责理论提出了“禁止风险”的概念，将规范评价纳入归责，保证责任的合目的性。但禁止风险不应只从客观来理解，对于禁止风险的判断，重点在于禁止性。既然行为与结果具有因果关系，则行为或多或少会有引起结果的风险。关键在于是否为规范所禁止，风险的禁止性由规范决定，从目的理性来看，规范目的总是与刑罚目的相关联。判断风险的禁止性规范是行为规范，结果归责是规范判断，但这个规范如果是评价规范，则结果归责当然是客观判断；如果是行为规范，则应考察行为人对风险的认知等主观能力。有观点认为结果归责中的规范评价同时包括了行为规范和评价规范：在判断行为是否创设了禁止风险时，依据的是行为规范（行为无价值）；判断结果是否该禁止风险的实现时，依据的是评价规范（结果无价值）。[②] 但制造禁止风险和禁止风险实现两个判断中的“禁止风险”是同一的，判断根据也是同一的。所谓禁止风险的实现，违反的规范当然是行为规范。

不法和责任的判断都是建立在对评价规范和决定规范的统一理解之上的，两者加在一起，成为不法的唯二决定因素。完全限制性的目的内容，在某种程度上决定着行为对象的不予准许后果。[③] 归责正是建立在评价规范和决定规范相统一的二元违法性论基础上的。因此，不能简单地说不法由评价规范决定，责任由决定规范决定，否则无须归责。帮助不法的特殊性表现在，不法是由评价规范和决定规范共同决定，促进了正犯不法，而正犯不法同样由评价规范和决定规范共同决定，因此在客观归责和主观归责时都必须兼顾评价规范和决定规范。

以降低风险为例，如以性能较差的犯罪工具替代正犯原本要使用的较为先进的犯罪工具，不能简单地认为由于降低了风险，通过免于适用评价规范

① 周沂：《从客观转向主观：对于刑法上结果归责理论的反省与重构》，载《台大法学论丛》2014 年第 4 期。

② 参见周光权：《行为无价值论与客观归责理论》，载《清华法学》2015 年第 1 期。

③ 张明楷：《犯罪构成体系与构成要件要素》，北京大学出版社 2010 年版，第 52 页。

就可以免责了。需考虑降低风险的帮助行为是当事人何种情况下做出的，如果帮助行为人没有提升而是降低了危险，改变了因果流程，是否就否定了客观归责。例如，甲把乙原本用于毒杀被害人毒性较大的毒药，替换为毒性较小的毒药，降低了被害人的死亡危险。但在这个案例中，对归责有决定性的事实不是甲降低了乙行为的风险，而是被害人状况的改善。如果被害人依然毒发身亡，甲降低风险的行为不会导致免除责任，甲避免结果发生的义务不只是要降低风险，而是要消除风险。而且行为客体状况的改善也不必然阻却客观构成要件，如果毒药造成被害人受伤，甲是否免予归责，还要看更换毒药的目的是什么，是认识错误、紧急避险还是故意的变化（从杀人到伤害），同样一个客观上降低风险的行为，由于主观目的不同会呈现多种归责结果，表明主观面是故意作为帮助犯不法的主导因素。此外，对于涉及个人利益的情况，权利人应该有决定权。如父亲想救落水的孩子，受到暴力阻拦没能实现。能否因为父亲生命面临的危险被降低了而排除阻拦者的责任，显然不行，因为违背了父亲本人的意愿。因此，降低风险的背后如果没有当事人同意、推定同意或者紧急避险等情形，是无法否定不法的，最终还是要回归主观面解决问题。还有一种情况是被害人自担风险，阻却了行为人责任。但是被害人自担风险也不是必然排除不法，也不是适用于所有制造、提升了风险的场合。这涉及法益的保护范围，是由权利人的利益及处置权所决定的，必须根据规范的保护目的和保护范围来确定的禁止风险的内容。

客观归责对于帮助行为人责任的进一步限制，来自在结果中实现由帮助行为提升的禁止风险。帮助行为提升的风险和结果存在因果联系是客观构成要件的关键特征。甲用丙提供的枪支向乙开枪，但只是打伤了乙。在乙接受治疗的医院，恐怖分子引发了一场大火，乙因烟中毒死亡。一般认为甲只是未遂杀人，丙是杀人未遂的帮助犯。客观归责把这个问题的解决从主观构成要件转到了客观构成要件，因为结果并没有实现由甲造成、丙提升的风险，甲和丙只是制造了枪击致命的风险，但乙是因烟中毒而死亡，缺少必要的风险联系。为了通过因果关系解释结果，禁止风险的所有可能选项必须涵盖正犯、帮助行为人造成、提升的所有风险。但在医院接受治疗不属于禁止风险，枪击形成的风险和中毒死亡之间不存在因果流程，住院的风险是患者都要自我担当的普通生活风险，这就否定了客观归责。但如果对案例进行一下调整，甲认识到了可能会有恐怖袭击，并只是想用丙提供的枪对乙造成伤害，然后让其在医院受袭死亡。从客观构成要件上看，两案例并没有区别，区别在于主观面，揭示何类风险必须考虑行为人的认识。后一案例的结果符合甲的预想，差异在于丙对于恐怖袭击是否有认识，有两种可能性，一是甲、丙都认识到了；二是甲有认识，丙没有认识。处理结果截然不同，如丙有认识，乙的死亡实现于帮助行为所提升的风险，构成杀人既遂的帮助犯；如丙没有认识，帮助行为提升的风险没有在乙的死亡中得到实现，只能构成杀人未遂的帮助犯。但是两种情形的结果都按照丙的帮助故意发生了，第二种情形不能按照既遂结果归责的根本原因不是因为缺少客观构成要件，而只是由于帮助故意认识的因果流程与实际实现的风险不一致。因此，即使按照客观归责的结论，处罚了帮助行为人，也是主观归责没有修正客观归责的结论。帮助行为和结果的风险关联，既属于客观构成要件，也是主观要件的内容，当事人对风险和因果流程有无认识直接影响归责结论。

4. 一般预防的必然要求

对于帮助犯来说，正犯结果是否禁止风险的实现，以帮助行为有无提升了正犯制造的禁止风险为前提。要判断帮助行为提升的禁止风险是否实现，就要判断结果是否发生在规范保护范围内，即规范是否禁止该结果发生。对于帮助犯和正犯，禁止风险的含义是不同的，正犯制造了禁止风险，帮助犯提升了正犯制造的禁止风险。但设立禁止风险的规范是相同的，规范保护范围也是相同的。但这不是评价规范，因为规范不可能脱离行为孤立地禁止某一结果，只能通过禁止相应的行为类型而防止结果，只能是正犯行为、帮助行为所违反的规范。

有观点认为，行为规范是事前判断，而禁止风险的发生是事后判断。[①] 行为规范的目的不是禁止行为，而是防止损害法益。因此，行为对规范的违反程度，不仅要事前判断，也需要事后判断是否造成行为规范禁止之结果。但要判断结果是否是禁止风险的实现，必须立足于行为规范的保护目的。若认为归责的规范依据是评价规范，风险判断几乎没有存在必要。评价规范以事后视角，判断某一事实是否为法规范所允许。风险蕴含了结果实现的可能性，若进行事后评价，则易得出结果必然会发生的结果，故只能进行事前讨论。事前视角同样适用于禁止风险，规范禁止风险，是要避免法益损害，因而只能在事前提出禁令。这一点对于帮助犯尤为重要，帮助犯不是单纯因为

① 参见周光权：《行为无价值论与客观归责理论》，载《清华法学》2015 年第 1 期。

其行为与法益侵害结果有因果关系而受处罚，而是其一开始就打算违反行为规范，帮助行为所提升的风险也是行为规范所禁止的，打算违反的规范和禁止风险的规范是同一规范，也就是正犯违反的行为规范。如果帮助行为人主观上没有违反行为规范的认识和意志，缺乏对禁止风险的认识和实现意图，就不成立帮助故意，更不能主观归责。这一点对于解决与法益侵害结果没有物理因果关系的帮助行为、中立帮助行为的归责问题是十分关键的，与其设立标准模糊、难以把握的客观标准，不如依托主观面解决问题。

刑法通过处罚制造风险的行为，告诉潜在的行为人，当认识或者应当认识到行为有侵害法益的风险时，便需要停止。这种禁止转化为行为习惯，就是一般预防。要实现一般预防，必须立足行为规范。消极的一般预防和积极的一般预防都必须通过人的意志发挥作用。积极的一般预防是最理想的犯罪预防，使人民群众不是因为外部压力而不敢犯罪，而是基于内心对法律的信仰而不愿犯罪。禁止风险总是与预防目的相联系，就消极的一般预防而言，通过认定犯罪类型告知潜在的行为人，当遇到禁止风险而不放弃犯罪，极可能遭受刑罚；就积极的一般预防而言，刑罚使社会习惯性地避免制造和提升禁止风险的行为。

规范要达到保护法益的效果，就必须具体化，指引行为人根据当时当地的具体情况而做出正确行动。这里的主体不是社会上一般的理性人，因为禁止命令对一般人不是一致的，“抛掉行为主体本身的综合素质，不与结果的构成要件相结合，其‘行为标准’注定是模糊和理想主义的”。① 规范内容必须和行为人的具体能力密切关联，因人而异。从禁止风险的自觉能动性可以看出，行为主体对不确定风险的敏锐度及理解力越强，规范的完全限制程度基准越高。若多个行为人共同影响了因果流程，虽存在共同行为，但各参与人是否创设了禁止风险，须根据认识能力进行判断。认识到风险，行为就违反了规范；没有认识，则没有违反规范，不存在禁止风险。

对于帮助犯而言，处罚不是目的，确立禁止在规范保护范围中侵害法益的行为规范同样重要。行为规范强调帮助行为人在当时当地对禁止风险的认识，包含了行为人的特殊认知，而非一般人的认知。任何规范要发生作用，必须通过人的主观意识，并根据行为能力的差异而发出个别化指引。行为人对危险的认识不会一成不变，规范的限制和指引也会不断改变，要判断行为

① 张明楷：《论被允许的危险的法理》，载《中国社会科学》2012年第11期。

是否符合规范，就必须联系行为人对风险的认识能力。如送毒贩的出租车司机、他人在店前斗殴卖刀给其中一方的店主，是讨论较多的案例，经常放在中立帮助行为的框架下处理。但这两个案件的当事人对风险的认识能力截然不同，讨论往往假定出租车司机对毒贩犯罪计划了如指掌，交易目的、交易时间、交易地点无不掌握。但司法实践中了解这些内容的对象基本都构成共谋了，没有讨论必要，现实中最大的可能性是听到了毒贩在车上的部分交谈内容，司机根本无法判断内容的真实性，也无从判断交易发生的可能性，缺乏对风险的认识，也缺乏对运客行为提升了禁止贩毒的行为规范所禁止的风险的认识，更缺乏实现这种风险的主观目的。司机基于模糊信息得出的或然结论根本构不成对禁止风险的认识，所以不应归责。如果出租车司机作为长期合作伙伴，定期接送毒贩交易，这与贩毒团伙中负责运送的成员角色已无差异，当然可以处罚，但这与出租车司机的社会角色没有关系，出租车司机的社会角色根本不构成阻却违法要件，只与司机对禁止风险的认识能力有关，认识能力越强，行为规范的约束越大。给斗殴一方卖刀的店主则完全不同，这种情况下卖刀行为必然提升了不得杀人的行为规范所禁止的风险，认识这一点不需要特殊认知，店主的售刀行为和斗殴一方朋友的借刀行为没有任何本质差异，可以归责。因此，对帮助犯的归责不能脱离主观对禁止风险的认识能力，帮助行为与法益侵害结果有因果关系只是对帮助行为的处罚根据，而不是归责根据。

第二节 不作为帮助犯因果关系的判断与归责

不作为帮助犯中导致结果发生的因果关系，一般是由非不作为方的其他因素所引致。不作为的行为人在客观层面上不会施加控制影响因果流程的行为，在主观层面上对于已经发生的因果发展流程也仅仅是听之任之的默然状态，更不会想方设法摧毁可能危险与现实危害之间的连通桥梁。[①] 体现支配性的因果关系无法涵盖此类情形，由于不存在现实作用力，不作为的因果性

① 曾文科：《不作为犯的归因与归责》，载《刑事法评论》2011年第1期。

就仅仅限制在不作为与结果之间合法则关系上。[①]

一、不作为帮助犯因果关系

从现实角度而言，不作为的帮助行为与正犯结果之间不具有物理意义上的因果作用，因而不作为帮助犯因果关系的判断标准存在支配说和义务违反说两种思路。在犯罪支配性是否对作为犯和不作为犯都有说明力的问题上，有观点认为，支配性原理可以解释不作为犯，行为实质都是对结果的原因性支配，作为犯直接或间接支配因果流程，不作为是对法益无助性的支配。正犯的基准的判断取决于对原因存在的支配性，“对于作为犯引起结果原因的判断，基准前提取决于行为人有身体活动的行为支配能力，我们类推可得出，如果可以作出不作为与结果之间存在某种与上述作为犯近似关系的结论，那么在不作为犯中，对于避免属于刑法的构成要件结果发生的保证人，必然有支配控制事件重要部分因果流程的客观能力。”[②]保证人地位的体现不仅在于对法益的支配保护、现实社会生活中某一事件发生的支配能力，还在于对法益风险的排除能力，这些支配均是成立不作为犯的重要考量因素，简言之可以说成不作为犯“能够支配结果的原因”，其与作为犯中的支配性质上是一致的。[③]

但是，质疑从犯罪支配的角度理解不作为帮助犯因果关系的意见也很多：一是不作为行为人仅有支配可能性，具有结果避免可能性；二是法益保护义务或危险源管理义务还是来自违反规范或者职责所要求的义务；三是支配了结果发生的因果流程其实包括了不同类型。作为犯是事实性支配，不作为犯则是有法律规定的保护性支配，内涵是义务违反。所以，不作为帮助犯的前提是有特定社会地位、身份，但又违背了职责义务。特别社会地位产生的不是支配力而是特别义务，所以在特别社会范畴中不作为犯的义务违反判断论

---

① 参见［德］克劳斯·罗克辛：《德国刑法学总论》（第2卷），王世洲主译与校订，法律出版社2013年版，第483页。

② ［德］许乃曼：《所谓不纯正不作为犯或者以不作为实施之犯罪》，载陈泽宪主编：《刑事法前沿》（第6卷），中国人民公安大学出版社2012年版，第161页。

③ ［德］许乃曼：《在莱比锡和维也纳刑法注释书中所呈现出来刑法修正后的德语区刑法学》，载许玉秀、陈志辉合编：《不移不惑献身法与正义——许乃曼教授刑事法论文选辑》，台北新学林出版股份有限公司2006年版，第342页。

才起着决定性作用，犯罪支配客观论往往承担的是辅助性作用。[①]

所以，不作为对于结果而言难以具有支配性。区别于现实性支配中“因果关系”的根源，即行为人真真切切地控制着肢体活动作为，不作为的保护性支配仅仅是立法者依照常识常理常情产生的凭空想象，一般情况下是指简单的避免可能性。[②]这一差异决定了只能通过规范的角度实现对不作为因果关系的判断，不作为因果关系的特殊性决定了必须从规范层面把握不作为的意义。这也启动了归责理论从本体论向规范论的发展。不作为、作为之所以有归责必要都涉及法益，作为制造、实现了风险，不作为是有可能避免的风险出于主观意志的反对而没有避免；作为通过制造风险支配了侵害法益的因果流程，不作为则是因为对作为义务的违反实现了导致结果发生的因果流程。作为是存在论意义上的不法判断，涉及不该实施的行动支配；不作为是规范论意义上的不法评价，涉及规范的评价。由于犯罪论意义上的支配是建立在存在论基础上的，解释说明的范围是有限限制的。违反社会角色和作为义务是不作为犯的处罚根据，基于此种不履行作为义务的行为，背离特定义务的主体演变成某一犯罪的核心人物，其正犯性的成立基础就在于对特定义务的自觉性背离行为。[③]不作为缺乏现实的因果性，故其因果关系的形式有其特殊性，因果关系的等价性不表现为作用力，而体现在归责理由上。事实关联是违反作为义务与结果的因果关系二者之间的认定桥梁，不过这种事实性联系的归责标准具体如何认定，仍需要在规范层面上释疑解惑。

因此，就不作为帮助犯而言，规范义务的现实客观性填补了因果关系上认定的不足，违背分配救助的义务就有足够的理由将危害归因于行为人。[④]不作为帮助行为归责的特殊性表现在：帮助犯的因果关系判断标准与归责标准存在同一前提，即作为义务的存在。作为义务限定了不作为帮助犯的成立范围，并将之与正犯结果创设因果联系。但是规范的视角并没有完全替代条件公式的应用，可以用于归责，解决结果避免可能性的问题，即如果有作为义务的行为人即使采取了行动，但依然不能避免法益侵害结果的发生，则可

① 何庆仁：《义务犯研究》，中国人民大学出版社2010年版，第67页。

② 参见何庆仁：《义务犯研究》，中国人民大学出版社2010年版，第67页。

③ 何庆仁：《义务犯研究》，中国人民大学出版社2010年版，第11页。

④ 参见［美］乔治·弗莱彻：《反思刑法》，邓子滨译，华夏出版社2008年版，第442页。

以认定虽然存在因果关系，但不需要归责。对义务型因果关系的归责，帮助行为对正犯结果的现实作用力存在与否，不足以决定是否可以归责，还必须判断是否属于保护义务的范畴。如果因果流程中的危险现实客观地造成了结果的产生，且这种危险内容尚内涵于保护义务的范畴中，那么基于此种保护义务，即便存在其他介入因素导致因果流程异常，也不能排除归责。可见，结果发生方式并不重要，关键是保护义务的性质与范围，能否归责需结合保护义务的范围进行认定。如在介入外部因素时，可能导致无法归责，但原因在于异常介入因素使得实现结果的危险不再处于保护义务的管辖范畴，而非导致对因果流程缺乏支配力。而在被害人自我答责的场合，归责一般不适用于义务型因果关系的归责。被害人是否自陷风险，对义务人归责来说并非关键，除非免除了保护义务，否则不能自动排除归责。

从不作为帮助犯因果关系的认定情况来看，部分案件并不存在事实性因果关系，此时规范作为义务可以很好地弥补这一现实漏洞，即在不作为的情况下，作为义务可以将从身体上的“漠然”有形化、规范化。[①] 因为不作为帮助犯的因果关系判断基本等同于理论上的归责判断，不作为人是因违反作为义务而被归责，而非因不作为对结果的现实作用力被归责，所以这是一种不同于前二者的归责逻辑。条件公式容易使各类条件在形式上等价，作为与不作为的因果关系客观存在区别。作为犯的条件说适用于行为与结果的事实性联系；后者则通过假设因果关系，分析在履行作为义务的情况下，危害结果是否还会发生。因此，与作为犯中的条件关系不同，不作为犯只能要求如果履行作为义务有很大可能避免结果发生，却无法确定结果必然不会发生。作为犯中讨论的是现实中的因果关系，而不作为犯中讨论的是立法者基于常识常理常情所构想的因果流程。[②] 不作为犯较之作为犯的同质性定义，本身就承认了作为与不作为的差异，但对等价性的强调在一定程度上忽略了不作为的因果关系有别于作为犯的事实，如果从归责模式上看，就能轻易地发现不作为拥有一种特殊的归责模式，有别于作为犯。所以，不作为不可能也不应该与作为对等。

作为义务包括结果防止及犯罪防止义务。前者是基于先行为或其他关系

---

① 参见陈兴良：《不作为犯论的生成》，载《中外法学》2012 年第 4 期。

② 参见［日］松宫孝明：《刑法总论讲义》，钱叶六译，中国人民大学出版社 2013 年版，第 53 页。

而产生的直接保护法益的义务，如孩子溺水、配偶自杀的情况，父母或配偶就负有保护孩子或配偶生命的义务；不论引起法益危险的是自然力、动物或他人的行为，对作为义务人而言并无影响，只要其未按照作为义务阻止第三方侵害就是正犯。换句话说，不论引起结果的风险来自何处，只要有结果回避可能性而不回避，就能构成正犯，除非欠缺构成要件的目的或亲手犯的场合，应否定其正犯性。

犯罪防止义务是指因特定身份而产生的阻止利用被管理物品犯罪的义务，不作为者不是对于一定的法益，而是对一定的犯罪行为具有阻止义务。一是基于法律规定、职务等负有阻止他人犯罪的义务。需注意的是，警察、消防员等同时负有犯罪阻止和结果防止义务，由于结果防止义务距离法益更为接近，是对法益的直接保护，优先于间接保护的犯罪阻止义务，因此他们违反作为义务时，放任犯罪或火灾发生，就构成不作为帮助犯。二是基于管理人或支配者身份负有阻止他人利用被管理的物或在场所实施犯罪的义务。但是仅有场所支配或管理关系并不能肯定犯罪阻止义务的发生，除非法律有规定或管理该场所属于行为人的业务领域。

概括来说，行为人未履行结果防止义务则成立正犯，违背犯罪防止义务则构成帮助犯，不作为犯中区分正犯和共犯的界限在于侵害作为义务的性质和内容。之所以会出现相类似的不作为行为得到截然不同的法律后果，这种差异的产生不是来自存在论，完全来自设定义务内容的规范论视角，更可以看出义务型因果关系的性质和内容与造成型因果关系是截然不同的。

二、不作为帮助行为归责的基本原则

对不作为帮助行为归责的关键在于导致结果的风险是否处于义务范围，尤其要关注有异常介入因素等因果关系复杂的场合。判断不作为帮助行为的归责，对因果流程的支配性或者对结果的作用力都不是判断关键要素，核心还在于义务违反。

（一）以正犯构成要件的促进公式判断不作为帮助犯因果关系

单纯的事实联系不是刑法意义上的因果关系，若把事实上的因果关系完全置于归责的范畴外，因果关系必然只涉及事实而无关价值评价。但确定因果关系是为了解决归责问题，某事实对于结果是否构成原因，取决于从目的上进行的判断。目的不同，因果关系也不同，目的存在与否，决定了因果关系成立与否。所以事实原因与法律原因一样，都是判断工具。对于目的的认可往往制约着归因的成立，从结果归责的角度看，归因没必要存在，处于效劳于归责的应然状态；归因理应成为归责的构成要素，而非与归责相并列的独立因素。[①] 因此，不作为帮助行为的因果关系不可避免地带有规范色彩，在利用引起型因果关系判断不作为帮助行为成立的同时，就要意识到与一般作为帮助犯的差异；而在依据作为义务对不作为行为归责时，也要意识到与一般不作为犯的差异，不作为帮助行为并没有支配导致结果发生的因果流程，只是因没有履行作为义务而促进了正犯构成要件的发生。因此，在不作为帮助犯中，引起型与义务型因果关系就是归因与归责的差别主要体现为程度的差别，即事实原因与法律原因的差别。这一步的目的在于检视不作为帮助行为是否达到了作为帮助行为的相当性，标准则为帮助性因果关系的判断标准，而且是引起型因果关系的标准，不然按照义务型因果关系的标准，成了自我循环的论证，没有意义。因此，先要按照引起型因果关系的判断标准进行检视验证。

1. 不作为帮助行为是否提升了正犯制造的禁止风险

对不作为帮助行为的归责还是要建立在外部世界的客观变化上，规范的视角并不能完全替代条件公式的应用，条件公式依然可以用于归责，解决结果避免可能性的问题，即如果有作为义务的行为人即使采取了行动，但依然不能避免法益侵害结果的发生，则可以认定虽然存在因果关系，但不需要归责。

从这个角度出发，就能理解封闭空间管理者是否对其管理空间的人与事具有管理义务的问题。酒店、住宅、出租车内部等封闭场所，在发生犯罪事件时，管理者是否具有犯罪阻止义务，刑法理论、司法判例态度转变颇大。如 1966 年德国联邦法院关于饮食店女老板不阻止四名老顾客对一名女性施暴的判决中，就肯定了饮食店管理者具有对其管理空间犯罪行为的阻止义务。而在发生于 1982 年的一起被告人对其丈夫在家中对被害女性实施强奸行为而未予制止或报警的案件中，法院最终否定了被告人的犯罪阻止义务而宣告无罪。[②] 通过该案确立了新的规则，即住宅本身并非危险源，不能因此对管理

---

① 参见劳东燕：《风险分配与刑法归责：因果关系理论的反思》，载《政法论坛》2010 年第 6 期。

② 杜文俊、陈洪兵：《不作为共犯与犯罪阻止义务》，载高铭、赵秉志主编：《刑法论丛》（第 3 卷），法律出版社 2009 年版，第 249 页。

者科以犯罪阻止义务。之所以封闭空间的管理者的作为义务经历了从有到无的变化，如果从因果关系和归责模式的角度可能更容易理解。通常情况下封闭空间本身确实没有带来额外风险，也不属于有刑法意义的构成要件场所或地点，与开放空间没有本质差异，发生在其中的抢劫、盗窃、故意伤害与在公园、商场等公共场合实施的同类犯罪没有差别，因此封闭空间的管理者的不作为并没有显著提升正犯制造的风险，使得正犯的构成要件更容易实现，就如公开场合的管理者不会承担犯罪阻止义务一样，封闭空间的管理者也不应承担犯罪阻止义务。但如果封闭空间成为实施犯罪的便利条件，成为了构成要件意义上的地点或场合，这时管理者的不作为显著提升了正犯制造的风险，如容留吸毒、组织卖淫等。这时封闭空间才具有一定的危险源性质，管理者具有犯罪阻止义务。因此，空间封闭与否不是关键，而是封闭空间叠加管理者的不作为与法益侵害结果的因果联系才是关键。上述第二个案件中虽然没有将对丈夫在家中强奸一名年轻女孩而表现冷漠的妻子认定为保证人，但也指出空间本身并不表现为危险源，所以对这些空间的所有人身份就不能产生出监护义务，除非这所住宅的特点本身具有引起犯罪行为的危险。从目前司法实践看，针对于封闭空间管理者的情况主要涉及以下几类情况：餐厅、宾馆等公共场所；出租的房屋；出租车、公共汽车等公共交通工具。要从不作为帮助行为对结果的影响力、结果回避可能性等多角度，仔细分析不同情况下的归责必要。

不作为帮助犯属于片面共犯。如果帮助犯在事前或事中与正犯存在明示、默示的共谋或意思联络，毫无疑问应当作为共犯，因为事实联系已经足够强了，不需要再借助作为义务来归责。因此，不论是不作为的帮助犯或共同正犯，都不能是基于意思联络的共犯。然而作为帮助不作为犯，违反作为义务只是正犯成立犯罪的条件，帮助犯并不以违反作为义务为前提。在作为者与不作为者没有意思联络的时空下，当前者客观上存在侵害行为同时后者并未进行防止时，作为者无疑属于正犯，此时不作为者只是认定为不作为的帮助犯。[①] 可见，不作为帮助犯只能在缺乏共谋或意思联络的情况下成立，即仅限片面的不作为帮助犯。

---

① 参见陈家林：《不作为的共同正犯问题研究》，载《暨南学报（哲学社会科学版）》2007 年第 5 期。

2. 不作为帮助行为所提升的风险实现与否

在引起型因果关系中，如果想对帮助行为进行归责，则需要具备现实作用力，换句话说，就是不作为帮助行为所提升的禁止风险得以实现。如果要否定归责，帮助行为的促进作用必须消除。由于归责不以支配力为基础，则他人自愿行为的介入等情形对于归责来说影响并不大。第三方的自由意志或异常因素只能影响支配力，但就帮助行为对正犯构成要件的现实作用而言，并未起到消除作用力的影响。

3. 不作为帮助行为所提升的风险是否属于规范保护范围

帮助行为在客观归责理论中属于提升了正犯所创设风险的范畴，根据自我答责原则，每个人原则上不危及法益即可，无须照管他人是否危及法益。但存在例外情况，即基于被监护者属于缺乏或者限制责任，这种保证人地位可以是父母对未成年子女具有的保护性保证人地位，也可以是临时的，如学校老师在学校范围内对学生的监护义务、精神病院等机构对精神病人的监护义务等。但父母对子女、老师对学生进行毫无漏洞的监护是不可能的，需要在保护法益与父母监管义务之间进行权衡。另外，行为人一般通过信赖原则排除归责，如卖刀具的人无须为出售的刀具成为犯罪凶器负责，酒吧老板无须为他人酒后驾车负责。信赖原则限定了引起型因果关系的归责范围，防止了因果链条的无限扩展。但是信赖原则并不是只能反向排除归责，同样可以用于归责。如德国司法实践仍有认定封闭空间管理者构成不作为犯罪的判例，住宅所有者把退休老人接到家里，该老人在那里被另一位住客勒索性抢劫而死。判例从信赖利益的角度阐释了归责理由，认为在住宅所有人将他人接到家里并提供“保护”时，就创设了一种信任的基础，即被邀请进入他人家中就可以相信主人在其控制范围内会为他人排除重大危险，但这种信赖原则在轻微案件中不应当适用，但在强奸、杀人、重伤害、抢劫、绑架等严重犯罪中应当适用。①可见，该判例是从主体间保护性关系或者信任关系上来寻找处罚根据，并对这种保证人义务限制在严重犯罪上。我国也有类似的案件，如某出租车司机驾驶已乘载同村人甲的出租车，在火车站附近招揽乘客。被害人上车后，遭到甲强暴。其间被害人曾向出租车司机求救，司机出言劝阻却受到威胁，便按要求绕道行驶。法院对出租车司机以强奸罪判处有

① ［德］克劳斯·罗克辛：《德国刑法学总论》（第2卷），王世洲等译，法律出版社2013年版，第563页。

期徒刑2年。本案中，当事人被判处有罪不是因为其行为直接侵害了法益，而是对出租车范围内的乘客有作为义务的前提下却放弃了履行犯罪阻止义务，通过自身不作为促进了结果发生，只要能够确定出租车司机履行义务，就有可能避免法益侵害结果的发生，则可以归责于出租车司机的不作为。封闭空间由于不构成危险源，所以管理者不承担犯罪阻止义务，因此公交车、出租车、地铁、银行等封闭空间的管理者不承担对所有违法行为、犯罪活动的阻止义务，但是当乘客、用户进入这些空间的时候，基于信赖原则相信是在一个基本安全的环境中，因此对于杀人、抢劫、强奸等严重暴力犯罪，管理者应当有犯罪阻止义务。毫无疑问，这必然极大地加重了管理者的作为义务，对于管理者的作为能力也有较高要求，而且由于作为对象是暴力犯罪，自身风险也大幅度上升。因此，履行义务的要求不应过高，不能以有效阻止犯罪为前提，可以通过多种方式履行，如劝说、阻拦、报警、求助等，任何管理者试图阻止犯罪的行为都可视为履行了义务。

此外，规范保护目的有助于划定引起型因果关系的归责范围。由于要求帮助行为人对他人事务负责，无疑与以自由意志为依据的归责原则存在冲突。因此，在归责适用上需受限制，在判断不作为帮助行为为侵害法益提供机会或条件所提升的风险是否属于禁止风险时，肯定要在规范保护目的内展开，只有规范包含了禁止内容，帮助行为人才能因提升了正犯创设、实现的风险而被归责。

（二）以存在作为义务作为因果关系成立和归责前提

引起型和义务型因果关系所体现的帮助行为对法益侵害结果的作用是存在差异的，相应地，作为和不作为的帮助行为对于结果的作用程度也不同。一般来说，客观促进作用越明显，归责限制条件便越少，帮助行为人答责的可能性越大。引起型因果关系归责限制少于义务型因果关系，不作为帮助犯归责时必须以作为义务为前提，这种差异只有依托于存在论才能解释，并在规范上具有重要意义，会直接导致无罪或有罪的差别。

成立不作为犯的前提是必须存在作为义务，作为义务来源于法律法规、法律行为、先行行为、职务要求等。① 对于不作为犯的义务范围的研究经历了从形式向实质发展的过程。形式义务说将不作为犯的作为义务划分为法律

① 张明楷：《刑法原理》，商务印书馆2011年版，第143页。

规定的义务、合同约定的义务和先行行为而产生的防止义务三种。[①] 由于过于机械，难以处理司法实践的复杂情况，保证范围有时过于宽泛，不利于合理划定处罚范围，有时又过于狭窄。如法律规定的义务并没有严格区分法律性质，只要有法律规定了行为人的义务，便可能被认定具有不真正不作为的保证人地位。而如果违反的是非刑事法律，即便行为人以作为方式都不见得构成犯罪，因此形式义务说过于关注形式义务依据而忽视了法益侵害本质。德国刑法中也对不作为和作为行为的等价性要求作出了对保证人的实质化判断。作为义务的功能二分说将保证人义务区分为对特定法益的保护义务和对危险的监督义务（维护和管理义务）两类，在这两种基本分类下进一步演化出若干种具体的义务类别。[②] 日本对不作为的义务来源同样出现了从形式说向实质说的转向，很多学者也逐渐采纳了机能二分法，将作为分为"法益保护型"和"危险源管理监督型"两种作为义务类型。[③] 我国刑法通说主张法律规定、合同、先行行为、法律行为引起的义务。近年来，主张义务实质来源的观点提出应注重形式来源与实质来源的结合，不作为与作为"等价性"的要求，对实质义务说进行了合理限制。有学者认为不作为义务来源主要包括基于对危险源的支配产生的监督义务、基于与法益的无助（脆弱）状态的特殊关系产生的保护义务和基于对法益的危险发生领域的支配产生的阻止义务三种。[④]

1. 基于对危险源的支配所产生的监督义务

所谓危险源，是指具有发生破坏法益的较高危险之人或物，如精神病患者、老虎、巨蟒、猛犬等。[⑤] 但这是针对不作为的正犯而言的，能否适用于帮助犯，要具体分析。问题的核心在于危险源的管理者具有犯罪阻止义务，对危险源的管理不仅包括管理者保证该危险源不直接对法益造成侵害，还有

---

① 参见毛玲玲：《不作为犯义务的限制实质论》，载《东方法学》2014 年第 3 期。

② 参见［德］汉斯·海因里希·耶塞克、托马斯·魏根特：《德国刑法教科书》，徐久生译，中国法制出版社 2017 年版，第 835—849 页。

③ 参见［日］山中敬一：《刑法总论》，成文堂 2015 年版，第 244—257 页。转引自陈家林：《外国刑法理论的思潮与流变》，中国人民公安大学出版社、群众出版社 2017 年版，第 200—201 页。

④ 参见张明楷：《刑法学》（上），法律出版社 2021 年版，第 198—204 页。

⑤ ［德］汉斯·海因里希·叶赛克、托马斯·魏根特：《德国刑法教科书》，徐久生译，中国法制出版社 2001 年版，第 755 页。

义务保证危险源不被作为犯罪的工具。如果明知第三者利用自己管理的危险源侵害法益，管理者不加制止，则违反了犯罪阻止义务，管理者的不作为与作为的帮助具有等价性。如甲养有烈犬，乙想利用该烈犬伤害丙，乙将丙诱至附近，并诱使烈犬对丙攻击。乙成立伤害罪的间接正犯，甲负有监管义务，如果有能力制止而不制止，则构成不作为帮助犯。

2. 基于与法益特殊关系的保护义务

在法益处于无助或者脆弱状态下，对法益有保护义务的相关方，如监护人在未成年被监护人遭受侵害时，放任结果发生，构成不作为的帮助犯。但保护义务仅在法律、法规、制度有明确要求时，才具有保护义务，如老师对学生在校安全负有保护义务等。这种法益保护义务往往来源于法律，在不履行义务时构成犯罪一般没有争议。没有特定保护义务，不成立不作为犯罪。如甲放火烧毁丙的汽车，乙看到但未采取任何措施，放任结果发生，乙不成立不作为的帮助犯，因为乙不具有保护丙财产不受侵害的义务。

但对于被监管对象实施犯罪的阻止义务则需要研究。他人行为能否成为作为义务的来源？监管对象实施犯罪后，结果尚未出现或者可能加重的情况下，监管者有无义务采取措施避免出现危害结果或者避免结果加重，如儿子将他人殴打成重伤后逃匿，父亲不救助被害人致其失血过多而死。他人的先行行为不构成作为义务，但如果是被监管者的先行作为，如行为人及时采取措施能避免加重结果的发生，但却放任其发生。一般而言，犯罪阻止义务系对危险源具有监督管理职责的人，在法益侵害前的预防行为，在法益侵害已经发生的状态下，此时的犯罪阻止义务不能理解成犯罪行为阻止义务，而是对正犯不法的阻止义务或构成要件阻止义务。监管者的不作为行为针对的不仅是正犯行为，而是正犯的构成要件，结果属于构成要件的重要要素，很多行为具有持续性，结果并不一定当时出现或出现的结果存在加重的可能性时，监管者有作为义务以实现结果回避可能性。可以看出，构成要件促进说由于涵盖了正犯不法的所有要素，对于更加全面地评估当事人不法是有价值的。在监管者能够阻止行为继续实施或者减少危害的情况下，不作为行为明显提高了正犯制造风险的实现可能性，监管者此时的救助义务是法益保护目的的自然结论。而且在有可能减轻被监管者责任的情况下，选择不作为也不能说是对其的恰当保护。

3. 基于对风险发生领域的支配性的阻止义务

帮助行为人有义务防止侵害发生或继续扩大，但只有在支配方具备结果回避可能性的情况下，作为义务的提出才是有实质性根据的。要认定不作为的帮助犯，必须解决作为义务的证明问题，只有找准作为义务的来源，确定作为义务，才能区分是不作为的正犯还是帮助犯。区分制下的实质客观说从规范分析出发，区分不作为帮助犯与正犯。

危险源管理者，可以是在某行业或者某事项上具有监督管理职责的机构和个人，也可以是基于领导人的命令权产生的保证人地位，如领导与下属之间，上级通过发号施令的方式实现安排和控制，相应地，也应负有对下级的监护性义务。上级至少有义务也有可能通过具有约束力的指示或控制来防止有可能构成犯罪的单位行为，应当将危险源置于能够保障安全的监督之下。对此，有观点认为企业中的领导者只能对与企业有关的危险源负有义务，对于那些与企业无关的下级实施的盗窃、贿赂等行为不负任何责任。[①] 在司法实践中涉及此类上级对下级的保证人地位的案件，比较常见的有偷电、刑讯逼供等。下级窃电用于企业生产，上级知道后不表态，既不支持，也不反对。对于窃电这种明显构成犯罪的行为，上级有义务制止，确保企业经营活动合法，而且基于上下级关系的命令权是有可能阻止犯罪的。因此，对于事后知情的上级应当构成不作为的帮助犯，但应当自知情时开始成立；至于事前下级请示可否，上级不表态的，应当视为默许，构成共同正犯，不应再视为帮助犯。刑讯逼供案件与之类似，事前知情但未表态或默许的，视作共同正犯；发现刑讯逼供不制止，因未将被害人置于保障安全监督之下，构成帮助犯。

对不作为帮助行为因果关系的判断，行为对结果的支配力或现实作用力存在与否，都不足以判断因果关系是否成立，进而决定是否可以归责，关键还是要看不作为的帮助行为提升的风险是否属于保护义务的范畴。只要具有保护义务，推进因果流程的风险也处于保护义务范围，即便存在介入因素也不能排除归责。可见，结果发生方式并不重要，关键是保护义务的性质与范围。是否成立因果关系及是否需要归责，应当结合保护义务的管辖范围来判断。结果归责能够认定不法，帮助犯因果关系的类型化差异必然会影响不法的认定，进而影响对帮助行为人刑事责任的认定。以故意杀人为例，帮助自杀的不法程度要低于一般的作为杀人，表现为不作为的帮助自杀行为的不法程度甚至更低，并与作为义务的强烈程度成正比，近亲属或监护人的作为义

---

① ［德］克劳斯·罗克辛：《德国刑法学总论》（第2卷），王世洲等译，法律出版社2013年版，第565-569页。

务就要强于一般的监管义务。不作为及法益侵害后果一样但所承担的不法责任却可能有很大的差别，这就意味着，行为与结果之间因果关系类型不仅影响责任有无，还影响责任大小。

（三）对不作为帮助犯的归责必须兼顾事实联系与归责必要性

最为理想的是两者皆强，但由于事实联系与归责必要性除了质上的判断，还有量，即程度上的判断。这就为多种归责模式的存在提供了空间，在事实联系与归责必要性都存在的条件下，两者可以相互替代，如果事实性联系极强，归责必要性即使较弱，也可考虑归责，如未遂的帮助；如果事实性联系较弱，则只有在归责必要性极强的情况下才能归责，如不作为犯。对造成型、引起型与义务型因果关系的归责模式的变化就体现了客观的事物联系的不断弱化，造成型因果关系的客观联系最强，故归责必要性较弱时也可以归责。紧密的客观联系决定了对造成型因果关系的归责受到的限制最少，归责只需满足行为造成了结果。引起型因果关系中帮助行为和结果的客观联系有所削弱，帮助行为人间接作用于后果，客观联系相对减弱，需要通过归责必要性证明归责的正当性与合理性，如果帮助行为实质性提高了结果发生的风险，可以认为对结果存在现实作用力，所以坚持共犯的实行从属性是必要的，对犯罪预备的帮助排除归责是合理的；不作为帮助犯对于法益侵害结果没有现实作用力，现实的客观联系几乎不存在，条件公式几乎没有适用的空间。如果要归责，必须找到足够充分的归责必要性，因此其适用范围只能在有法律规定的前提下，针对有作为义务的行为人，而且还具有结果回避可能性。仅以提升了正犯制造的风险为根据，对未遂的不作为帮助犯进行归责过于削弱了归责的客观事实基础，必要性不强，所以只能对正犯既遂的不作为行为进行归责。

三、帮助犯因果关系的判断顺序

规则体系化、适用顺序明确化是因果关系和归责判断面临的共同问题。客观归责理论将判断规则归入制造禁止风险、实现禁止风险与构成要件效力范围等基本原则。但如果不区分具体的因果关系类型和归责模式，就无法合理划定这些规则的适用范围。故意作为与不作为的帮助犯因果关系所造成的法益侵害并无太大差别。但是，当几种因果关系同时存在时，还是要关注因果关系判断标准和归责模式的适用顺序问题。故意作为帮助犯的引起型因果流程是实际存在的；不作为帮助犯的因果流程，其实是立法者基于常识常理常情所构思的假定规范规则，无法在科学物理层面加以证明，换句话说，这种假定关系的判断依据仅仅是所谓“可能性”。[①] 根据方法论的论断，事实性因果关系判断应当优先，毕竟其判断比较容易。所以倘若同时有作为和不作为竞合的发生、作为义务和支配的相交，更较可行的是先从引起型因果关系的角度切入，讨论能否归责。

另外，义务型因果关系的成立需要很多前提和条件，比如就因果关系的判断标准而言，需要假想存在和认定行为人完成了作为义务这一前提条件，法益侵害大概率不会发生，涉及很多价值论和规范论，达成共识的难度较大。因此，在多种因果关系并存的情况下，从义务型因果关系的角度切入，说理论证难度较大，有时无法形成逻辑闭环。而引起型因果关系的判断是存在论、事实性判断，相对简单明了。对此，有观点认为，由于不作为行为乃作为的补充形态，因此一旦满足构成要件结果的行为属于作为的方式，不作为就直接不予考虑，最终以作为犯论。”[②] 所以，在同时存在作为和违反义务的不作为，且存在不同的因果流程时，有作为和不作为的竞合问题，应首要考虑对因果流程是否存在支配力。“不管怎样，积极的作为都属于更严重的行为方式”，[③] 尤其在义务存疑、后果难定时。如对于当前司法实践中比较多的网络犯罪，服务提供者拥有监管义务，在得到相关部门的监管要求后，仍然不阻止结果发生的，可能构成不法。但如果服务者在控制特定信息后，通过自己的服务使之更易获得、扩散，这一行为则不仅仅是违法义务的不作为，而应构成作为。

总体上看，帮助行为存在多种类型，催生了不同的因果关系判断标准和归责逻辑，这样的区分对于帮助犯的归责是必需的。通过区分不同类型帮助犯因果关系的归责逻辑，适用相应的归责原理，有助于司法实践中一些疑难案件的处理。可以考虑先对归因层面的事实因果关联进行判断，在此基础上，再根据不同的类型适用不同的归责标准。由于帮助犯和帮助行为的特征，引起型因果关系在帮助性因果关系中占据主导地位，但义务型因果关系也有发生。而且还必须看到，所谓的物理性和心理性帮助是各类帮助性因果

---

① 参见许玉秀：《当代刑法思潮》，中国民主法制出版社 2005 年版，第 582 页。

② 林钰雄：《新刑法总则》，元照出版有限公司 2014 年版，第 524 页。

③ ［德］乌尔斯·金德霍伊泽尔：《刑法总论教科书》，蔡桂生译，北京大学出版社 2015 年版，第 359 页。

关系的形式，而因果关系的实质又是在人的自由意志支配下的行为对外在世界的作用和影响。所以，在分析因果关系类型时，还必须关注真正应该被归责的对象是人的自由意志支配下的行为。正确的归责步骤应当是：首先以有无促进了构成要件的实现为标准，判断是否存在帮助性因果关系；其次对因果关系的类型进行分析，再根据因果关系的类型，决定相应的归责逻辑。

四、多种因果关系并存的案例分析

以“快播案”为例，被告人以营利为目的，其虽然知道服务器安装程序会被他人用于传播淫秽视频，仍放任不顾任之大量传播；公司托管的服务器4台缓存了大量淫秽视频。法院判决构成传播淫秽物品牟利罪，理由主要是：其一，公司有网络安全管理义务，且具备履行能力，但拒不履行；其二，明知网络系统存储了大量淫秽视频，并存在传播活动，仍放任系统的大量传播。判决认为快播公司为牟利，明知技术服务被用于传播淫秽视频和传播的工具，有义务、有能力，而不阻止、不履行管理义务，应承担刑事责任。可以看出基本依据的是不作为犯的逻辑，对拽取、缓存行为不法性的论证都从属于其违反监管义务这一前提，审判机关将公司的两种不同类型的行为统一视为实行行为。辩护方提出，快播公司的技术合法，没有传播的主观故意，技术开发无罪。应当说，该案的事实认定和法律适用确实都有很多问题值得讨论，核心问题之一是被告人的行为与法益侵害后果究竟有无因果关系以及是否应当归责。多数观点认为在归因层面确有因果关系，但在是否应当归责以及依照何种依据归责方面则分歧较大。

（一）“快播案”中存在两种因果关系，应有两种归责路径

“快播案”是一个由于因果关系的类型不同而导致不同归责模式的典型案件，如果从分析案件的因果关系入手，确立合理的归责模式和依据，有可能减少一些认识上的分歧。从案件事实来看，被告人大致实施了两类行为，一是缓存淫秽物品的行为；二是提供快播播放器的行为，前者违反了监管义务，体现了义务型的因果关系；后者则引起了犯罪的因果进程，体现了引起型的因果关系。无论哪个行为都不宜从犯罪支配的角度进行论证，这是由于不作为犯属于义务型的因果关系范畴，所以从义务犯的角度分析更为可取；而对于缓存行为不应包括在不作为的行为中进行概括性评价，而是依据独立的归责模式进行评价可能更为合适。

法院判决显然认为快播公司的行为属于拒不履行网络安全管理义务的行

为，因而应当受到惩处。本案存在大量争议的一个重要因素在于，各方在讨论案件时默认了因果关系只有一种类型，即造成型因果关系，所以不作为和帮助行为都必须借助支配理论才能完成因果性存在与否的证明，这就给案件的认定和归责带来不小的困难，也成为对案件判决进行质疑的重要理由。至于一个案件之中是否可以存在若干个因果关系的问题，因果关系是行为和法益侵害结果之间的联系，有多少个行为就有可能存在多少个因果关系，只不过有些行为性质相同，因果关系的类型自然相同。在本案中，快播公司有多个行为，对于法益侵害结果有多条作用的途径，展现了完全不同的作用方式，所以应当依据不同的因果关系类型，确立不同的归责模式和标准，这也是刑法日益精细化、精准化的标志。至于不同的行为有些能够满足归责要求，有些则不能，那就对能够认定的行为进行归责，而不是将所有的涉案行为都进行概括性认定。

（二）关于“快播案”中的引起型因果关系

对于缓存类行为，视频达到热门要求后，公司服务器会向其他快播用户“拉拽”视频数据资源，用户可以直接从快播公司的播放器中下载、浏览淫秽视频。当然快播公司的拽取、缓存行为和通常所理解的传播行为还是有差异的，毕竟淫秽视频的上传者和下载者都是用户，快播公司仅提供技术支持，是置身于传播淫秽物品的行为之外的第三人。这一行为和直接发布、下载、播放淫秽物品的行为明显不同，应当属于帮助行为。因此，点播视频者取得视频不是公司主动传播行为所导致的，不宜理解为积极作为，即不宜从造成型因果关系的角度来理解快播公司的行为，快播公司行为与传播淫秽物品的结果之间应当是引起型的因果关系。所以，只要快播公司的行为对于最终的法益侵害结果有实际的作用，就可以认为存在引起型的因果关系，至于是否需要归责，则还需要考虑归责的必要性，快播公司利用现代技术手段为大规模传播淫秽物品提供了便利，在法益侵害上已经达到了正犯的相当性，应当认为有归责的必要。也有观点认为，快播公司的行为存在作为和不作为的结合，“在拉拽淫秽视频文件的同时，快播公司选择存储在缓存器，此种情况下其有防范制止用户看该视频的义务，然而快播公司最终选择不禁止放任甚至是故意向用户提供缓存器里的淫秽视频文件，”[①] 体现了作为和不作为

① 张明楷：《快播案定罪量刑的简要分析》，载《人民法院报》2016年9月14日，第3版。

方式的结合。如果可以确定支配性，则没有必要再讨论作为义务的问题。

（三）关于"快播案"中的义务型因果关系

对于提供播放器行为应当如何理解，其与法益侵害结果是何种因果关系类型。如果从赋予网络服务提供者积极监管义务的立场出发，网络服务提供者在明知后不及时采取措施阻止反而允许信息传播，必然承担责任，基本都是不作为犯。所以，对于此类行为能否归责，判断重点在于当事人是否有作为义务，若有且合乎一定的要件要求，当然可以归责，如果没有作为义务，则缺乏归责的基础。

提供播放器的行为不属于作为，这是由传播淫秽物品牟利罪的构成要件所决定的。传播是将控制的淫秽物品提供他人，但在传播、点播者都是第三人时，公司只是参与者，按照造成型因果关系理论，不能独立支配结果原因和因果流程。提供播放器的行为，只是具有推动因果流程的可能性。公司既没有上传，也没有下载，没有推动因果流程的发展，缺乏积极主动传播淫秽物品行为的支配力，仅违反了监管义务。所以，用户的上传和下载才是问题关键，一旦把不删除、不相对禁止使用的行为也视为故意作为的帮助行为，会导致不当追溯，把检索、下载侵权作品的行为都认为侵犯著作权，那么对于通讯公司提供通讯服务，以不作为犯帮助因果关系理论的角度来看，也能认定为是电信诈骗的不作为帮助犯。本案中的视频上传、下载的实施者都是第三方主体，公司只是加大行为的发生可能性，公司提供播放器的行为，很难认定为正犯，也不是中立帮助行为。当然公司确有违背义务的行为，由于开发并提供播放器的下载，被告人在多次被处罚后，必然对于播放器已成为违法犯罪的工具具有认识，也就是对于帮助行为的社会危害性有了认知，继续提供播放器的行为必然是出于对于法益的敌视态度，已构成不法；而且在日常工作中，被告人为消除用户上传、下载的技术障碍，实施了大量帮助行为性质的业务活动。这些都能通过义务型因果关系进行思考，快播公司的行为因违背了义务，可以归责。

但是，在拒不履行网络安全管理义务罪增设前，行政义务能否构成作为义务确有争议。网络管理义务是等同于不作为犯的犯罪阻止义务，还是仅是行政法上的作为义务。要构成刑法义务，必须立足于法益保护义务和危险源管理义务。其他法律、行政法规上的义务不能自动转化为义务犯的标准，因为这些法律法规不以保护法益为目的。参照《刑法修正案（九）》第28条的规定，可以认定公司具有网络安全管理义务且有能力履行但拒不履行，但案件发生时间早于《刑法修正案（九）》的制定时间即 2015 年 8 月，不宜以义务型的因果关系对提供播放器的行为进行归责。

综上所述，对于“快播案”，对其作为行为的认定存在困难时，比较合理的归责路径是以拽取、缓存淫秽物品然后提供下载便利的行为是帮助行为，而不评价其的不作为帮助行为。

第三节　中立帮助行为因果关系的判断与归责

一、问题的提出

“中立帮助行为从外表看通常属于无害的，与犯罪无关的，不追求非法目的的行为，但在客观层面上对他人的犯罪行为有促进作用的情形”[①]，此类行为主要为满足社会一般需要，可反复实施，具有可替代性。具有以下几个特点：一是面向社会一般多数；二是应需提供；三是一般对法益无威胁，但有时对法益产生的风险，法律不评价甚至确认合法。这种风险有时被正犯利用，对犯罪起到促进作用；四是形式上符合帮助犯构成要件。行为者至少具有放任的心理态度，认识到接受帮助者可能犯罪，不作干预，客观上促进了结果发生，有因果联系。并非所有中立帮助行为都有可罚性，需要有所限制。

案例 1：刀剪铺店主甲明知乙打算杀人，仍将菜刀卖给他；

案例 2：农药销售商甲将剧毒农药卖给乙，乙投毒杀害丙；

案例 3：出租车司机甲明知乙去贩毒，仍将其拉到交易地点；

案例 4：出租车司机甲放任他人在出租车上实施强奸行为，继续行驶；

案例 5：出租车司机甲发现有人在车上偷钱包，不管不问；

案例 6：网络运营商甲明知乙为了设立黄色网站，仍提供服务器；

案例 7：网络运营商在接到监管部门的整改通知后，继续提供服务；

案例 8：甲明知乙开赌场，仍每天送盒饭；

案例 9：宾馆经营者甲对卖淫、吸毒行为默许；

① 陈洪兵：《中立行为的帮助》，法律出版社 2010 年版，第 2 页。

案例 10：服务员甲发现厨师做的菜有毒，仍端给顾客乙；

案例 11：甲欠乙钱，乙犯罪后为潜逃要甲还钱，甲还钱后乙潜逃；

案例 12：甲开发出能够获取他人上网账号、密码的软件，并将之挂在网络上，乙、丙等人利用该软件窃取他人上网账号、密码转手倒卖牟利；

案例 13：甲将医保卡借给邻居乙，乙用该医保卡骗取保险金；

案例 14：甲明知乙实施电信诈骗而提供账户给乙；

案例 15：甲入股某公司后发现该公司非法吸收公众存款，不参与经营但参与分红。

从上述案例来看，如何区分某种行为是属于日常的中立行为，还是刑法意义上的帮助行为，即中立帮助行为在满足什么条件下能够被刑法评价为值得处罚的帮助行为，存在认定的难点。如出租车司机接单后，明知对方要去贩毒，仍驾驶车辆至指定地点的。客观上，中立帮助行为确实起到了帮助作用，但这种行为的存在是社会生活的组成部分，能否从刑法角度进行评价仍有疑问。又如，若只从客观行为来看，日常生活中很多具有危害性的行为都可以表现为中立行为，如店铺老板将菜刀售卖给有杀人意图的行为人，但是若将行为目的纳入考量，则对中立行为的评价则会从中立性偏向意图的法益侵害性。可见，对于客观上有帮助作用的行为，如何判断因果关联以及应当在何种程度或范围内将其评价为具备可罚性的帮助行为，仍需进一步探讨。

二、中立帮助行为因果关系和归责理论

相对于普通的帮助行为，中立帮助行为具有一定的特殊性，所以有两个问题需要研究：一是共犯处罚根据和帮助犯因果关系的判断标准是否适用；二是中立帮助行为的特殊性是否足以改变帮助行为的归责路径，并使归责模式产生与这种特殊性相应的改变。对于这两个问题，主要有以下观点：

（一）全面处罚说

该说主张只要符合帮助犯构成要件，就属于刑法规制范围，具有可罚性。“符合通说所承认的帮助犯的因果性或促进关系，所以作为帮助犯处罚看上去合理合法。”[①] 该说认为中立帮助行为若满足了主客观要件，仍可以成立帮助犯，不具有特殊性。利用帮助犯的基本理论和对帮助行为的归责模

① 高铭暄、马克昌：《刑法学》（第五版），北京大学出版社、高等教育出版社 2011 年版，第 178 页。

式，可以解决相当数量的中立帮助行为的归责问题，但也必须看到，个别案件存有困难归责的情况，亟待特殊规则的设立。所以，对中立帮助行为进行封闭式处罚，有些情况下容易导致处罚范围扩张，过于加重了相关人员的注意义务，容易限制社会交往和商品交易的正常开展。最重要的是，每个人都充当了警察的角色，每一个社会活动的参与者都负有预防犯罪的法律责任。[①]因此，全面处罚说在德日刑法理论上只是少数个别，判例和通说更多主张的是限制说，即尝试以不同方法来限定帮助犯的具体成立范围。[②]

（二）主观说

该说主张应当从行为人的主观面寻求中立行为非犯罪化的依据与标准，还可进一步分为促进意思有无说与直接故意间接故意区别说。促进意思有无说主张，帮助者倘若在主观上没有促进他人犯罪行为的意志，便不成立帮助犯。[③]直接故意间接故意区别说主张，中立帮助行为人仅具有未必的故意，则不能成立帮助犯。“存在帮助的故意是成立帮助犯的基本要素。不过在平时工作生活帮助的时空中，仅仅是确定的故意，只是具有不确定的故意还不足够。”[④]这些观点都认为，一旦构成间接故意的中立帮助行为，则不构成帮助犯。但未必的故意也是故意，排除的理由为何？也有学者指出主观说与德国现行法规定不符。[⑤]主观说主张中立帮助行为在具备双重故意的情况下具有处罚必要性，一是基于故意实施帮助行为，二是具有促进结果实现的故意，二者缺一不可。如出售武器的行为一般为中立的销售行为，即便销售者认识到购买人主观上有犯罪的故意，但因为欠缺促进结果实现的故意，因此不具有可罚性。主观说强调的是中立帮助行为的主观面，忽视了其与普通的帮助行为在客观上的差异，具有不合理之处。

（三）客观说

该说从客观构成要件角度把握判断标准，如社会相当性说的观点认为，“当行为主体在处于常规的历史背景下的生活范畴下，就算某一行为侵害了

---

① 参见张伟：《中立帮助行为探微》，载《中国刑事法杂志》2010 年第 5 期。

② 参见陈家林：《外国刑法通论》，中国人民公安大学出版社 2009 年版，第 610 页。

③ 参见陈洪兵：《中立的帮助行为论》，载《中外法学》2008 年第 6 期。

④ 陈洪兵：《中立行为的帮助》，法律出版社 2010 年版，第 74 页。

⑤ 转引自陈家林：《外国刑法通论》，中国人民公安大学出版社 2009 年版，第 611 页。

法益使其受损，也应排除在构成要件之外。”[①] 正当职业行为与帮助行为的关键不同之处，不是增加了正犯所制造的危险，而是行为与侵害对象间的关联性，以及帮助行为所侵害的社会关系。但社会相当性是一个模糊概念，判断标准难以达成一致，给适用带来了困扰。

利益衡量说立足于结果无价值的立场，认为对客观要件进行限定可以从利益衡量的角度来考虑，“行为的客观属性，直接决定了中立的帮助行为是否成立帮助犯，换句话说，是通过行为制造的危险等因素的方式来认定……不过对于法所禁止的危险的行为，现在并不知道其判断标准。”[②] 利益衡量说由于缺乏具体的判断标准，可操作性不强。

还有从客观归责理论出发，探讨中立帮助行为的可罚性。客观归责论从制造禁止风险以及这种风险在结果中实现两方面把握归责问题，该观点认为，刑罚范畴并不能也不应该包括一般的日常生活行为，比如就算知道他人即将会入室盗窃，仍然向其售卖螺丝刀的行为，因不能期待行为人不出售上述物品。[③]

但完全无视主观面的狭义客观归责说存在漏洞，明知他人犯罪还意图促进，职业无法成为免责理由。

（四）综合说

该说认为对中立帮助行为的处罚范围应当从主客观两个方面进行界定。从客观上看，中立行为需具备明显的法益侵害性，与正犯构成要件之间具有的物理性或心理性因果关联达到“帮助”的程度；从主观上看，中立行为应当对他人实现法益侵害结果有明确的认识。对于符合上述主客观要件的中立帮助行为，鉴于一般社会观念的不能容忍，其产生的风险结果不在法律的保护范围，必须以帮助犯论处。[④]

（五）综合评析

一切犯罪都是主客观要件的统一体，在中立帮助行为的入罪与出罪问题上，必须从行为的主客观方面同时考察。当然，由于不法类型的差异，主观面和客观面在不同不法类型中的地位和作用各有侧重。在是否构成帮助犯的

① 张伟：《中立帮助行为微探》，载《中国刑事法杂志》2010年第5期。

② 黎宏：《论中立的诈骗帮助行为之定性》，载《法律科学》2012年第6期。

③ 陈洪兵：《中立的帮助行为论》，载《中外法学》2008年第6期。

④ 周光权：《刑法总论》，中国人民大学出版社2007年版，第326页。

问题上，应以处罚根据为基础，充分考虑中立帮助行为对于正犯构成要件是否发挥了促进作用，进而初步厘定有可能构成帮助犯的范围，进而分析行为的主客观方面。因此，有学者对主观说提出批评，“只是从事实的侧面去看待问题，特别是只是思考主观因素，会出现很难有效圈定帮助犯的范畴情况。一旦单纯使用共犯的定义，全部中性业务行为都可处罚，必定会造成处罚范围过大，结论不符常识常情的结果。”① 这一观点有其正确的成分，由于违法的相对性，仅对正犯行为的社会危害性有认识，不能成为处罚根据。但是，从主观方面考虑可罚性也是必要的，帮助犯的认识要素必须明确认识正犯行为的本质，同时还清晰知道自身行为会对正犯构成要件实现起到一定的促进作用。帮助犯的意志要素除了直接故意，还有漠不关心的放任态度。中立帮助行为的主观面是归责不可或缺的重要因素，而且对应着故意作为的中立帮助行为，主观面还是决定不法类型的关键要素。中立帮助行为的主客观不法共同构成了帮助犯不法，缺一不可。通过归责，形式上符合帮助犯构成要件的中立帮助行为才真正获得了实质的处罚根据。所以单一的依靠主观面、客观面来解决不法问题，是不全面的。客观说从中立帮助行为是否提升了正犯制造的风险寻找实质可罚的根据，是正确思路，但脱离主观认识与意志，对帮助不法的理解一定是片面化的。行为永远只能是特定主体在一定罪过心理下实施的，脱离行为人的主观心理探寻中立帮助行为入罪或出罪条件是不够的，但是客观归责可以作为故意作为的中立帮助行为非罪化的实质依据。

三、中立帮助行为因果关系的判断标准与归责路径

（一）中立帮助行为的本质是帮助行为

中立帮助行为的处罚问题可以借助共同犯罪、因果关系和归责等理论来分析研究，比较的对象是一般帮助行为。就像不作为帮助犯一样，本质也是共犯，但行为形式是不作为，尽管要运用到不作为犯理论，但确定可罚与否的基础是共犯理论，只有至少在形式上符合帮助犯构成要件，才能讨论下一步的归责问题。同样，中立帮助行为的本质是帮助行为，也应在帮助犯的范畴进行探讨。“中立”表现的是行为特征，行为人的销售、服务等职业行为

① 参见周光权：《刑法公开课》（第2卷），北京大学出版社2020年版，第195-196页。

并不基于促进犯罪的目的，而且这些行为通常按照社会交往习惯和交易规则进行，具有社会相当性。但这并不意味着所有的中立行为都可以排除犯罪的可能性。中立帮助行为人对其行为可能被用于帮助犯罪有一定认识而持无所谓的态度，最终对他人犯罪起到了促进作用，与法益侵害结果有了因果联系。总之，有可能被处罚的帮助行为至少要满足主观上有认识、客观上有因果关系的条件，但满足了这两个条件未必就一定可罚，而处罚范围划在何处则是关键。而且中立帮助行为人虽然对正犯可能犯罪有认识，但缺少事前共谋及犯意联络，只能构成片面帮助犯。

（二）中立帮助行为的核心问题是归责

帮助行为包含于中立帮助行为，所以在中立帮助行为上均能体现帮助犯构成要件的全部要素，而且排除掉一些法律已经正犯化的行为，多数可罚的中立帮助行为也按照帮助犯处理。在此前提下，一般帮助犯的认定标准、处罚规则，对于中立帮助行为都是通用的，法律适用应当平等，也不应额外放松或收紧处罚条件。只不过中立帮助行为具有日常或业务属性，有一定的特殊性，但这种特殊性在大多数情况下并不构成违法阻却事由和免责理由，但也确实存在一些在刑事责任认定上需要加以必要限制的情形。中立帮助行为作为帮助行为的下位概念，在形式上构成帮助犯因果关系并符合帮助犯构成要件的情况下，可以衍生出可归责和不可归责两种结果，即有可罚性和无可罚性的类型。中立帮助行为既有可能构成不法，也有可能合法。其成立范围与处罚范围属于两个范畴，对其中立性、帮助性的判断属于事实层面，以行为的客观样态为标准。因此，一些讨论较多的中立帮助行为案例，通过事实层面的因果关系判断就可以得出结论，不需要进入归责层面。如前文列举的为赌场提供盒饭的行为，即使提供了现实方便，不过无法实质性促进正犯构成，更谈不上使法益陷入危险之中，无法得出帮助犯因果关系的成立结论。然后，有必要对因果关系成立的中立帮助行为，通过归责步骤识别出有必要予以处罚的中立帮助行为。所以，归责是中立帮助行为的最核心问题，以及对于部分具有特殊性的中立帮助行为，应否设定相应的归责标准。

要针对中立帮助行为设置特殊规则，就必须找到与一般帮助行为的差异。这里的差异不是形式上的中立化特征，而是足以影响归责规则的重大差异。不能针对不存在的差异设计标准，也没必要针对没有重大区别的差异设定标准，把简单问题复杂化；更没必要脱离已有的理论框架，将中立帮助行为视作完全独立的新生事物，另起炉灶。一般而言要考虑：客观上是否侵害法益，是否对正犯构成要件具有因果力；主观上是否存在特别认知，以及是否在特别认知的支配下，“额外”提升了正犯所创设的禁止风险。具体而言，中立帮助行为与一般帮助行为的区别主要体现在以下两个方面。

首先是主观方面。认识因素基本一致，这是构成帮助行为的心理事实前提，缺乏认识，根本不可能成立帮助犯。但在意志因素方面，中立帮助行为人往往持放任的无所谓态度。有观点提出未必故意否定说，认为只要主观上不具有确定的帮助故意，就不可罚。但所谓未必的故意与确定的故意区别究竟为何，不可罚的依据并不明确。故意是整体概念，不能仅考虑意志因素，将其中的部分要素抽离出来设定标准是不全面、不合理的。但这个问题并不属于中立帮助行为同普通帮助的核心区别，因为普通帮助行为也未必存有故意。因此，没必要在主观要件上为中立帮助行为设立新的判断标准，只要借助类型化的故意概念，在故意归责时考虑规范要素，即可得到解决。

其次是客观方面。从形式上看，中立帮助行为与一般帮助行为都与法益侵害性存在因果关联。帮助犯的结果归责与正犯的因果关系判断规则相辅相成，不过在帮助犯的构成中，正犯的条件关系、相当因果关系演变成一种增加风险的促进关系。[①] 当帮助犯因果关系的判断从风险增加的视角来看，事实性的因果关系占比减少，规范性的因果关系占比增加，禁止风险的概念和帮助行为有无提升正犯制造的禁止风险，对于中立帮助行为的归责就变得日益重要，而这属于确立因果关系后的客观归责范畴。单纯存在帮助犯因果关系并不能必然得出归责结论，还要经过客观归责的检验。中立帮助行为是社会日常生活的组成部分，从形式上看不会违反法律，行为规范也不会完全限制中立帮助行为。所以，大部分以一般帮助行为视角认定的完全限制的不确定危险，在中立帮助行为领域则被认为是可以接受。如甲卖刀给乙，乙数天后用其杀人，不能因为乙买时流露过杀人的意思，就认定甲提供了凶器。刀成为凶器是由于乙的使用，而非购买。因此，刑法上的危险是法所不允许的，在中立帮助行为并未提升禁止风险的场合，不能认为具有客观不法性。当然，这并不适用于所有的中立帮助行为，但通过设置客观归责步骤，检查中立帮助行为有无“额外”提升正犯制造的禁止风险，对客观危险性进行判断，才能妥善划定处罚范围。当然，不是所有的中立帮助行为都需要客观归

① 参见阎二鹏：《帮助犯因果关系：反思性检讨与教义学重塑》，载《政治与法律》2019年第2期。

责的检验，许多行为通过因果关系的判断即可排除，如为犯罪组织扫地、送盒饭，出租车司机运送毒贩等行为借助帮助犯因果关系的判断标准已足以否定，没必要经过客观归责的检验。

（三）中立帮助行为的客观归责

中立帮助行为人主观存在帮助故意，客观行为对正犯构成要件起促进作用，并不能当然构成帮助行为。因为中立帮助行为具有日常性、业务性等属性，是现代社会运转的重要组成部分，归责需要较一般的帮助行为更强的必要性。但这种必要性无法在客观表现、因果关系中找到，这些要素和一般帮助行为并无区别，而从中立帮助行为是否额外提升了正犯制造的禁止风险这一视角，能够解释中立帮助行为的真正处罚之处。大量的中立帮助行为在社会背景下都有可能与法益侵害有条件关联，但中立帮助行为日常性、职业性的特点决定了其大量制造的风险是法不禁止的，对部分风险的允许是现代社会正常运转的成本与代价。所谓的“额外”是指行为人在特别认知的支配下，在正常的中立帮助行为自带风险之外创设的风险。

首先，通过客观归责判断中立帮助行为是否提升了正犯制造的禁止风险、风险是否被实现。从规范的角度看，归责不是由自然意义上的因果关系、目的性所决定的，必须在事实基础上再作规范判断，并非侵害法益就可归责。法益保护只能限定必要范围，只有制造或实现了法所禁止的风险才能够进行归责。即便客观上侵害了法益，但如果这种风险是法律所能容许的，则不应对中立帮助行为归责。中立帮助行为的可罚性必须考虑结果是否由帮助行为所引起，从而实质性地限定处罚范围。对于中立帮助行为的处罚，要同时满足制造不被允许的危险和实现了不被允许的危险的双层条件，才可以对帮助犯进行科罚。①

其次，在对帮助犯因果关系进行审查后，再进行中立帮助行为是否被禁止的规范审查判断。从因果共犯论的角度看，中立帮助行为如果不构成不法，所创设的风险为法所不禁止，则无法归责。因此，对中立帮助行为归责要看规范是否禁止中立帮助行为人提升和实现这种风险，而帮助犯通过帮助正犯提升或实现了风险。所以，中立帮助行为的客观归责有其特殊性，帮助犯和正犯之间是手段与目的的关系，帮助犯以正犯目的为目的。正犯制造和

① 参见姚万勤：《中立的帮助行为与客观归责理论》，载《法学家》2017年第6期。

实现了侵害法益的风险，帮助犯提升了正犯制造的风险水平，二者属于不同的归责层次。由于中立帮助行为是社会认可接受、合乎职业角色的行为，为规范所允许，一般情况下没有在法允许的风险之外额外提升正犯制造和实现风险的水平，不能客观归责。一个行为如果从事实角度看，客观提升了风险，但如果法不禁止，就不能进行归责。帮助犯的成立，必须要实质上达到刑法规范评价的程度才行。[①] 按照这一逻辑，中立帮助行为虽与正犯构成要件存在因果性，但从规范评价的角度看，即便促进了犯罪，但为法所允许。对禁止风险的提升不是单纯的引起与被引起的关系，从中立帮助行为的社会危害性看，如果没有提升禁止风险，未达到共犯标准，就不能构成帮助犯。如无法客观归责，不能仅因有故意而认定构成帮助犯。有关司法解释规定，共同构成挪用公款罪的情形仅限通过共谋取得公款的情形。对明知挪用行为并使用的，未被视作制造禁止风险的行为。如甲欠乙钱，乙犯罪后为逃亡而要甲还钱，甲还钱后乙逃匿的，甲不应当构成窝藏罪。

最后，如果中立帮助行为逾越界限，额外提升了正犯制造和实现的风险，就可能成立帮助犯。中立帮助行为的客观归责要解决的核心问题就是有无“额外”提升禁止风险，这就必然要求以职业相关性为判断基准。故意违反法律法规、相关规章、操作规程的中立帮助行为，可以认为额外提升了禁止风险。如律师帮助被羁押人违规传递物品，就因额外制造了禁止风险，不能主张自身的中立性而免责。如果中立帮助行为人超出了规范允许的范围，就可能因额外提升了风险而成立不法。如果缺乏对自身行为会侵害法益或增加特殊风险的这种认识，提升额外风险的行为就不存在，中立帮助行为人就不成立帮助犯。

（四）中立帮助行为的故意确认

帮助不法首先来源于实施中立帮助行为时，行为人认识到有可能损害法益，却选择仍继续实施，违反了行为规范。因此，对中立帮助行为的性质判断，要在客观构成要件的基础上重视主观面判断。如果中立帮助行为的客观危险性得到证实，且被故意所实现，结果当然应该归属于帮助犯。

客观归责强调故意是一个由客观构成要件决定的问题。客观目的性以虚拟的客观观察者为前提，这个客观的观察者在行为当时就约束着这潜在的行

---

① ［日］西田典之：《日本刑法总论》，王昭武、刘明祥译，法律出版社 2013 年版，第 283 页。

为后果。[①]中立帮助行为人的认知与客观观察者的关系有以下三种：一是行为人的认知与客观观察者一致；二是行为人的认知低于客观观察者，欠缺对因果流程的主观认识；三是行为人存在特殊认知。当行为人的认知与客观观察者不一致，则应按行为人标准处理，不能犯未遂按主观想象的构成要件归责，而特别认知问题处理更加简单，一定是按照行为人的主观认识处理。故意作为犯标准只有行为人标准，是否成立故意要取决于行为人的认知。通过判断行为人能否预见因果流程，确定能否将结果归责于行为人的故意。[②]

中立帮助行为构成可罚的帮助行为的前提在于结合行为目的。法律不处罚客观上有帮助作用的行为，只处分那些在自由意志支配下促进了正犯构成要件的帮助行为。中立帮助行为的特殊性就在于即便是行为人对其帮助行为的性质有认识，也不能一概认定为帮助犯。从主观方面考虑中立帮助行为的入罪问题，就必须解决如何理解故意的问题。确认帮助故意就必须要考虑中立帮助行为人是否故意提升了正犯制造的禁止风险并使之在结果中加以实现。中立帮助行为是不是故意设定的，是考察中立帮助行为性质的重要指标。许多对主观说的批评都将故意理解为认识到有侵害法益的可能性叠加放任的间接故意，认为这扩大了处罚范围，不合理。所举案例无非运毒贩的出租车司机、卖毒农药的老板，但现实中几乎没看到过如此处理的案件。通过正确理解和限定帮助故意，多数案例都可以在主观面得到恰当解决。前文对帮助故意的规范内涵已经作了详细分析，这里简要说明两点：

一是帮助行为人必须认识到中立帮助行为提升了正犯创设的禁止风险，这是确认帮助故意的事实基础。行为人必须明知他人即将或正实施危害法益的行为，而且具有社会危害性，中立帮助行为在客观上将促进正犯构成要件的实现。

二是故意是行为态度，而非单纯的心理状态。无论是故意的认识因素、还是意志因素，都不仅包含客观的心理状态，也包括规范因素，表现为一种有目的性的行为态度。根据中立帮助行为人的认识程度、对法益侵害结果的意志态度，有多种组合：明确认识到正犯计划或正实施犯罪而予以帮助，对

---

① 参见［德］沃斯·金德霍伊泽尔：《故意犯的客观和主观归责》，樊文译，载《刑事法评论》（第23卷），北京大学出版社2008年版，第222页。

② 参见［德］沃斯·金德霍伊泽尔：《故意犯的客观和主观归责》，樊文译，载《刑事法评论》（第23卷），北京大学出版社2008年版，第222页。

结果积极追求；明确认识到正犯计划或正实施犯罪而提供帮助，但对结果漠不关心；根据客观条件，判断正犯有可能实施犯罪，但对帮助行为的帮助作用持积极追求态度；根据客观条件，判断正犯有可能犯罪，但对其行为的帮助作用持漠不关心态度。当然，这只是几种有代表性的组合，还存在很多类型的组合，如认识到正犯犯罪的高度可能性，再搭配希望或放任的意志因素。因此，故意是一种类型化的概念，认识因素和意志因素可以存在此消彼长的相互组合，但在明知必然性的情况下只能是希望，不存在放任的心理态度。[①] 当中立帮助行为人明晰犯罪方案，并产生可能提高他人风险的促进作用时，同时对结果持积极态度，无疑成立帮助犯；确定结果必然发生或存在发生的高度可能性时，叠加放任的意志态度也能成立促进的帮助故意。

但如果中立帮助行为实施时，行为人对后果并不能完全确定，再附加无所谓的放任意志，就不能得出存在帮助故意的结论。而且主要建立在认识因素基础上的可能性，对于不同当事人带来不同的法律后果，由于每个人的认识能力各异、阅历不同，如果越敏感、越喜欢思考的人因为对犯罪可能性认识越多，成立帮助犯的可能性越大，而较迟钝、不喜欢“胡思乱想”的人则不易构成，显然是不公平的。所以故意必须在不同水平的认识因素基础上叠加相应的意志因素，才能成立故意。而意志因素包含了对法益的敌视态度的规范要素，不同主体的检验标准是一致的，相对公平。如果用类型化的故意概念来判断帮助故意，就能发现简单地说直接故意构成、间接故意不构成或未必的故意都不准确，高确定性的认识因素可以叠加相对消极的意志因素，而低确定性的认识因素必须叠加积极的意志因素。运用这样的公式，就能判断许多中立帮助行为的归责问题。如甲将剧毒农药卖给乙，乙投毒杀死丙，甲对乙可能犯罪缺乏认识，不成立帮助犯；但如果在买农药时，乙表达要毒死丙的意愿，甲在当时的情况下只能认识到存在乙犯罪的可能性，甲对于结果持无所谓的态度，低确定性叠加低意愿，不构成故意，也就不成立帮助犯。确认故意时必须考虑中立帮助行为的具体时空条件，表面看起来中立的日常行为可能导致法益的侵害加剧。如刀铺老板甲在看到距其不远的斗殴后，仍然将菜刀等利器向斗殴一方出售，由于甲完全能够认识到出售刀具的行为必然加剧斗殴的危险程度，即使甲是无所谓的态度，依然能够构成帮助故意。可见，由于帮助故意是双重故意，相对复杂，存在多种组合搭配方

---

① 参见陈兴良：《刑法哲学》，中国政法大学出版社1992年版，第167页。

式，而且中立帮助行为的主观重要特征是放任的无所谓态度，在认识因素上与一般帮助行为差异不大，所以不能仅仅把重点放在认识因素上，必须在叠加意志因素后类型化理解故意。

（五）特别认知支配下的帮助行为

当中立帮助行为人认识到了与正犯构成要件相关，但普通人无法认识的风险，这就是所谓的特别认知。中立帮助行为的归责根据，在于特别认知支配下的帮助行为额外提升了风险，主观上由于存在特别认知，使得无所谓的放任态度更有可能构成故意，当然存在特别认知不等于犯罪故意，需分情形处理。在客观上在法允许的范围外额外提升了正犯制造的风险，仅有特别认知是不够的，需要在特别认知的支配下采取了行动去实现这一风险；仅有禁止风险的额外提升行为也不足以归责，需要是出于特别认知，而非违反职业角色的一般要求提升了额外风险，如果仅是违反操作规则，则可能因为违反了注意义务而构成过失。所以，中立帮助行为的主客观一致在存在特别认知和认知支配下的行为达成了统一。包含特别认知的故意不难确定，只要叠加特别认知，能使得原本无所谓的心理状态转化为相对积极的行为态度即可。关键是中立帮助行为人对正犯所创设的风险存在特别认知的情况下如何选择行动。提升风险的行为没有脱离客观面，即使接纳特别认知概念，仍归于客观归责。特别认知的价值在于确定其对正犯制造的禁止风险有认知之后的行动，判断中立帮助行为对风险的额外提升是否达到处罚必要的程度。根据中立帮助行为作用于正犯构成要件的方式，下面分别展开讨论。

1. 以故意作为方式作用于正犯构成要件

在特别认知的支配下，以积极的作为去影响正犯设立的因果流程，具体又可以分为两种情况：一是具备特别认知，但未提升额外风险的。如上传软件不删除或不限制使用的行为，搜索网站提供检索、下载服务，软件被用于下载侵权音乐作品、通讯公司提供的通讯服务被电信诈骗所利用等行为，行为人对于中立帮助行为如何被用于犯罪是有特别认知的，甚至不排除有些行为人出于扩大自身行为影响力或业务份额的考虑，希望结果发生。但是仅有主观认知是不够的，还要看这些行为有无在法律允许的范围外额外提升了风险，只有合乎这一条件才能归责。又如出租车司机送毒贩交易的案例，之前的分析是通过因果关系的判断标准和故意的概念来解决问题，但如果司机对毒贩的身份有特别认知，明确知道毒贩是前往交易，依然不能归责。因为出租车司机并没有提升额外的风险，犯罪分子搭乘交通工具是法律所允许的风险，但如果当事人在有特别认知的情况下，与毒贩建立了定期服务协议或提供长期包车服务，显然在允许的风险外提升了额外的风险，就有归责的可能。二是利用特别认知提升了额外风险。如公证员审查材料时发现是伪造的，根据职业的规范要求应当拒绝出具公证文书，但是公证员依然出具了文书，为正犯诈骗成功提升了可能性。这些案例从主、客观两方面解释了处罚中立帮助行为的实质性根据，主观上要有特别认知，认识到自己的行为有可能提升正犯制造的风险水平，客观上要在法允许的风险之外又额外提升了风险，主客观不法统一构成了帮助不法。

至于如何理解中立帮助行为制造的额外风险，一般来说，日常风险如开车、运动等行为蕴含的风险，属于普遍性的、低概率性的风险，属于社会共同生活的规则范畴。如果为避免日常风险而放弃行为，则社会生活无法正常运转，因此日常风险往往被视为安全状态。当人们仅认识到日常风险时，行为规范不会提出禁止要求。额外风险则体现为显著提高了法益侵害结果发生概率，使得日常风险现实化为危害结果的可能性增加。日常行为加上额外风险，就会变成法益侵害结果的具体可能性。如使用漏电的电器会触电、心脏病患者游泳很可能遇溺、醉驾易致车祸等。当人们认识到额外风险时，行为规范会提出相应的禁止，行为人对该结果才有成立故意的可能。

一是业务活动的客观目的限定了职业限度。如卖感冒药的目的是保障身体健康，把感冒药卖给他人用于治病，符合职业目的；对购买者用于生产冰毒存在特别认识的场合，仍予以零星出售的，虽然偏离了业务目的，但规范还能容忍，没有达到构成帮助犯的强度；但如果认识到购买者用于制作冰毒，还将感冒药大规模出售就已偏离了提供便利、保障身体健康的目的，超出了职业限度。

二是法益侵害的紧迫与重大。法益面临的风险与法益自身的重要性有时会限制存在特别认知行为人的行为边界。如出租车司机发现后排座位上有盗窃行为，放任不管，由于出租车并非危险源，加之被害法益并非重大，对该司机无须归责；但如果发生了抢劫、强奸、绑架等严重暴力犯罪，出租车司机有义务做出适当反应，出于期待可能性的考虑，不宜对司机的犯罪阻止义务要求过高，行为边界体现了正常职业行为所天然带有的风险，但是当法益重大、危险紧迫，行为人的不作为无疑会增加额外的风险，应受规范的规制。如银行职员得知储户取款目的是用于行贿，以及债务人明知债权人会利用还款潜逃，这些后果本身就是职业活动天然带有的风险，所以没有任何一个规范限制储户的用款目的，也没有规范限制债权人对债权的使用目的。由于这些法益侵害既不紧迫，也不重大，银行职员和债务人并没有制造额外的风险以提升正犯制造风险的水平。但是，卖刀者目睹了斗殴的情况，仍为正犯提供了具有危险性的刀具，其对正犯行为侵害法益的重大性（涉及人的生命）具有特别认知，可以认为店主的贩卖行为相较一般的交易刀具行为，增加了额外的风险，可以归责。因为特别认知提升了正犯制造的风险，使风险陡然升高至应该以帮助犯处罚的程度，可以成立帮助犯。又如酒吧售酒致人醉酒是职业活动的正常风险，正犯想灌醉妇女后强奸，酒吧老板对此有特殊认知，而仍然销售易醉烈性酒，并参与敬酒，显然超出了日常业务活动行为，提升了额外风险。至于对法益重大性、紧迫性的判断标准，可借鉴认定特殊防卫时的若干标准。

三是特别的禁止规范。职业正当行为的判断标准必须遵守各相关法律法规并履行相关义务。如律师执业受法律保护，但如果律师明知道委托人正在实施危害国家安全的行为，则必须履行报告义务，不能以业务中立性作为抗辩。

2. 以不作为方式作用于正犯构成要件

具备特别认知后，以不作为构成帮助犯需要具有作为义务，即根据社会角色、职业要求是否有要求中立帮助行为人改变因果流程，如果没有，则无须归责。根据义务存在与否以及义务来源，具体又可以分为以下三种情况。

一是特别认知未产生作为义务。在具备特别认知之后所实施的行为与社会角色没有冲突，即没有提升额外的风险，行为中立性不丧失，不可归责。如网络安全工程师帮人安装电脑软件，根据专业知识发现电脑被安装了木马软件，未予指出，后该电脑被转走资金。行为人虽然认识到风险，后来风险也被实现，但安装电脑软件并不要求防止该危险，没有作为义务，不作为就没有提升额外风险，即使危险实现，也不构成不法。

二是违反了职业要求或社会角色，具有作为义务。如果中立帮助行为人的特别认知是基于社会角色或职业要求，则应对此产生的不法负责，可以成为归责对象。所谓违反了职业要求或社会角色，在规范意义上是指行为人是相关法益的保证人。如甲将制毒原料交给乙而放任不管，乙利用这批原料制毒，甲如果存在特别认知会产生帮助犯责任。因为其是危险源的监督者，只要明确知道乙可能制造侵害相关法益的风险，就负有管理义务。刑法规范是行为规范，对严重侵害法益的行为的禁止性规范必然会有容许存在的风险空间，如从业者对正犯危险性有特殊认知，但没有背离社会大众对其角色义务的期待可能或是没有主动能动地使用该认知侵害他人，那么刑罚便不可限制其活动。①

三是存在与角色义务无关的作为义务。行为人有特别认知，但不具有作为义务，一般也不进行归责。但若特别认知与角色无关则不进行归责，会得出不合理的结论，如毒蘑菇案，因此理论上有许多解决方案。有观点提出从违背团结义务的角度进行理解，当重大的法益面临紧迫危险时，即便行为原是符合社会期待的，角色者也应根据团结义务放弃将直接导致法益损害的行为。对于有特别认知的行为人是否提升了法益面临的风险，需要从正犯制造的风险角度切入。而且所有的违法行为都在一定程度上破坏了社会团结，针对一部分犯罪行为专门设置社会团结义务这一要素有无必要。而且有现成的理论工具，限制角色行为的合理根据是从社会团结义务是否被违反的角度出发，还是从不作为犯的作为义务角度出发，划定行为人合理行为的界限。如果按照这一思路分析毒蘑菇案，就可以发现服务员因为对毒蘑菇有特别认知，加之承担了送菜的职业任务，这时这盘菜就成为行为人应当管理的危险源，作为危险源的唯一管理者，行为人有义务排除危险。这种对危险源的管理义务还可以延伸到饭店管理者，如果管理者对毒蘑菇有特别认知，一样有犯罪阻止义务，违背作为义务可能构成故意杀人罪的帮助犯。

（六）对于中立帮助行为的归责应坚持以主观面为主导

单纯的主观说、客观说都不足以解决中立帮助行为的归责问题，必须把主观面和客观面结合起来，但以主观面为主导。

1. 考察中立帮助行为与正犯构成要件之间有无因果关系，如果没有，无继续分析的必要

发现因果关系仅是归责的第一步，形式上中立帮助行为与一般帮助行为在因果关系问题上几乎没有差别，如果把注意力放在对正犯行为的帮助力大小及与法益侵害后果的因果关系问题上，会无法找到中立帮助行为和一般帮助行为的归责标准差异究竟体现在何处。为了解决这个问题，衍生出了社会相对性的概念，来区分可罚和不可罚的中立帮助行为。社会相当性的概念在解决不少中立帮助行为的归责问题上，的确有帮助，认为如果一个行为的社

① 参见［日］丰田兼彦：《论共犯的一般成立要件》，王昭武译，载《法治现代化研究》2018 年第 6 期。

会性重于对法益侵害的故意，就应当不予归责，这触及了中立帮助行为的核心，但还不够精准。如果从规范的角度分析，中立帮助行为与一般帮助行为的关键差异在于，中立帮助行为人在法允许的风险之外，出于特别认知，制造了额外的风险，提升了正犯创设的风险水平。

2. 故意作为犯的客观构成要件是行为人按照一般社会经验假想的，客观规则对故意进行了限缩

对故意犯而言，判断何种风险对结果归责具有决定性意义无法脱离行为人的预想。[①] 客观归责没有否定主观不法，只是限定了主观不法的范围。在判断中立帮助行为构成帮助性因果关系后，在确认故意之前先考虑客观归责。在确认因果关系的前提下，先进行客观构成要件的审查更为合理，更易实现不枉不纵，且具有司法经济性。如出租车司机对乘客到达目的地后实施犯罪而免予归责，固然可以因为缺乏故意，但更因为其行为没有创设风险。

对法益的保护只有通过设定禁止的风险，且只能事前禁止。客观构成要件之客观主要在于归责结果的存在，所谓的客观面也并非单纯的客观实在，而是与主观心理相对应的外在状态。承认特别认知的客观归责只能是因作为某行为而被归责某主体，除外在的身体动静外，也包含主观性的故意、目的等实体存在。将构成要件客观化是有其界限的，客观归责还是有主观面的问题，或者说客观归责亦具主观要素。[②]

3. 归责应当以主观面为主导

帮助犯是故意犯，没有故意就不构成犯罪，中立帮助行为也不例外。故意作为犯属于主观不法，归责的主导面就是主观构成要件，而非客观构成要件。故意作为的中立帮助行为的不法判断，必须从主观面入手，客观归责难以改变这一点。在禁止风险的判断上，故意的作为犯一定与主观构成要件相关。

若认为帮助不法主要由客观不法主导或决定，而帮助故意仅是对构成要件的认识，且只要有间接故意就可成立，那么大量中立帮助行为对结果归属就无法否定，无法达到限定处罚范围的目的。罗克辛指出，正当职业行为与帮助犯的不同之处在于行为的主观方面，即以行为人对正犯者犯罪目的的明

① 参见［德］沃斯·金德霍伊泽尔：《故意犯的客观和主观归责》，樊文译，载《刑事法评论》（第23卷），北京大学出版社2008年版，第229页。

② 参见林钰雄：《新刑法总则》，中国人民大学出版社2009年版，第136页。

确情况为标准，在行为人对正犯行为或结果有直接认识的情形下才成立帮助犯。[①] 没有认识到禁止风险，意味着没有制造禁止风险，缺乏对行为规范的认识和违反意图，单纯的法益侵害不能构成客观不法，只能说客观上造成了法益侵害，但是这种侵害因为缺少对禁止风险的认识和违反行为规范的故意，不成立主观不法。

特别认知对于判断是否提升了禁止风险有着决定性的影响，特别认知是禁止风险的要素，而禁止风险为客观构成要件所包涵。审查行为人是否存在特别认知及建立在特别认知基础之上的故意，特别认知和故意并不相同，如果存在特别认知，但没有借助特别认知的，不能归责；具备特别认知且利用该认知提升了正犯制造风险的水平，并达到应处罚的程度，有归责可能性。确定中立帮助行为的风险存在后，确认帮助故意，特别认知在故意的认识因素里加以考察。对于中立帮助行为而言，审查行为人有无特别认知，特别认知能否搭配意志要素构成类型化的故意，即可完成，能够及时排除大量不可能构成帮助不法的中立帮助行为。有关套路贷的司法解释将“知道或者应当知道他人”实施犯罪等同于故意，其中涉及的八种情形，有的不属于日常生活行为或中性业务行为，但有的则明显具有中立性，如提供资金、场所、银行卡、账号、交通工具等帮助，协助办理公证，协助提起诉讼或者仲裁等行为，如果逐一对各行为按照客观归责的逻辑展开论证，其实都绕不开特别认知（至少是明知）的认定，既然如此，不如先按照有无特别认知、有无在特别认知下支配产生故意的标准进行筛查，将大量无须归责的行为人予以排除，对帮助犯的成立范围进行限定。

4. 主观归责步骤有其价值

一般认为主观要素就是故意，有观点甚至认为不需要主观归责，只要判断是否存在主观故意就行了。这样的观点对于单独犯或共同正犯的确够用了，但是对于距离法益侵害结果相对较远的帮助行为，就显得不足。故意不仅是心理状态，还有许多规范性的内容，主观归责确有必要。对帮助犯归责固然要有正犯的法益侵害结果、帮助行为、因果关系等客观要素，但对于未完成形态、因果关系错误等情形仍离不开主观归责。客观归责理论认为否定客观构成要件即否定故意，这种观点用于故意既遂犯是可行的，但对于未遂

① 参见陈璇：《刑法中社会相当性理论研究》，武汉大学2009年博士学位论文，第183–185页。

犯则存在困难。要件审查总是从覆盖面更大的要素开始，逐步缩小范围，逐步排除不构成不法的情形，最后得出准确的结论。分析中立帮助行为是否违反了相关的职业规范，制造了法允许风险之外的额外风险，从而逾越了中立帮助行为界限。按照因果关系—客观归责—故意确认—主观归责的步骤分析，能得出相对清晰的结论。

5. 不作为的中立帮助行为的归责应坚持客观面入罪、主观面限制入罪范围

与故意作为中立帮助行为不同，不作为的中立帮助行为应当纳入客观不法。客观不法是客观面起不法定向作用的类型，行为人的主观意思只有次要作用或者根本没有影响。从主观目的的意志支配入手的主观不法，从行为的客观目的性着眼的客观不法，是对刑法两种不法类型的类型化解读，代表了两种归责模式，主观不法对应意志归责，客观不法体现规范归责。如将自由意志作为归责核心，归责关键在于行为本身是否可视为行为人意志的作品，即行为由人的自由意志所决定，外在的因果流程是意志过程的流出物，构成意志支配的对象。主体的自由意志成为行为不法的决定性因素，只有行为人认识到其行为会提升风险、引起后果而选择实施行为时，才能归责；如果行为人缺乏认识或者产生错误判断，则不能归责。故意作为犯的不法体现为主观不法。规范归责是在被损害的规范保护目的方向上，实现对行为人责任的限制。[①] 规范归责的核心是违反规范，关键不在主观意志，而在于行为制造的风险。规范归责以法秩序的客观目的为出发点，规范保护目的构成归责基础，所有归责问题最终都可归结到规范保护目的，行为违反规范制造的风险是判断重心。不作为犯的不法结构通过重点关注客观风险而非行为人主观意志而得以确立。

在不作为帮助犯中，因果关系无法区分责任人和无关人员，只有借助作为义务、作为能力等因素进行判断。不同于故意作为犯的未遂判断标准，不作为犯的未遂虽然也可以进行处罚，但由于不存在“着手”这一要素，不作为犯的未遂说明不法成立不以结果出现为前提，而不是根据行为人的主观来判断。行为人错误地以为自己负有作为义务地情况不能归责。不作为的帮助不法，决定性的是没有制止已显现的风险，首要因素是客观面，故意只起辅

① 参见吴玉梅：《德国刑法中的客观归责研究》，中国人民大学出版社 2007 年版，第 52 页。

助作用。

四、中立帮助行为类型及案例分析

中立帮助行为的可罚性判断直接影响司法处理，应考虑行为本身是否成立因果关系，是否有特别认知，客观上是否在法所允许的风险之外额外提升了风险，从而认定某一行为能否被评价为帮助行为；若结论肯定，构成帮助犯或者帮助型正犯；若结论否定，则属于不可罚的中立行为。中立帮助行为的种类多样，可以做多种分类，如商品销售型，根据商品种类，还可分为违禁品、危险品和日常品等；又如提供服务型，常见的有律师服务、金融服务、运输服务、广告服务等；又如履行民事义务型，可以分为业务中立、日常中立型；还如网络服务行为等。由于情况复杂，本书还是围绕中立帮助行为的因果关系的角度展开。

（一）不成立帮助犯因果关系的中立帮助行为

这些中立帮助行为只是从形式上看与法益侵害结果有客观联系，但这种联系不能成立规范意义上的帮助犯因果关系，也就缺乏归责的可能性。对日常中立行为而言，提供饮食、住宿等行为，原则上没有制造禁止的风险，与正犯构成要件缺乏因果关系。本节前文案例 8，给赌场提供餐饮服务就是此类情况，由于提供食宿的日常行为对正犯构成要件不能起到促进效果，缺乏成立帮助犯所要求的因果关系。但这里指的是提供饮食或者住宿的行为是先于正犯的犯罪行为或者伴随着正犯行为，还有一种情况是在正犯犯罪结束后，为其提供食宿，由于正犯构成要件业已结束，同样无须考虑因果关系问题。至于存在债权债务关系或者租赁关系等契约关系等履约行为，通常情况下并不会制造法禁止的风险，故一般不成立可罚的帮助。如案例 11、案例 15，只有在极其例外的情况下，在特别认知的支配下，和同类型的履行民事义务行为相比制造了额外的禁止风险，才有构成帮助犯的可能。

（二）存在因果关系、特别认知的“中立”帮助行为

由于成立了因果关系，在主观上至少明知或存在特别认知，所以此类行为是中立帮助行为可罚性问题的焦点。大量的服务行为、交易行为都属于这一类，如本节前文案例 2、案例 3、案例 4、案例 5、案例 6、案例 10、案例 12。识别这类行为中立性的关键在于比较标准，即与一般的民事交易人、特定职业活动、业务活动的行为人相比，是否在特别认知的支配下，违反了相关规定、操作规范、程序限定，制造了额外的风险。

首先，明知或特别认知不等于故意。仅是认知到结果存在一定发生可能性的特别认知，叠加无所谓的放任心理，不能构成故意。以出租车司机得知行为人将实施犯罪而仍提供运输服务为例，依据出租车司机特别认知的内容不同，有几种可能性：一是在提供服务之前已经详细获知他人的犯罪计划，明确得知自己的行为已不再具有中立性，而是犯罪活动的一部分，但依然提供了服务，证明在特别认知的支配下成立了故意，有构成帮助行为的可能。二是服务开始后才获知犯罪计划。此种情形有两种出罪可能，一个路径为特别认知仅是一种可能性，无法证明也无法证伪，不构成故意。而且作为出租车司机对于乘客乘车去杀人即使能够认识，但能否归责的关键不完全是认识因素，还在于对被害人的生命法益有无敌视态度，是漠不关心的无所谓态度，还是积极参与犯罪行为。这与发生在出租车上的强奸案件不一样，司机并没有阻止犯罪发生的特殊义务，所以通过否定故意即可否定归责。另一个路径是即使出租车司机有了确定的特别认知，但相较于一般的出租车司机并没有制造额外的风险，从客观归责角度看，需要结合规范保护目的来评价是否制造、增加了额外的禁止风险。

又如近年来争议比较多的律师构成共犯的情况。律师提供法律服务，客观上对于正犯有所助益的，能否成立帮助犯？从形式上看，只要正犯存在，且某种行为使正犯更容易实行，就可以肯定二者之间的因果关系。但将这一较为形式化的概念运用到中立帮助行为时就容易出现偏差，需要借助归责理论进行实质化认定。律师服务是一种社会公共服务，由于职业特点，律师对当事人的行为（包含违法犯罪行为）具有特别认知是很自然的，甚至这种认识是确定的或有很高可能性。在特别认知支配下的故意，脱离了单纯的心理态度，转化为行为态度，需要综合考虑认识因素和意志因素，进行类型化认定，并将对法益的敌视态度这一规范要素引入。所以，一般情况下律师在提供法律服务的过程中，对于当事人犯罪事实的特别认知以及放任的意志因素并不能构成故意，既不构成不作为犯，也不构成帮助犯。当然也不排除确有一些律师在具备特别认识后，出于对法益的敌视态度，愿意配合当事人从事犯罪活动。但仅构成主观故意，并不足以认定帮助犯，还需要其他条件的配合。

其次，入罪的客观依据在于较之一般律师提升了额外风险。构成故意后，依然要从客观归责的角度进行审查，律师行为有无制造额外风险。三大诉讼法以及《律师法》都已明确了律师的职责范围，《律师法》第 38 条第 2

款的规定表明，对于委托人涉及的并非“危害国家安全、公共安全以及严重危害他人人身安全”的其他犯罪行为，律师即便知悉，也应该为当事人保守秘密，没有犯罪阻止义务。但这些行为规范只解释了不能以律师明知作为成立共犯的理由，另外还必须找到律师存在特别认知后故意提供法律服务，不构成帮助行为的实质根据。律师应委托人的请求提供法律帮助、参与诉讼，是法律允许的业务活动，只要没有逾越业务行为的边界，不能认为制造了禁止风险。律师即使已经存在帮助故意，但只要提供的法律服务本身符合法律规定，也是合法的，除非在法律允许的风险之外额外制造了风险，提升了正犯制造的禁止风险，超越了律师业务活动的操作规程。律师协助当事人规避法律、提供法律漏洞等都是法律已经预见到，也是允许的风险，除非律师逾越了中立帮助行为的界限，为正犯出谋划策、参与虚构事实和隐瞒真相，甚至参与实行行为等，否则即使律师存在主观故意，客观上也提供了帮助，但未额外提升风险，仍处于合法范畴。对于这些有特别认知，甚至也存在故意的中立帮助行为，还是要从是否使法益面临的风险明显升高的角度进行判断，通常不应认为提升了额外风险。

（三）存在因果关系、特别认知的“非中立”帮助行为

这是中立帮助行为可以归责的类型，但有两类情况需要引起高度关注，具体如下：

一是中立帮助行为自带风险。如违禁品的销售行为，毒品、枪支、管制刀具、外汇、贵金属、窃听跟踪器材等；非法服务，如网络入侵、植入木马、偷拍视频、获取个人信息、账户信息、协助偷越国边境等行为。这些物品或服务易被用于实施犯罪，国家通常会严格管制，严禁销售或提供，违规销售行为和服务本身就带有法所禁止的风险，所以对国家管理规范而言不属于中立行为，是需要打击和查处的，这里所说的“中立”，是相对于正犯所侵害的法益而言。这就带来一个问题，对于这些行为的归责是针对这些行为自带的风险，还是由于构成帮助行为。这些销售行为和服务的违法性通常来自销售（服务）主体、销售（服务）对象、销售（服务）内容的不适格，属于禁止或者限制销售、提供的，一旦非法销售或提供必然会创设或增加禁止风险。当然可以用竞合犯的理论，择一重处，但适用前提是要能构成帮助犯。此类帮助行为与其他中立帮助行为的差别决定了归责标准的差异。此类行为和服务为法所禁止，至少游走在合法与非法的边缘，当事人对于国家管制是明知的，对于这些违禁品和服务通常会被用于何种目的、场合也有基本认知，因此要求销售或提供服务主体有较高的资质审查、注意义务是合理的，避免被用于侵害重大法益的场合。这是刑事政策和社会治理的必然要求，两害相较取其轻，用于小偷小摸可以，用于杀人放火甚至恐怖袭击则不行。如果当事人出于种种考虑，放弃了这种审查和识别义务，相应地提升了成立帮助故意的可能性。当然不能要求当事人在全无特别认知的情况下承担责任，但是也不需要像一般中立帮助行为人那样必须认识到较高的结果发生可能性。即使特别认知较为模糊，但只要属于常见类型化用途，虽然不明知买方的犯罪意图，但认识到买方可能购买违禁品服务实施犯罪，却仍销售或提供，存在按照帮助行为归责的可能性。从各国情况来看，基本都对销售违禁品行为作出严格限制，至少要求销售者取得合法资质，且销售行为符合法律的规范目的，否则即便具有合法资质也不能阻却销售行为构成违法。我国《刑法》第355条规定的非法提供麻醉药品、精神药品罪，同样对具有资质主体的提供行为作出了约束。又如本节前文案例13，甲的行为对乙的诈骗行为在客观上予以了帮助，关键在于对乙犯罪可能性的主观认识，甲应当明确知道医保卡仅限本人使用，任何出借行为都是不允许的，而且医保卡用途极其单一，必然是用于赚医保的便宜，唯一不确定的是乙会在多大程度上侵害法益，但这种对于用途的类型化的特别认知，决定了甲成立故意，即使乙在借用时没有明确表达用途，但甲没有在受欺骗的状态下，提升了乙诈骗成功的可能性。

二是在中立帮助行为进行过程中产生了特别认知，如果不作为，阻止因果链的延伸，风险将会实现。一般情况下，中立帮助行为表现为职业活动或业务行为，属于故意作为的帮助犯。但有一种情况，特别认知产生于商品销售完成、服务提供过程中，有可能存在不作为的中立帮助犯。如果中立帮助行为在特别认知产生之后发生，当事人拒绝制造风险的，拒绝提供商品或服务即可，不存在归责问题；但是在销售或提供服务后，产生了特别认知，这时当事人就面临选择，是保持不作为，让因果链继续发展，还是积极作为，防止结果发生，当然前提是犯罪阻止义务的存在。本节前文案例9、案例10就是此类情况。由于特别认知的存在，如果当事人不履行犯罪阻止义务的话，“中立性”将会消失，结合其他条件判断，有可能构成帮助犯。前文已经分析了不作为帮助犯的表现形式和判断标准，案例9中，宾馆经营者是根据封闭空间的管理职责，承担相应的犯罪阻止义务；案例10中，服务员由于特别认知发现了风险的存在，并由于职业要求成为了危险源唯一的管理者，作为义务由此产生。由于识别有毒蘑菇的特别认识不是职业活动的要求，是甲个人所具有的，为了防止知道越多、责任越重的反差，不能将此类作为义务设置过重，仅限于一些重大法益。如果服务员明知食材变质，有损健康，但老板坚持给顾客提供，这时服务员没有作为义务。设定作为义务还应考虑法律对公民犯罪阻止义务的规定情况，《德国刑法典》第 138 条和第 323 条分别规定了知情不举罪和怠于救助罪，不作为可能会构成犯罪，其他国家也存在一些针对见危不救的立法例。但我国刑法没有规定公民阻止他人犯罪的义务，这一点在对中立帮助行为人的不作为进行处罚时，也必须予以考虑。

还有一类特殊情况，即买卖双方都有相应资质，程序合法，但当卖家明知买家购买违禁品或服务是为了实施犯罪仍向其提供的，合法资质及形式合法不具有阻却违法的作用。在违禁品销售或违法服务的提供行为中，判断是否具有业务中立性，关键要结合案情考察是否违反了规范保护目的。如果法律禁止或限制的目的就在于防止被用于犯罪，即便购买者具有合法资质，出售或提供行为仍然违反了规范保护目的，提升了禁止风险。中立帮助行为的特殊性在于本身业务的中立性，如果违反了规范保护目的，便不属于应受保护的业务自由，丧失了中立性。

（四）网络中立帮助行为

在互联网社会的大背景下，在网络犯罪活动中网络服务越发起到支配作用，网络中立帮助行为的可罚性问题越来越突出。由于情况比较复杂，多种表现形式混杂，予以专门讨论。根据服务内容的不同，网络中立帮助行为大致有两种：一是网络接入服务，为信息传播提供光缆、路由、交换机等基础设施，或为上网提供接入服务或电子邮件服务等；二是网络平台运营服务和网络存储服务，为用户提供服务器空间，甚至进行实时信息交流。基于维护信息安全的需要，刑事领域对网络犯罪出现了由事后处罚、被动干预向事前预防、主动监管的转向趋势，刑事立法和司法实践按照直接正犯、共犯、正犯化的帮助犯以及不作为犯进行处罚的情况。对网络中立帮助行为进行刑事规范是基于维护网络信息安全的迫切需要，但要避免过分处罚，必须合理划定刑罚归责范畴。现今网络环境下，针对不实现安全管理义务的网络连接服务或网络内容提供者的责任认定较为容易，而对于网络平台或者服务器提供者的归责存在难点。

1. 网络中立帮助行为处罚的法律规定。

尽管传统共同犯罪理论对片面共犯存有争议，但网络对共同犯罪理论产生颠覆性影响，大量看似“中立”的技术帮助行为的出现，给其他网络犯罪提供技术方便或条件。司法解释先行确立处罚网络片面共犯的立场，《刑法修正案（九）》再次确认“共犯行为正犯化”也为制裁网络片面共犯开辟了空间。在互联网环境下，突破了传统理论中意思联络的框架，将因果关系的肯定范畴扩充至包含单向意思联络的区间，这样一来片面帮助行为和结果之间便有了因果关系，社会危害泛滥的网络技术帮助行为从此入罪，司法机关借助片面共犯理论处理相关问题渐成趋势。2004年，“两高”《关于办理利用互联网、移动通讯终端、声讯台制作、复制、出版、贩卖、传播淫秽电子信息刑事案件具体应用法律若干问题的解释（一）》第7条针对缺乏共同故意的网络帮助行为，将单向意思联络推定成因果关系的成立，最终以被帮助者的罪名论处，自此便开始处罚网络环境下的片面共犯。2005年，“两高”《关于办理赌博刑事案件具体应用法律若干问题的解释》第4条规定，“提供计算机网络直接帮助的，以赌博罪的共犯论处”，此规定虽然也不要求事前通谋，但需要对他人犯罪有直接促进作用。2010年，“两高”《关于办理利用互联网、移动通讯终端、声讯台制作、复制、出版、贩卖、传播淫秽电子信息刑事案件具体应用法律若干问题的解释（二）》明确，网络服务提供者未履行犯罪阻止义务的，可以成立不作为犯罪，但因为缺乏事前通谋，不应作为共犯论处，而是独立按照传播淫秽物品罪定罪处罚。而网络运营者和网络服务提供者在服务过程中，明知自身行为在客观条件上正在帮助其他犯罪的实施，尽管没有共同犯罪的主观故意，也依照正犯触犯的罪名定性。2015年，帮助信息网络犯罪活动罪的增设，使得帮助行为的正犯化以刑罚修正案的形式确立，与已有司法解释一致。由于正常业务行为与网络中立帮助行为不易区分，有观点主张，正常情况下应当以日常业务行为定性，但是当证明标准已达到排除合理怀疑的程度时，应当以帮助犯（共犯）来定性，否则就是客观上中立的经营行为，坚持以不处罚为原则。[①] 但追究网络中立帮助行为的刑事责任已是共识，关键是确定范围边界，既要保障创新，也要遏制网络帮助犯罪的危害。对网络中立帮助行为的处罚，必然增加网络运营者的注意义务和安全监管义务，需要仔细审慎。所以还是应当按照因果关系的类型，从两个角度展开，一是违反了行为中立性，故意作为制造或提升了额外风险的

① 参见周光权：《〈刑法修正案（九）〉（草案）的若干争议问题》，载《法学杂志》2015年第5期。

中立帮助行为；二是没有履行作为义务的中立帮助行为。

2. 故意作为的网络中立帮助行为的归责

对于网络参与主体进行归责，明确责任边界是重中之重。整体较高的义务要求与复杂的网络现实、较弱的安全防范能力是并存的，任何一个平台都难以做到严格的安全监管，对此现状各平台和服务提供方的所有者、管理方都是清楚的，而且在可预见的将来也难以根本变化，平台和提供服务者缺乏事前防止和事后彻底消除的作为可能性。因此，如果将明知和网络中立帮助行为与危害结果的因果关系作为判断帮助行为性质的主要依据，几乎没有平台和存储服务商能够避免责任，所以归责的关键只能在行为的中立性上着眼。网络平台运营和存储服务拥有了越来越多的公共服务的属性，门槛极低，人人可以拥有，这种准公共服务被利用于违法犯罪活动是普遍存在的，属于法所允许的风险。所以在实践中，网络运营者和存储服务提供者的“不作为”“事后参与”等帮助行为只有制造了额外的禁止风险时，才应处罚。这种额外的风险来自对中立性的突破，如平台主动推送淫秽视频、设计专门的算法有利于犯罪活动的展开等行为就突破了网络技术的中立性，出于平台或存储方的利益，利用这些违法犯罪行为。所以，对故意作为的网络中立帮助行为的归责应着眼于有无突破中立性，营造了促进正犯构成要件实现的技术基础，关于是以帮助犯还是正犯化后的独立罪名论处，则要根据具体情况分析。

至于对网络中立帮助行为的归责，有观点认为，要考虑满足“该网络服务危害行为已然符合犯罪构成要件”和“在被害人或有关部门告知问题后继续不履行职责”两个要求。① 但是，前一要求意味着网络运营者和存储服务提供者的责任不具有独立性，仍然完全依赖或从属于正犯，导致已不存在片面共犯，背离了制裁网络中立行为的初衷；经被害人或有关部门通知后仍不履行职责属于限制性处罚条件，然而网络中立帮助行为仅限故意，不存在过失情形，通知不改正的限制性处罚条件其实是将当事人的作为义务改为有关部门的发现、通知义务，不宜设置该条件，避免对于正犯、共犯形成不同的定罪处罚标准，但可以将经被害人或有关部门通知后的“明知”视作故意。综上，网络中立帮助行为的归责，要存在法定的或具体的安全管理义务，主

① 参见赵远：《浅析网络犯罪中网络服务提供者的刑事责任》，载《法制日报》2014年7月23日，第11版。

观上基于特别认知产生了故意，在构成因果关系的基础上，客观上额外提升了禁止风险，再结合有关法律规定及网络技术能力等因素确立归责基础。

3. 网络中立帮助行为的义务犯归责模式

网络安全管理义务是构成不作为帮助行为的重要前提，明知负有法定的管理保护义务，却依然故意提供帮助或怠于履行义务。但是，超出期待可能性或当前技术标准的过高义务，不能归责。我国对网络安全管理义务的规定经历了从立法解释到法律明确的发展历程，总体呈现持续强化和明确的趋势。这些规定为追究网络服务提供者的责任提供了义务来源。作为不作为犯，适用前提是具有法定的作为义务，关键在于义务来源，作为义务来源于保护保证人地位和监管保证人地位。网络平台运营或存储服务提供者的日常行为都属于业务中立行为，通常不能认为制造或增加了禁止风险，但根据“守门人”的理论要求，可以将互联网视为网络违法犯罪的危险源，因具有监管地位进而产生作为义务。

对于没有履行作为义务的网络帮助行为应如何归责。网络空间有极强的技术性，对中立技术的私法保护是创新前提。但是，网络平台的大数据化、云端化提升了管理难度。对网络服务提供者的安全管理义务难以确定，监管部门的监管方式、能力也存在不足，设置过高的安全管理义务缺乏可能。既要考虑对网络犯罪规制，也要防止不必要的扩大化。因而需重点确定安全管理义务的内涵与范围，具体包括是否居于实质审查义务、审查的可期待性、因果性是否充分等方面。《网络安全法》的相关规定可以成为追究责任的规范前提。但即使负有安全管理义务也不是必然能够归责，仍要结合主客观方面进行综合判定。主观上需具备帮助故意，客观上促进了正犯构成要件并提升了风险。

但有一个问题需要研究，即“经责令而拒不改正”的规定，如果将该规定作为构成要件，导致入罪条件上过于依赖行政程序，罪与非罪的认定上带来巨大影响，当行政部门监管不到位，对于已经符合本罪构成要件的行为，却无法按照定罪处罚。更为关键的是，作为义务转化为了接通知后的改正义务，对危险源的监管义务成为了对行政决定的执行义务。该规定借鉴了“避风港”原则，但随着常见网络违法行为日益类型化，网络平台和存储方应承担一定的主动审查义务。因此，有观点主张应当取消这一要件，强调本罪应以风险回避义务的履行以及危害后果为中心评价信息网络安全的监管责任。[①]“经责令而拒不改正”也有积极意义，能够直接证明“明知”和“不作为”，并将那些接受行政监管部门整改决定、没有造成严重后果的网络服务行为排除归责。但是从长远来看，随着网络业务逐渐成熟定型，网络平台和存储服务商主动履行义务是大势所趋，过渡阶段可以考虑设立主动履行信息网络安全管理职责的白名单，对涉及国家安全、集资诈骗、非法吸收公众存款等识别度较高的类型化违法犯罪行为，只要其主观明知且不履行监管义务，造成严重后果的，即可成立犯罪。

（五）不同归责模式的适用问题

网络中立帮助行为的归责模式之间存在交叉的情况，如共犯与共犯正犯化的适用，虽然帮助信息网络犯罪活动罪是独立罪名，但本质上仍然对正犯存在从属性。尽管按照《刑法》第 287 条之二第 3 款规定，同时符合其他犯罪构成要件的，按处罚较重的定罪处罚，但一般状况下共犯刑罚的尺度是要高于帮助信息网络犯罪活动罪。《刑法修正案（九）》出台前，为了应对无共同犯罪故意的情况，司法解释将主观要件降为明知，为他人实施犯罪提供网络接入、服务器托管、存储缓存等网络帮助的，无论是通谋后的帮助还是中立帮助都可以构成共同犯罪。一般来说，通谋必定明知，但明知不一定通谋。因此，有观点就认为，如果提供的是超出日常性质的帮助，一般要求明知即可，如果提供的只是社会生活中非常普通、大量存在的日常行为，必须要求事先通谋。[②]但是明知和通谋不是一个范畴的概念，明知属于认识因素，通谋是共犯与正犯之间的互动关系，通谋往往含有明知的因素，但是对于当事人的刑事责任而言，主观罪过是故意还是过失才有意义，不能构成故意的明知没有刑法意义，能够构成故意的通谋才有意义。以往帮助故意经常表现为通谋，或只要有通谋就足以认定故意，但是网络犯罪的发展推动用明知代替了通谋的标准，问题开始显现，毕竟明知不能等同于故意。所以，还是要从故意概念的整体性来把握，明知只能说明具备了故意的认识因素，能否成立故意，还要叠加意志因素来把握。

帮助信息网络犯罪活动罪的立法目的，在于克服对网络犯罪共犯异化障

---

① 参见李本灿：《拒不履行信息网络安全管理义务罪的两面性解读》，载《法学论坛》2017 年第 3 期。

② 参见车浩：《刑事立法的法教义学反思——基于〈刑法修正案（九）〉的分析》，载《法学》2015 年第 10 期。

碍，无论从法律位阶关系还是帮助犯理论看，应将该罪放在优先适用顺位，即使与正犯具有事先通谋的网络帮助行为也不例外。因为法律既然已经将共犯行为正犯化，将一些中立帮助行为类型构成要件化，就不宜再认定为共同犯罪。中立帮助行为本质上还是帮助行为，只是由于存在法所允许的风险，必须额外制造了禁止风险才能成立刑法意义上的帮助行为。用“明知”的标准替换“通谋”，其实是降低了中立帮助行为的归责门槛，与原则上不处罚中立帮助行为的理念并不相同。因此，针对构成帮助信息网络犯罪活动罪犯罪的帮助行为，原则上还是要按照该罪定性惩处，在尚未达到构罪标准的情况下，绝不能通过共犯相关理论的途径定性其他罪名进行处罚。如前文所述，帮助信息网络犯罪活动罪的确有的构成要件，但本质上还是帮助犯，处罚时还是应当尽量以存在正犯的侵害结果为前提。也只有在这个范围之外，能够从共犯的角度处罚其他中立帮助行为。同时，为了限缩间隙，防止处罚真空，应进一步明确“明知”的含义，缺乏可能性维度的“明知”还只是一种心理态度，对一种心理态度进行主观归责是缺乏合理根据的，只有心理态度转化为行为态度，成为帮助行为的主观前提，归责才是合理的。对于“明知”的判断可以推定，考虑到网络服务的特殊性，“明知”的认定标准须达到确定或高度可能性程度，而不仅是一般可能性。

共犯正犯化后会和不作为犯产生重合问题。虽然作为和不作为都可以成为帮助行为，如网络平台明知他人利用平台发布淫秽视频，仍提供存储服务，经有关主管部门责令改正后拒不改正的，到底是认定帮助信息网络犯罪活动罪，抑或是认定拒不履行信息网络安全管理义务罪，就是一个司法难题。某一行为很难既是作为，又是不作为，这是由作为与不作为的本质差别决定的。作为违反禁止规范，而不作为违反命令规范，更为关键的是二者的因果关系类型不一样，因果关系的判断标准和归责模式都存在显著差别，难以用一个标准解决归责问题。而因果关系类型的差异背后是不法类型的不同，究竟以主观面为主导，还是客观面为主导。在成立条件上，不作为要求行为人须具有保证人地位，并且与作为具有相当性；在刑罚适用上，由于一般认为不作为的不法程度要低于作为犯，刑罚通常更轻。有的情形下，可以通过否定保证人地位来否定不作为犯的成立。可见，对同一犯罪行为类型而言应作出唯一的、确定的评价，而不应进行模糊的、复合的评价，否则将与罪责刑相适应基本原则相背离。[1]因此，作为与不作为尽管难以区分，但还是要尽量找到标准，不能随意按照竞合的原理来处理。因为从实际操作看，作为与不作为可以互换，但是从刑法规范的角度则不宜如此操作，不能将生活中的义务人等同于刑法意义的义务犯，导致不作为犯的作为义务泛化。更为重要的是，保证人地位其实体现了义务型因果关系的归责模式，以作为义务的有无决定归责与否，还是要通过保证人地位这一条件，限制不作为处罚范围。刑法学对作为与不作为在事实、规范层面有多个区分标准，这里不做详尽阐述，主要从因果关系的类型角度进行判断。由于作为和不作为与结果的作用方式是不同的，只要有可能就应当尽可能将作为和不作为分开认定和判断。但在实在难以区分的情况下，应当从对结果的支配力或影响力大小的角度，优先适用作用更大的作为类型。

具体来说，同时包含作为与不作为意义的举止类型，可分为真正多义举止和不真正多义举止两类，前者指在同一行为既有作为成分又有不作为成分，而对行为不作为的评价需要依附于作为行为，只有存在作为行为的情况下不作为的评价才有意义；后者是指在前后连续实施的行为中存在一个作为一个不作为的情况，且前一个行为的效果会一直持续到后行为之中，这种情况又存在先不作为后作为和先作为后不作为两种情况。[2]对于真正的多义举止方式，因为在存在多种因果关系的时候，作为的支配力要大于拟制的不作为，应当优先适用作为，不作为是作为的补充方式。作为犯对因果关系的支配是现实的，有存在论基础；而不作为的因果流程是拟制的，无法进行现实检验，只是从价值论和规范论角度推导出的结论。因此，从认识规律和结论的可靠性看，应优先进行事实判断，作为判断与不作为判断是先后进行的原则与例外关系。但当作为与不作为的结合才导致法益遭受侵害的结果发生时，此时不应只是评价作为。[3]作为与不作为共同造成法益侵害的情形下，应考虑中立帮助行为与危害结果的因果关系类型，确定性质上较重的举止作为刑法非难的重点行为，也就是这种情况下，行为的竞合不是一个行为形态

① 参见王肃之：《网络犯罪原理》，人民法院出版社2019年版，第333页。

② 参见吕翰岳：《作为与不作为之区分的目的理性思考——以德国判例与学说为借镜》，载《环球法律评论》2017年第4期。

③ 参见张明楷：《刑法学》（上），法律出版社2021年版，第192页。

的区分问题，而是根据竞合理论决定主行为何在的问题。[①]

第四节　心理性帮助行为因果关系的判断与归责

根据帮助方式的不同，帮助行为可分为物理性帮助行为和心理性帮助行为。物理性帮助可以通过帮助工具、行为等客观要素，考察对正犯构成要件是否具有实质促进效果。但如何判断心理性帮助行为的促进效果和因果关系，进而实现合理归责争议比较大。

一、问题的提出

从德、日和我国台湾地区的主流观点来看，都倾向于对心理性帮助行为进行处罚。[②]但是心理性帮助行为的特殊性体现在其作用对象是正犯的主观意识，有无产生促进效果、效果如何，是正向促进效果还是反向阻止效果，均难以判定。因此，如何借助心理性帮助行为的因果关系限定处罚范围，是最核心的问题。通常来说，与物理帮助行为相较，独立的心理帮助行为的促进效果偏弱，其中又以狭义的心理性帮助显得尤为突出，即单纯的助势、心理激励等行为。所以有观点认为不应处罚[③]，但是一般来说，从产生犯意到实施犯罪，必然要经历或长或短的阶段，正犯会经历心理波动，在犯罪动机与反对动机之间相互角力，心理性帮助有促进空间，或者强化犯意，或者弱化反对动机。但如标准过于宽松，必然会扩大构成范围。因此，只有心理性帮助起到关键性作用，才考虑可罚性。

当然，解决问题的关键是要找准心理性帮助的定位，如果将物理性帮助行为、心理性帮助行为的作用分开判断，进而将心理性帮助作为补充，其实也体现了没有从整体的视角看待正犯不法，总是试图在正犯构成要件的部分要素和帮助行为之间建立联系，将正犯的不法割裂成若干个具体的因果关

① 参见吕翰岳：《作为与不作为之区分的目的理性思考——以德国判例与学说为借镜》，载《环球法律评论》2017 年第 4 期。

② 参见刘凌梅：《帮助犯研究》，武汉大学出版社 2003 年版，第 144 页。

③ ［日］高桥则夫：《共犯体系和共犯理论》，冯军、毛乃纯译，中国人民大学出版社 2010 年版，第 217 页。

系，没有从整体上理解帮助犯的主观故意、行为目的和行为效果。因此，无论是物理性因果关系还是心理性因果关系，都体现了帮助行为对正犯构成要件的整体促进效果，应当用一个标准和视角来审视。而且几乎所有的物理性帮助行为都带有一定的心理性帮助效应，只不过在司法实践中因为物理性帮助效果的存在，没必要去处理和论证心理性帮助效应。但如果当物理性帮助对正犯构成要件的促进关系被否定，就将归责路径转向心理性帮助，这等于将两类帮助视作存在根本差异的事物。所以，正确的路径是首先从整体上研判帮助行为有无促进了正犯构成要件的实现，即先判断是否存在帮助效应，再根据帮助效应的性质研判是作用于正犯的主观面还是客观面，或同时作用，再根据作用路径的差异选择适当的归责路径，进而划定恰当的处罚范围。如妻子为企图抢劫的丈夫提供鞋帽的行为，虽然没有在客观上起到物理性帮助作用，但确实存在一定程度的心理激励效应，能否归责就是一个问题。如果按照先物理性帮助、再看心理性帮助的顺序，归责的可能性就很大。但如果先从对正犯构成要件的促进效果看，根本不存在任何帮助效应，也就不构成帮助犯因果关系。因此，对于心理性帮助而言，存在不存在、该不该处罚不是关键问题，最为关键的问题还在如何将一般的心理支持与心理性帮助行为区分开，在这一点上，心理性因果关系的判断较物理性因果关系难度更大。毕竟除提供重要信息、传授技能等帮助外，许多心理性帮助很难判断与最终的法益侵害是否存在因果联系，也很难判断到底有无对正犯构成要件起到促进作用。因此，有学者就指出，此种帮助的因果性与物理性帮助不同，无法用自然法则来认定，但可以考虑根据盖然性法则来认定。① 这说明心理性帮助在司法证明上存在难度，但是转向盖然性依然无法妥善解决对心理性帮助行为归责的实质性根据，根本的解决思路还在于确立合理的心理性因果关系判断标准。

二、心理性因果关系与条件公式

心理性帮助行为的归责涉及一个比较特殊的问题，即心理性因果关系。

---

① 参见［日］小岛阳介：《关于精神帮助中的因果关系（1）（2）（3）》，载《法学论丛》2007年第161卷第4号、第6号，2008年第163卷第1号。转引自［日］西田典之：《共犯理论的展开》，江溯、李世阳译，中国法制出版社2017年版，第235页。

心理性因果关系涉及人的意志，尤其是帮助行为对于正犯主观心理的影响，相对应的，物理因果关系是客观世界的引起与被引起关系。现代归责理论对因果关系与归责问题予以区分，将因果关系界定为行为与结果之间的必要条件关系。从司法实践看，心理性帮助行为因果关系的影响范围在逐渐扩张，大量无法通过物理性因果关系解决的共犯案件，只有借助心理性因果关系理论才能得以确认。但是能否利用条件公式进行心理性因果关系的判断，争议则比较大。

前文已经论证了条件公式对于帮助犯因果关系的判断作用是失灵的，这个结论对于心理性帮助行为因果关系也同样适用。因此，构成要件促进说就是为了解决条件说与帮助行为的冲突问题，这个标准对于心理性帮助行为也是适用的。但是由于物理性帮助行为作用于某个或多个构成要件要素，而心理性帮助行为作用于正犯的主观意识，因果关系处在帮助行为与正犯主观意识之间，即帮助行为人提供了特定类型的信息或情感支持，促进正犯强化了犯意或作出不利于法益的行为。但是在这类案件中，帮助行为人提供的帮助、信息是否会被接收，完全取决于正犯的意思决定。即使对于不作为的帮助犯而言，虽然在客观上来讲帮助行为人履行了义务，但无法通过某种保证方式确保对方将采取适当措施避免结果的实现，于是便很难认定不作为因果关系。[①] 因此，对于心理性帮助行为来说，促进的判断标准必然与物理性帮助行为因果关系的判断标准有所差异，必须另辟蹊径，大致有以下一些思路。

（一）合法则的心理过程

这一观点认为人的主观意识存在特定规则，这就成为条件公式在判断心理因果关系是否存在的前提条件。有观点提出，尽管意志自由构想既合乎人的生活经验，也属于法治国基本原则，但是社会学的研究也显示，人的社会行为也存在一定的合法则性。一般情况下，社会学、心理学解释人类行为的一般法则体现在盖然性，即使比不上客观世界的必然性法则准确，仍能构成因果关系判断的前提。这一观点的问题主要有：一是尽管通过心理实验能够获得概率性法则，即在特定条件下大部分人如何选择，但具体的个体的选择依然无从进行确定性判断。心理活动的相关性只是一种以日常经验为基础的

① 曹菲：《管理监督过失研究——多角度的审视与重构》，法律出版社2013年版，第219页。

盖然性法则，不能作为归责基础。二是如果要确保结论的精准、真实，那么应采用必然性因果法则而非盖然性法则，盖然性法则与其否命题理论上是可以并存不悖的，极易自相矛盾。[①] 如正犯收到帮助犯提供的相关信息后采取行动的可能性为 70% 与不采取行动的可能性为 30% 可以同时为真，将特定的帮助行为带入后，该帮助行为既可以是正犯行为的原因，也可以是正犯不行动的原因。显然，这对因果关系判断没有作用，因此难以解释心理性因果关系。

（二）心理活动不适用因果关系

这一观点认为，基于因果性的归责仅能解释客观世界，而对于人的心理活动则应采取非因果性模式，因为人与人的交流行为不存在任何规律性，无法使用条件公式，语言或思想交流不能归入原因。基于这种观点，帮助犯的建议、信息都不能成为正犯结果的原因，因此应建立新的归责模型，如果提供者在提供信息的同时不能完全控制信息接收者的决定结果，则不能对其归责。造成型的因果关系体现了行为人积极的因果作用，但无法解决不作为犯的因果问题，也很难满足心理性因果关系的需要，应当运用概率因果关系解决不作为犯与心理性因果关系中的证明问题。风险升高是概率因果性的具体表现，风险升高意味着行为与结果存在概率关联，构成了可归责的基础。[②]

（三）无法则的心理性因果

还有观点主张从自由意志的假定出发，人的心理活动不存在必然性法则与盖然性法则，对于心理性因果关系可以不需要必要条件。心理因果关系可以通过证人证言、专家证言的方式，确定前行为人的言辞与后行为人的行为决定之间成有逻辑上的某种必要条件关系。[③] 还可以从规范论的角度出发，认为因果关系与客观归责的判断都是规范性的，因果关系可以被规范判断取代。许多案件只要运用条件公式就能解决，无须客观归责。从对因果关系的

① ［德］施太格缪勒：《当代哲学主流》（上），王炳文译，商务印书馆 1986 年版，第 457—458 页。

② Perez-Barbera，Kausalitatund Determination，ZStW114（2002），S.613f，S.634. 转引自徐凌波：《心理因果关系的归责原理》，载《苏州大学学报（法学版）》2018 年第 2 期。

③ Roxin，Problemepsychischvermittelter Kausalitat，FS-Achenbach，2011，S.418，420. 转引自徐凌波：《心理因果关系的归责原理》，载《苏州大学学报（法学版）》2018 年第 2 期。

规范理解出发，条件公式不依赖于必然因果律，只需要从实践理性来判断是否存在如无前者即无后者的关系。心理活动可以借助条件公式，客观世界与心理活动尽管存在差异，但对于因果关系认定没有影响。

心理性因果关系判断标准问题的关键在于，能否用哲学、自然科学关于因果关系的理论来解释影响意志这一心理过程。目前主流观点认为，刑法因果关系是法学概念，服务于刑法目的，刑法因果关系也应服务于归责需要，有别于自然科学对于因果关系的理解。因此，即便主观心理过程缺乏法则性，也可以视作构成因果关系，核心问题是如何找到心理性因果关系在哪些方面区别于自然因果关系。对此，不同的理论立场会带来不同的解决方案，但各种方案都需要兼顾司法实践的可行性，因此又会存在交集。

三、因果决定论与自由意志的冲突

条件公式失灵所导致的心理性因果关系的判断困境，源于因果律与自由律的冲突。在当事人存在自由意志的前提下，主观故意形成过程是一个无法观察、无法直接判断、也很难找到支配或决定性原则的领域，具有非法则性；而且必然呈现出个别性，相同的心理性因素能够产生的影响因人而异。条件公式所设定的心理性帮助必须通过正犯的自由意志产生作用，但是没有任何一条规则能够在心理领域发现类似于物理领域中的必然性。由于无法确定一个人的自由意志会如何运作、作出决定，以必然性或概率性说明自由意志支配下的故意形成过程都会违反自由律。

因果关系是判断外部事物走向的客观规律，自由意志是行为人的行动原则。刑法将因果关系作为刑事处罚的基本前提，另外又必须将自由意志作为当事人承担责任的基本假定。认为他人自由意志的介入将影响因果关系的成立，溯及禁止理论认为，人是拥有自由意志的行动主体，一旦介入了第三人基于自由意志而实施的行为，前行为所生成的因果关系就不再成立。归责理论把归因与归责分别置于事实判断和价值判断两个层面来处理，缓和了冲突。人的行为被视为因果流程的组成部分或生成因素，流程无穷无尽，但归责的需要决定了必须根据条件说确定何种行为处于需要承担刑事责任的因果流程之中。如果一律禁止溯及，因果流程基本没有衍生的可能性，条件公式的筛选功能也就丧失了，因此第三人或被害人的行为不能自然推断消除了原先行为所产生的因果作用。但是如果将溯及禁止理论的应用从因果关系层面转到归责层面，毕竟人的自由意志是归责的基本前提，这就催生了自我答责原则，被害人对于风险的自愿承担可以构成否定归责的理由。[①]

借助犯罪论体系位置的安排，因果律与自由律在因果关系的判断问题上初步达成了一致，但这种一致只适用于前后行为人没有意志沟通、不存在心理性因果关系的问题上，如销售食物的店员与下毒的厨师，二者不存在犯意的沟通与共谋。而心理性帮助行为的因果关系要解决的正是帮助行为对正犯影响有无及是否存在归责必要的问题。对于这些疑难问题，合法则的因果关系[②]，借助一般因果关系与具体因果关系加以解释。[③]条件说需要得到客观存在的因果流程的证明，如果只是形式逻辑公式，根本无法提供能够检验因果关系是否存在的判断标准，毕竟因果关系是一个必须能够经得起检验的事实判断问题，而非简单的逻辑推理过程。

因果律与自由律存在矛盾，但又不能只接受其中一项作为判断的基本原则。因为主体与客体相区分是人们认识客观世界的基本框架，只有外部世界的因果关系是客观存在的，理解世界、改造世界才有可能，否则事物之间的相互联系都只是随机的偶合关系，人类的知识体系根本没有存在的空间和必要；而对于主观世界而言，自由意志仍是不可放弃的归责前提。到目前为止，心理活动仍无法表现出任何的必然性，以因果流程存在为前提的条件公式也就无效。通过设定一个假设的因果关系，来设想在完全复制的客观环境中，如果人的主观意志发生变化，对外部的影响是否会有不同。但人的主观意志由于缺乏任何必然性，这种推定原则上不可能成立，与自由意志的假定必然存在冲突。如通过条件公式假定正犯在没有帮助行为提供的心理性帮助的情况下，依然会实施实行行为，以此来排除帮助行为的违法性是无法成立的。因为帮助犯没有提供任何心理性帮助，正犯会作出何选择是无法判断的，即便正犯存在没有帮助依然会采取犯罪行为的可能，也不能将缺乏心理性帮助的假定作为归责的依据与理由。

由于条件公式对心理性因果关系的存在与否、程度问题均难以实现逻辑的圆满。当条件说的适用无法得出有说服力的结论时，实践倾向于绕开障碍，假定没有帮助行为，正犯也会基于其他因素，呈现一致的行为反应，即

① 何庆仁：《溯责禁止理论的源流与发展》，载《环球法律评论》2012 年第 2 期。

② 邹兵建：《合法则性条件说的厘清与质疑》，载《环球法律评论》2017 年第 3 期。

③ 徐凌波：《因果关系在产品刑事责任案件中的认定问题》，载《政治与法律》2014 年第 11 期。

不将帮助行为视为唯一的外在影响因素，进而将其视作假定的因果关系而排除其对因果关系认定的影响。如内幕交易案，提供内幕信息可以视作对于内幕交易的帮助行为，正犯往往会主张买卖股票的决定不是因为内幕信息，而是完全来自自己的独立判断，即便没有外部帮助，买卖决定不变。但法院往往不接受这样的辩解逻辑，认为外部心理性帮助对行为人决定的影响不需要具备唯一地位，排除一切其他介入因素，只要能够使当事人进一步确信有获利的可能性就可构成因果关系。因此，就行为与结果间的必要条件关系未能显现问题而言，在心理性因果关系的判断上难以坚持与物理性因果关系一致的标准。条件公式对心理性因果关系问题上的失灵，决定了心理性帮助的因果关系判断标准必然有其特殊性。

四、心理性帮助行为因果关系的判断标准与归责

心理性帮助行为因果关系的存在是客观事实，也就必然存在相应的判断问题，只有在条件公式之外摸索其他的因果关系认定标准。心理性帮助行为特殊性决定了只能构建不同于条件说的判断标准，排除决定与被决定、影响与被影响的相互关系，关注在正犯的自由意志支配下的故意形成过程，只要帮助犯为正犯提供了行为理由，即可肯定因果关系，至于正犯的故意形成、行为决策是否还有其他因素，不影响帮助犯因果关系的判定。基于自由意志，人的心理无法像解释客观世界的因果关系一样，判断人在某种情境下的必然选择，即便是概率性法则也有违自由意志。但也无法放弃对心理性因果关系的判断和结果归责，否则教唆犯以及相当部分的帮助犯均会面临归责障碍。

心理性帮助行为因果关系的具体内涵和判断标准应当在构成要件促进说的基础上，根据心理过程特殊性与物理性因果关系的判断标准略有差异，即出于对法益的敌视态度，为正犯提供了理由，对构成要件的实现提供了促进作用，即便还有其他因素介入对结果产生影响，但心理性帮助行为因果关系仍然成立。“在行为人为他人的某一决定给出了某一种理由的情况下，二者之间便存在理论上的因果关系，即便这一行为与所作出的决定之间同时还存有其他影响因素，依旧不影响对因果关系的评价。”[①] 行动理由说跳过了条件

① Puppe，DieErfolgszurechnungim Strafrecht，2000，S.58–59. 转引自徐凌波：《心理因果关系的归责原理》，载《苏州大学学报（法学版）》2018 年第 2 期。

公式，认为对于主观心理活动，只要帮助犯的肯定或提供的信息给了正犯决定的理由，能够肯定因果关系的存在，即使其他行动理由也同时存在一样不能否认因果关系。主要有以下几个理由：

（一）因果律与自由律的相互妥协

冲突的化解表现为在坚持因果法则判断因果关系的基础上，实现对因果关系的规范化。两者的冲突主要是基于，刑法因果关系是法学概念，与自然科学与哲学对因果性的界定方式并不一致。因果关系概念中对客观存在的实际联系的要求逐渐变松，引出了一个新问题，将风险升高作为条件公式所涵盖因果关系的替代品，即在缺少必然性法则、条件公式运作失效时，概率能否成为心理性因果关系的基础，在具体运用上体现为提升风险。行为与结果仅具有统计学意义上的相关性，而缺少客观法则所能解释的因果关系，能否结果归责是一个疑难问题。统计相关性始于德国的康特根案，后发展出疫学因果关系理论，统计学上的关联逐渐被接受，争议主要集中于这种关联能否实现归责，即以统计关联为基础论证风险升高理论，进而实现结果归责。当前对于概率法则的运用范围，主要集中于医学、产品责任以及环境污染等。显然这些领域仍属于客观世界，借助自然科学可以总结出统计性结论。但对于心理活动，概率结论不能用于解释心理性因果关系。还有一种试图脱离客观法则而借助风险的升高解释因果关系，进而实现结果归责的思路。即规范化的论证路径，将风险升高理解为因果关系成立后，进一步判断是否存在规范性的义务违反，如果从事后的角度看，避免结果发生的不确定性并不能影响行为规范事前的有效性，那么就能判断因果关系的成立。当然批评意见也非常有力，即便行为规范事前是有效的，但对行为规范的违反也仅能认定行为不法，而无法确认结果不法，无法成立因果关系。关于行为规范与评价规范的冲突问题的确存在争议，但这一点对于帮助行为的归责问题不大。前文已经详细分析了对帮助行为客观归责、主观归责的规范根据，即禁止风险的规范是行为规范，提升风险、实现所提升风险的判断也是依据行为规范，只不过提升风险的规范是针对帮助行为的行为规范，而实现提升的风险是针对正犯的行为规范。当然两者就侵害法益的目的而言是一致的，适用的规范所禁止的内容也是一致的。因此，尽管由于法益侵害结果是正犯所造成的，但是正犯结果仍可在帮助行为的归属范围之中，帮助不法的构成离不开正犯的结果不法，同样也离不开帮助犯的行为不法。正犯的行为和法益侵害结果属于正犯的构成要件，对于帮助行为而言，结果不法就意味着正犯实现了构成要件（正犯不法），当帮助行为与之存在关联时，可以认定构成了帮助犯因果关系。即当帮助行为人出于侵害法益的目的，在帮助故意的支配下实施了帮助行为，当侵害法益结果如预期般的发生了后，可以认为帮助行为已经由于实现了帮助不法，也可相应判断心理性帮助行为因果关系的成立。心理性帮助行为的特殊性表现在由于事实性的联系无法衡量判断，只能予以适当弱化，降低对事实联系的要求，相应增强因果关系判断标准中的规范内容，使得帮助行为自身的不法、刑事政策、执法成本等因素更多地予以体现。

但如果彻底放弃因果关系的限制作用，因果关系不再含有任何客观规律意义上的法则含义，完全从规范论的角度出发来理解条件公式，则没必要再挂以因果关系的概念。虽然刑法理论中的归因步骤要服务于归责，但不意味因果关系概念没有存在必要了，毕竟归因与归责还是两个不同的阶段和步骤。对归责中的刑事政策等因素考虑，并不能否认客观规律和因果关系的交互关系，盖然性的心理性因果关系还是需要找到归责的客观基础。这是因为因果关系概念本身不完全属于规范的范畴，尽管因果关系从客观世界进入刑法领域后，必然会增加很多刑法所特有的规范含义。但是这种规范化是有限度的，而且是从描述性和评价性两个方向展开。描述性规范需要根据规范目的进行界定，这便是解释的功能论导向，但仍属对事实的陈述；评价性规范则是根据法条对事实进行评价，因而包含了法规范所设定的标准。混淆描述性规范与评价性规范，有可能导致难以区分事实认识错误与禁止错误，因为对规范的构成要件要素发生的错误属于禁止错误，不能排除故意。因此，事实性的构成要素和规范性的构成要素在刑法中是同时存在的，刑法自身尚无法实现完全的规范化，刑法因果关系又如何实现完全的规范化。因此，不可能也没有必要将客观法则从因果关系中彻底抽离。条件公式在经历了重重波折与考验后，成为定义因果关系的通行公式，固然有作为刑事责任的外围边界，范围不宜过窄的考虑，但“因”前“果”后的条件判断不可能仅是规范判断，完全不需要经验法则的配合。尽管绝大部分的案件判断，的确不需要依赖于因果关系的定性、定量分析，只需日常经验就可以得出答案，但这些经验理性的大部分背后还是相关的客观法则，另有一些经验理性背后的客观法则还没有被人们清晰认识，只能暂时寄于经验。因此，坚持依托客观法则进行分析，固然会因为知识和认识屏障，在部分案件中无法实现精确判断，但至少帮助人们找到认知困难、分析难点究竟在何处，相信随着人类理性和认识能力的提升，能够确定分析的领域会不断扩大。因此，在心理性帮助行为因果关系的判断中，因果律需要向自由律作必要的让步，但是这一让步又是有限度的，不至于彻底抽空因果关系的事实性判断。因果律与自由律的相互妥协的底线可以设定为，先后发生了心理性的帮助不法与正犯构成要件，而正犯结果又是帮助犯所预期和意图实现的，这样的情况下，判断因果关系成立与否可以不过多地纠结两者之间的必然性和条件性。当然帮助不法与正犯不法的事实性联系减弱，必须在处罚必要性上得到补偿。

（二）心理性帮助的实质处罚根据

心理性帮助的因果关系的确认难题的确给处罚根据的说明带来挑战。首先是感觉作用轻微，没有处罚必要，但是从常识看确实有因果关联，如起哄助势、打气鼓励等行为，只能设定一个帮助强度的要求，即没有达到一定强度的不能处罚。但是这个强化标准只能对标物理性帮助行为，而两类帮助行为的作用对象、作用方式、作用路径都存在差异，简单类比肯定无法达到理想效果。司法实践在决定处罚与否还是要考虑一些其他因素，一是正犯行为后果，后果严重的，帮助行为的追责范围肯定会大些；二是心理性帮助行为的类型化，一些常见的帮助行为类型更容易被纳入处罚范围。这肯定不是一种精细化的处理方式，既过于形式化，缺乏对处罚实质根据的说明，又不够合理，难以区分一般心理性帮助和构成帮助行为的心理性帮助。因此，心理性帮助行为因果关系的判断标准就必须对处罚必要性因素予以考虑，而且由于心理性因果关系的认定必然要借助规范化的标准，如何能够将归因与归责标准合一，有助于司法经济。

帮助犯因果关系以有无促进正犯构成要件为判断标准，但如何体现在心理性因果关系上又是一个判断难题。由于自由意志的存在，难以将帮助犯与正犯的主观联系作为因果关系的判断对象，同时在构建心理性因果关系时，又无法以正犯构成要件为依据。因此，判断标准的重心只能放在帮助行为自身上，即心理性帮助行为达到什么标准，即可认定成立因果关系，而帮助犯给正犯提供犯罪理由可以成为这样的判断标准，而且在判断因果关系成立与否的同时，也划定了处罚的实质性界限。这里有几个关键点：

一是提供犯罪的理由必须构成足以让正犯采取行动的依据，这就可以将一些普通的助势行为与帮助行为区别开来，包括为劫匪丈夫提供衣物的行为也因为不构成犯罪理由而不成立帮助行为，这也给心理性帮助行为划定了一条实质性的强度判断标准，只有达到了这一标准的才可以构成帮助行为。之所以是实质性的标准，关键还是要看帮助行为的本身效应，在特殊情况下，单纯的激励行为通过强化、坚定正犯的意志因素，发挥了重大作用，当然可以因为提供犯罪理由而归责。但是在大多数情况下缺乏这样的效应，对心理性帮助行为实质化理解的关键还是要放在有无提升正犯为侵害法益所创设的风险上。

二是提供犯罪理由决定了帮助犯对于正犯行为、帮助行为的性质有着清晰而全面的认识，明知自身行为能够为正犯构成要件起到促进作用，至于正犯是否真的依据帮助犯提供的理由行动属于自由律的范畴，无须过度关注，也无法得到有效证明。所以是提供信息、教授方法，还是事先许诺、情感支持，各种形式的心理性帮助行为之所以可罚，不是因为达到了什么形式的标准，而是因为自觉参与到了一个犯罪进程中，并且通过划定一个实质性标准，限定了可罚范围。如对于事先许诺而言，只有能够构成一个独立犯罪理由的情况下，才能构成帮助行为，缺乏实质内容的许诺，类似于客套话，不构成心理性帮助的因果关系。

三是在放弃了无法法则化证明的互动关系，将重心放在帮助行为上，通过证明违反了行为规范，促进了正犯不法，侵害了法益，故而归责。实现了归责与归因的两步并作一步走，以广泛存在心理性因果关系的不作为帮助犯为例，背离作为义务、未履行义务与结果是否存在因果关系的问题，鉴于并非符合客观存在的因果关系，归责的前提是必须证明违反作为义务与结果发生之间的条件关系，这一问题通常被放在归责层面来讨论。因此，就不作为犯的因果关系的判断而言，其认定本身即意味着归因与归责两部分内容的肯定，利用规范因素来判断不作为因果关系无可厚非。[①] 只要帮助犯提供的帮助对于正犯构成要件的完成有一定影响，即帮助在一定程度上使正犯更为坚决地实现构成要件。正犯目的或行为故意是通过构成要件侵害法益，如果帮助行为使得正犯确信成功的把握更大、侵害法益的可能性更高，无论正犯最后是否基于帮助犯的帮助完成了构成要件，帮助行为都成为了完成构成要件的行动理由。在这一意义上，可以肯定帮助行为与正犯构成要件之间的心理性因果关系。

四是不能完全放弃帮助行为与正犯之间的客观联系。尽管心理性因果关系具有特殊性，不得不借助规范化的认定标准替代客观的因果联系，但是与

---

① 参见劳东燕：《事实因果与刑法上的结果归责》，载《中国法学》2015 年第 2 期。

正犯之间的客观联系是必须要守住的底线，不然帮助行为完全因为自身违反了行为规范而受罚，其实已经突破了共犯从属性的限制。但是提供犯罪理由这个判断标准本身就意味着帮助行为的自身不法在帮助不法中的比重在上升，这个趋势也已越来越明显。还是尽量通过限定与正犯构成要件存在客观联系的帮助行为，划定适当的处罚范围。

第五章　帮助犯因果关系的“脱离”与归责

第一节　共犯脱离问题的相关理论

一、问题的提出

多数情况下，共同实行犯中“一人既遂全体均为既遂”，其他共同正犯行为难以归属于犯罪未完成形态。共犯从属性决定了部分实行全部责任，一人既遂其他共犯难以再成立犯罪中止，共同犯罪一旦既遂，帮助犯便没有成立中止犯的机会。但单独犯中止、未遂的标准不完全适用于共犯，毕竟共犯行为人仍只需对自己行为及结果负责。若行为人切断了与其他共犯行为与结果的因果关系，即便发生了既遂结果，脱离的共犯仍有成立未遂或中止的可能。

出于刑事政策方面的考量，很多国家包括我国的刑法，都对犯罪中止形态进行了明确规定。犯罪中止的成立条件包括任意性和有效性，即必须自动停止犯罪并阻止了其他共犯犯罪，防止结果发生。但对于非基于任意性或未能防止结果发生的，不适用犯罪中止。对于行为人在共同犯罪完成以前，从共犯关系脱离，但其他共犯人仍继续将犯罪实施既遂的案件，司法实践及学理上多主张对被告人认定犯罪既遂。但很显然，以犯罪既遂认定过于严厉，无法反映共犯性质之区别；如果按照中止犯处理，却又不符合中止犯的成立条件。为妥善解决行为人从共同犯罪关系脱离后的不合理结果归责，理论上提出了共犯脱离的行为类型，以解除共犯参与、削弱犯罪意志。由于不同于共犯中止，无须依照中止犯的严格条件；它以罪责自负为前提，纠正了不法从属性的不足。那么共犯脱离的成立条件又是什么？

我国刑法对成立中止时间要求比较宽松，任何阶段都能成立，但对于任意性和有效性要求较严，必须自动放弃并有效防止了结果发生，这成为中止认定的难题。甲、乙、丙相约盗窃，丙在外放风，甲、乙入室，犯罪开始后丙决定放弃，打电话给甲、乙要求停止犯罪，甲、乙呵斥丙并完成了盗窃。丙未能有效制止盗窃，也就不能被认定为犯罪中止。但因此而让丙与甲、乙一起承担既遂责任，有违朴素法感情和罪责刑相适应原则。

一般认为，帮助犯客观上必须实施了帮助行为，主观上具备帮助故意，且被帮助者着手实行了犯罪行为。行为人实施了帮助行为后脱离共犯关系，并消除了先前帮助的促进作用，但结果依然发生，法益受到侵害，因为不符合中止要件，难以从轻、减轻或者免除处罚。由于之前的帮助行为与结果之间的因果性已被消除，仍以既遂处罚显然过重，因而帮助关系的脱离成为重要的研究内容。帮助犯脱离后，共同犯罪整体并未中止，故脱离与中止解决的问题各有侧重。共犯中止研究共同犯罪未遂时，如何处罚不同的犯罪参与人；而帮助关系脱离则重点解决脱离者如何承担先前行为的责任问题。帮助关系的脱离从某种意义上也是一个结果归责问题，即共犯中途放弃实施行为的情况下，若其他共犯仍实现了共同犯意所指向的损害结果，则如何对脱离者先前的行为进行认定；能否在特定情形下否定共犯与结果之间的因果关系，从而只追究共犯中止或未遂形态的责任。

脱离与中止的适用时间不同，在任意性、有效性等标准方面的要求也存在差异。在中止理论无法适用的情况下，通过脱离理论为共犯人开辟一条救济渠道。帮助关系可以在着手前、着手后及既遂后脱离。另外，帮助行为可以表现为物理的帮助和心理的帮助，有时还会表现为不作为的帮助犯。因此，有必要分别予以讨论。

二、主要理论

大塚仁教授最先在理论上系统研究了这一问题，并针对性地提出了障碍未遂准用说。随着共犯脱离理论的发展，不少学者从不同侧面和角度进行阐述，试图为共犯者的责任脱离寻找合理路径。后又出现共同意思欠缺说、因果关系切断说、共犯关系消解说等观点。

（一）障碍未遂准用说

该说以追求刑罚的均衡适用为出发点，中止犯存在犯罪未遂的情况，正犯既遂则无成立可能，所以共同犯罪一旦对法益产生了侵害结果，即使中止者作了真挚努力，也按照既遂处罚，其努力只能作为量刑事由，刑罚有失均衡。该说认为，如为脱离而作真诚努力，但结果依然发生，在消除了之前行为因果作用后主动放弃共同犯罪，处罚应参照准障碍未遂。这样脱离应当相较中止犯的责任要重，相较既遂犯的责任要轻，通过比既遂轻而比中止重的处罚方式，保持脱离与中止的责任均衡。

该观点的主要内容有：一是脱离的时间在着手后既遂前。二是脱离有可能出现两种情况，或真挚的努力归于失败，结果依然出现，判断标准为真挚的努力；或退出共犯关系，并且得到了其他共犯认可，判断标准为是否切断了因果关系。三是脱离人仅对之前的行为承担责任，参照障碍未遂追究责任。四是脱离者责任比中止重，比既遂轻。

该说首次给共犯脱离提出不同以往的解决思路，虽然不能构成中止，通过对其努力的正面评价，鼓励脱离，解除共同犯罪关系。该说还根据脱离者的具体地位作用，区分首谋者、一般参与者，设定了有针对性的条件。这对于共犯中止理论具有补救作用，但也存在一些问题，具体如下：一是即使做了真挚努力，但既遂结果与脱离前行为间存在因果关系，按照未遂处罚的依据何在。如果所有参与人都作出真挚的努力，该如何归责。在行为具备任意性的情况下，如由于缺乏有效性无法构成中止犯，同样不能构成未遂。二是该说将共犯脱离限于着手之后、既遂之前，限制了共犯脱离的成立范围。当各个阶段都存在共犯关系时，共犯脱离也就可能实现，现实情况多种多样，脱离者具备任意性并非现实中的唯一类型，将不符合该条件的情形排除，也会限制适用范围，影响对脱离者的客观归责。三是共犯脱离与共犯中止不能简单类比，脱离责任未必肯定重于中止。该说试图通过处罚问题的适当调整，为脱离者找到相匹配的处罚规定，在处罚方面保持平衡。但两者作为不同层面的问题，处罚的轻重问题仅是两类现象认定后的处理结果，但是脱离或中止都不是共犯的处罚根据，只是犯罪的未完成形态，不能直接得出责任轻重的结论，还是要根据每个案件的具体情况进行具体分析。还是要从因果共犯论的角度去寻找不同形态承担责任的实质性依据，即共犯行为与法益侵害的因果关系及因果作用的种类与程度。四是脱离前行为与既遂结果的因果关系没有被消除，不能作为犯罪预备或未遂处理。但若部分共犯脱离意思得到其他共犯承认，则原共犯关系也可以解除，适用于共同犯罪的部分实行全部责任原则可不再适用，即使发生了既遂的结果，如果消除了因果作用，就可适用中止。五是没有抓住共犯脱离的本质。否定共犯责任应着眼于否定因果性，解决共犯脱离问题也必须依托因果性问题。当脱离前行为与既遂结果的因果性没有消除，则按照未遂处理似乎违背了共犯脱离的本质。如果只考虑真挚却无效的努力，意味着共犯脱离的成立成为了完全由主观阶层所决定的结论。

（二）共同意思欠缺说

该说认为对于共同正犯，如果欠缺共同犯罪意思，此后的行为难以认定为共同犯罪。消除意思联络应当从行为人对结果阻止所尽的努力程度来判定，至于是否真正阻止结果发生或消除了物理性因果关系，则不在该说的考虑范围内。共同意思欠缺说认为，共同加功的意思是正犯行为共同性的重要因素，共同的意思联络将所有共犯纳为整体。脱离的判断标准为真挚努力阻止结果发生。脱离后的行为可以视为单独犯，考虑到脱离者的真诚努力，可参照中止未遂处理。

除片面共犯外，意思联络是成立共犯的必要条件。因此，共犯脱离的成立要件，并不等同于共犯的成立要件，为阻止结果作出真诚努力，本是中止犯成立的任意性条件，不应与共犯脱离放在一起讨论。一是在着手实行后脱离，其先前的物理性的帮助或者心理性的帮助难以彻底消除，能否仅依赖于欠缺共同犯罪的意思就认定共犯关系的脱离，毕竟结果归责是客观因果作用是否发生有无的问题，与意思联络是否存在无关。因此，不能作为未遂犯与中止犯处罚。二是在既遂的情况下，中断意思联络根本无法成立中止。三是行为人阻止结果发生是否真挚，不属于共犯关系脱离的范畴。总之，共同意思欠缺说是一种主观性学说，只是以缺乏意思联络为根据，缺乏说服力。共同犯罪着手后即使中断了意思联络，此前的犯意已成为客观现实，仍对共同犯罪的因果流程产生影响，意思联络的欠缺并不能作为扩大免除处罚的依据。此外，该说主要是应对共同正犯的脱离问题，对帮助犯脱离不完全适用，但该说对退出共犯关系后共犯关系是否依然存在的问题的分析是有意义的，体现在试图撇开因果关系而从主观方面解决问题的思路是有一定价值的。因为单纯从客观方面的因果关系来处理脱离问题则又回到了归因决定一切的思路上，这样一来脱离问题根本没有必要存在，只要根据因果关系判断就可以了。

（三）因果关系切断说

该说对着手前后的脱离问题提出了有效的应对方案，同时还可以按照共犯的不同类型进行具体应用，渐成主流。该说的切入点在于脱离者是否切断了帮助行为与结果之间的因果关联。脱离与单独犯中的中止具有相似之处，但又不完全一致，在适用时应在结合的基础上注意区分。正犯想要中止，应有效防止犯罪发展，而帮助犯也要参照正犯的相应原则。该说立足共犯处罚根据，以因果关系是否被切断作为衡量标准。若在着手前脱离，原则上无责任；若着手后脱离，则在未遂范围内承担责任。帮助行为与构成要件的因果关系是处罚前提，否定帮助犯的可罚性也应从否定帮助犯因果关系着手。如果脱离者的作为与不作为切断了与其他共犯行为及结果的因果关系，则对脱离前的行为及其因果流程所产生的结果负责，而无须对不具有因果关系的结果担责，仅承担未遂责任；如果脱离具有任意性，则可构成中止。该说不同于共同意思欠缺说、准障碍未遂说的最大差别在于跳出了从主观面思考脱离的倾向，从因果关系来把握共犯脱离问题。尽管这使得共犯脱离的成立非常困难，但从立论基础而言是抓住了关键。该说通过因果共犯论，对共犯中止与共犯关系脱离进行了清晰的界定。但在切断因果关系后，行为人本就不应当对没有因果关联的行为和结果承担责任，不宜放在共犯关系脱离的框架中进行讨论。

但该说也不是全无问题，对该说的批评意见主要有：一是存在内在矛盾，如果认为脱离需要不存在因果关系，那就完全没有必要纳入共犯关系进行探讨。二是难以认定因果关系是否切断，尤其是在法益侵害结果发生后，客观存在的因果关系还能否被切断。而且存在因果关系与切断因果关系不属于同一范畴。三是因果关系切断说的判断基准不明确，如果从字面解释切断，就是彻底消除因果作用，但帮助行为的作用力有可能延续，尤其是心理因果关系难以判断是否脱离。帮助犯提供了重要资料、技术帮助，如其他共犯利用了信息、技术并在实行中予以运用，心理性因果关系难以完全消除。切断的判断标准为何，因果关系能否真正切断，很多情况下仅如何理解彻底消除的问题就会遇到很大障碍，因为缺乏具体明晰的判断标准，而这对于把握切断、消除的内涵，又非常必要。

（四）缓和的因果关系切断说

在实践中，因果关系很难被全部切断，这使得理论的实用价值变得很低，因此有学者提出缓和的切断因果关系的标准。共犯中止不要求必须阻止犯罪，只要消除了此前帮助行为的因果作用，就可以构成中止。而且即便没有完全消除因果关系，也可以通过规范评价认定构成脱离，不再要求彻底切断，有利于鼓励主动停止犯罪。但是，这能否与因果共犯论保持理论一致，存在争议，更为关键的是规范性评价的标准到底是什么，也不够明确。

尽管之前行为的因果作用有可能依然存在，但该说对于处理共犯脱离，相较于其他理论更有可操作性。不少观点认为无须完全地切断因果关系，可以考虑到行为人脱离后的因果作用力，将其他共犯的既遂结果归责于脱离者的根据不足。故需以事实考察为基础，辅之以法律价值角度的评价，综合考察脱离于其他共犯人之间的因果关系是否遮断。[①] 为激励共犯放弃犯罪，从规范判断角度对因果关系切断进行探讨是一个路径，但其是否仍在因果共犯论的框架内引起了质疑。因为因果关系只有存在或不存在的情况，作用程度大或小是在因果关系存在的前提下讨论的问题，因此因果作用削弱到什么标准可认定脱离，仍有争议。

（五）共犯关系脱离说

该说主张脱离必须解消已经构成的共同犯罪，消除脱离人对其他共犯的作用力，部分共犯表明脱离意图，其他共犯认可，如其他共犯继续犯罪的，应视为新的共犯关系。该说是在因果关系切断说上发展起来的，该说最重要的观点在于能否脱离原有的共犯关系，再由其他共犯建立新关系。因果关系切断说将脱离前后的共犯关系进行整体性的评价，仅从脱离前行为与最终实现的结果之间的因果关系有无发生内涵变化来审视脱离。共犯关系脱离说则立足于脱离当时的结果实现状况来进行判断，若结果尚未发生，则最终的共同犯罪结果就不能归属于脱离者。脱离说以着手这一节点为基准对是否成立脱离进行判断，着手前，作出脱离意思并获得其他共犯承认就能成立，如果由于存在物理性、心理性因果作用，意思表示不能自然得出是否成立脱离的结论；着手后，共犯犯意已部分实现，一般难以构成脱离，如在过程进行中表达了脱离意思，得到认可后努力阻止结果发生，若最初犯意没有实现，构成中止未遂。成立脱离的关键在于脱离者是否因退出而解消共犯关系，其他共犯要继续完成犯罪必须形成新的共犯关系。[②]

但该说也存在质疑，如脱离意愿必须得到其他共犯认可的观点。共同犯罪中实行犯直接对法益造成侵害，帮助犯仅起辅助作用，两者的地位作用区别很大，如果不区分共犯类型，简单以其他共犯的认可作为判断标准，就会把复杂问题简单化。如人数较多的团伙犯罪，要求脱离意思必须明确传递给其他共犯并得到认可，难度极大。因此，根据共犯类型差异，决定脱离意

---

① 刘艳红：《共犯脱离判断基准：规范的因果关系遮断说》，载《中外法学》2013年第4期。

② 王昭武：《共犯关系的脱离研究》，载《刑事法评论》（第32卷），北京大学出版社2013年版，第116页。

思的表达范围，有些情况无须认可，只要能为其他共犯认知即可。该说认为脱离必须基于本人意愿，但只有中止才有此要求，因此这一成立要件不够完善。

共犯关系脱离说强调脱离意思表示及认可的标准，将共犯脱离后的行为通过新的共犯关系加以处理，但构建共犯脱离理论并不能完全否定将脱离前行为与之后结果的因果关系。因果关系切断说将脱离前后的共犯关系评价为同一共犯关系，即需要脱离者对正犯结果有因果力，以此作为是否完成脱离的判断；共犯关系消解说从犯意联络的角度进行考量，脱离者的脱离意思在得到其他共犯承认的情况下，对脱离后的新的共同犯意下实施的犯罪不承担责任，但得到“认可”取决于他人，门槛过高，实践中很难达到。而且在很多情况下，脱离的意思是否得到认可，并不明确。就帮助犯而言，成立帮助既遂，需要存在帮助犯因果关系。共犯脱离理论是在中止犯之外解决共犯脱离者的归责问题的理论。帮助行为的促进效果如果得以消除，与之后的法益侵害结果没有因果作用，或因果作用虽然在一定程度仍然存在，但归责必要性不足以达到一般的帮助犯因果关系的因果作用强度，可以不按照帮助既遂处罚。如果帮助者还具有任意性，可构成中止。

第二节　对共犯脱离问题本质的思考

共犯脱离理论的提出是基于对共犯脱离情形的认定存在不合理，按照既遂的标准处理过重，要为对脱离者的从轻、减轻处罚寻找理论依据。如何在不按照中止犯的规定处罚时，通过其他途径从轻、减轻或免除处罚。这就涉及两个核心问题：一是共同犯罪未完成形态的处罚依据问题，即究竟在什么情况下、依据什么理由对相关情况进行处罚，进而明确对共犯脱离情形的处罚基础；二是因果关系切断说渐成通说，但是实践中因果关系彻底切断的难度过大，那么因果关系未切断可不归责的理由与依据何在？

一、犯罪未完成形态的处罚依据

（一）预备犯的处罚根据

是否处罚预备犯，有不同观点。主观主义认为，因预备行为使法益面临被侵害的危险，有必要提前保护法益及有效地防卫社会，可以将处罚时点提前至着手之前；客观主义则认为犯罪是有害行为，必须有实际发生的实行行为，预备行为与合法的日常行为并无不同，重视主观易限制个人自由。“在犯罪既遂前的处罚，都是具有‘前置’性质的处罚，而且就是两个刑法原则——最后手段性与有效法益保护——的拉锯战。一方面，刑法基于最后手段性原则，不应过度扩张处罚的范围。另一方面，发生犯罪结果才处罚，又往往无法有效保护法益，并且会失去一般与特殊预防的功能。”[①] 由于刑法分则基本以单独犯的既遂形态为对象，因此大陆法系刑法对预备犯的规定，都以法律有特别处罚的明文规定为前提，即对于犯罪预备的处罚采用特别规定以限制处罚范围。

我国立法和刑法理论基本认为预备犯原则上可罚，预备行为为犯罪创造了条件，使社会关系面临侵害威胁。犯罪预备行为本身所具有的罪过性和社会危险性，决定了为刑法所禁止。[②] 多数观点认为在司法实践中对极少数性质严重的犯罪的预备行为才有必要追究刑事责任。[③] 我国刑法对此问题采取以处罚为原则、以不处罚为例外，但司法实践中一般不会处罚犯罪预备，只有对极少部分具有严重社会危害性的行为，如故意杀人的预备等会进行处罚。

（二）未遂犯的处罚根据

1. 客观未遂论

该说认为，未遂犯的处罚根据在于未遂行为对犯罪对象所造成的危险，这种危险在故意犯罪中并无行为阶段上的差别，未遂犯与既遂犯的区分只能参考行为的客观表现进行。对未遂犯的处罚理由不在于行为人的主观面，而在于行为人实现构成要件会发生的社会危害性，由于具有这种可能性，所以应当处罚未遂行为。而这种可能性只发生于着手后，要求具有发生危害结果的现实可能性，所以客观未遂论并不承认不能未遂犯的可罚性。客观未遂论是日本刑法理论关于未遂犯处罚根据的通说，日本的判例也支持该学说的观点。

2. 主观未遂论

主观未遂论重视犯罪行为所表现的行为人的主观恶性及违反法规范的意

---

① 林钰雄：《新刑法总则》，中国人民大学出版社 2009 年版，第 277 页。

② 马克昌：《犯罪通论》，武汉大学出版社 1999 年版，第 416 页。

③ 陈兴良：《刑法适用总论》（上卷），中国人民大学出版社 2006 年版，第 359 页。

思表示，认为犯罪的本质在于侵害法益的意思，既遂与未遂差异不大，应做相同处罚。主观未遂论认为行为人的危险性格是刑罚的主要基础，注重行为人的主观恶性。“相较于客观说着重的‘结果不法’，主观说强调的是‘行为不法’，也就是在未遂实行行为中，所显露的行为人主观上之法敌对意识，也就是行为人应因其与法敌对意思的故意犯罪决行而受处罚。”① 主观未遂论已逐渐没落。

3. 主观客观混合未遂论

该说以主观未遂理论为主，结合了客观未遂理论的一些观点，认为未遂犯之所以可罚在于表达了与违反规范的意图，未遂行为破坏了法律的安定性与法律秩序。② 该说又被称为印象理论，认为未遂的刑罚基础建立在引发行为人举止行为的动摇法律的印象的基础上。即使结果没有发生，行为人的举止行为也对需要予以制裁的扰乱社会和平提供了基础。③ 该说所谓“动摇法律的印象”部分是从客观危害中推导出来的，部分也是从违反规范所产生的扰乱和平中推导出来的，体现出在事实上无法避免的未遂根据的双轨性。④

我国通说认为，未遂犯的处罚根据在于主客观相统一的刑事责任理论。⑤ 也有观点提出在主客观相统一的刑事责任理论内部，应先考察行为人的客观方面、再验证行为人的主观故意。如果行为缺乏危险，则可以直接排除；行为存在危险，还要考察是否具备直接故意。⑥ 主观未遂论体现了行为人主义和主观主义刑法观，客观未遂论则立足于行为主义及客观主义刑法观。未遂犯是构成要件的修正形态，在某些情况下未侵害实际法益，其刑罚比照既遂犯应当为轻，但各国对未遂犯均采任意减轻而非必要减轻，还是为司法实践留有余地。

---

① 林钰雄：《新刑法总则》，中国人民大学出版社 2009 年版，第 279—280 页。

② 林山田：《刑法通论》（上），北京大学出版社 2012 年版，第 303 页。

③ 参见［德］克劳斯·罗克辛：《德国刑法学总论》（第 2 卷），王世洲主译，法律出版社 2013 年版，第 264 页。

④ 参见［德］克劳斯·罗克辛：《德国刑法学总论》（第 2 卷），王世洲主译，法律出版社 2013 年版，第 265 页。

⑤ 参见马克昌：《比较刑法原理》，武汉大学出版社 2002 年版，第 521 页；赵秉志：《犯罪未遂形态研究》，中国人民大学出版社 2008 年版，第 56 页。

⑥ 参见苏宏峰：《犯罪未遂基本问题研究》，中国政法大学出版社 2012 年版，第 59 页。

（三）中止犯的处罚根据

1. 刑事政策理论

该说认为刑法对中止犯减免刑罚，能鼓励行为人放弃犯罪行为，甚至从行动上积极阻止犯罪结果实现。这在刑事政策理论上被称为“黄金桥理论”，即从立法的层面为想要放弃犯罪行为的人提供合理的路径，为行为人返回法秩序搭建桥梁。但其缺陷在于，刑法的规定很少为民众所知，也很少有行为人因刑法中有中止犯减免刑罚的规定而放弃犯罪。“黄金桥理论昧于现实，实际上行为人很少是因为知道这条黄金桥而中止其犯行。[①]

2. 奖赏理论

该说认为，中止犯减免刑罚是对能够中止犯罪或者有效防止结果发生的奖励，也是立法者对中止犯的赦免。着手实施犯罪的人只要出于自己的意愿中止犯罪，可获得刑罚减免的奖赏，无须考量中止的动机。奖赏理论是德国关于中止犯减免刑罚根据的通说，但其不足在于，中止犯只是比照既遂犯进行减免，而非一律不罚，奖赏的效果较为微弱。“刑法于普通未遂之外，另设中止未遂减轻或免除其刑的规定，其理由乃基于刑事立法政策的考虑”。[②]

3. 刑罚目的理论

该说认为，无论一般预防还是特殊预防均无处罚中止犯的必要。因中止行为本身已经说明行为人犯意不坚，行为危险性相对微弱，再犯的可能性不大，处罚中止犯对社会其他人的威吓效果也一般，对于中止犯应免除其刑或者减轻其刑。其理论缺陷在于，行为人既然能够着手实施犯罪，说明当时犯意足够坚定足以完成犯罪，之所以中止犯罪可能只是出于某些偶发状况，危险性未必微弱，行为应受处罚性依然存在。“中止未遂犯的犯罪意志远低于贯彻犯行的其他人，而且行为的危险性亦较轻微，因此，并无必要借由处罚来吓阻行为人未来的犯罪（无特别预防之必要性），亦无必要借此吓阻社会大众或回复法秩序（无一般预防之必要性）。”[③]

4. 法律说

该说认为从犯罪成立的违法性和有责性为减免中止犯刑罚寻找依据，具体有违法减少说、责任减少说和综合说。

---

① 林钰雄：《新刑法总则》，中国人民大学出版社2009年版，第293页。

② 林山田：《刑法通论》（上），北京大学出版社2012年版，第314页。

③ 林钰雄：《新刑法总则》，中国人民大学出版社2009年版，第293页。

一是违法减少说。行为人依中止行为而放弃了犯罪故意以及由于危险状态的消灭而使违法性减少。“在着手未遂之情况，依中止行为而放弃故意（主观违法要素）之故，使结果发生之危险消灭（以不作为所为之中止）；在实行未遂之情况，依中止行为而积极除去危险状态，使违法性减少（以作为所为之中止）。”[①] 但是行为人在放弃故意以前，由于行为所引起的危险状态已经存在，对于该行为或危险状态也必然要进行违法性评价，就已经成立的违法性进行事后的减轻是难以想象的。如果仅以故意的放弃所产生的违法性减轻来说明中止犯减免刑罚的根据，则无须再去考虑中止犯主动放弃犯行的要求，没有任意性也不能否定违法性。所以中止犯减轻处罚的依据不能仅从违法性上去找。

二是责任减少说。相对于认定违法性的减少，在责任阶层进行事后评价相对容易，也能解决中止的一些专属问题。责任减少说主张，中止未遂比障碍未遂的反社会性要低，可减轻责任，从规范责任论的角度出发，可以从作为责任要素的犯意可谴责性中寻求责任根据，撤回犯行决意证明了行为可谴责性的减少。但该说的问题在于，把行为人的反社会性、性格的危险性或者道德性要素作为评价的对象并不合理，既遂也可能存在反社会性或可谴责性的减少，但既遂绝无可能成立中止。

三是综合说。综合说是对各种观点的结合，但结合的点各不相同。有观点就认为对于中止犯只不过承认了刑罚的必要减免，因此中止并没有使违法性或者责任消灭，只是使其减少。而且也难以用违法性或者责任的减少来说明，虽然要把重点放在违法性或者责任的某一方面。[②] 有观点支持违法及责任减少说的综合，“以往的朴素的政策说已成为过去的学说，刑罚的减免的根据在某种意义上有必要和违法性或者责任挂起钩来加以明确，这样的理解已成共识。”[③] “根据主观违法要素故意之放弃，得因此减轻该犯罪行为之违法性，且由于中止行为乃‘因已意’之任意性而决意实施之行为，此种再

---

① 陈子平：《刑法总论》，中国人民大学出版社 2009 年版，第 293 页。

② ［日］大塚仁：《刑法概说（总论）》，冯军译，中国人民大学出版社 2003 年版，第 219 页。

③ ［日］山口厚：《刑法总论》，付立庆译，中国人民大学出版社 2018 年版，第 290-291 页。

度采取符合法规范之态度，明显削弱法的敌对性，因此得以减轻责任。”[①] 有观点支持违法减少说和刑事政策说，事后放弃故意或者防止结果发生，属于减少发生结果的现实危险，看作违法性的减少。我国刑法还希望通过宽大处理，防止完成犯罪。[②] 我国刑法学术界主要从综合说的角度说明减免中止犯刑罚。[③]

二、帮助犯脱离的处罚根据应立足于帮助犯因果关系

犯罪未完成形态的处罚依据与共犯处罚依据一样，都必须把因果关系作为首要的考量因素。因果性成为共犯处罚不可或缺的前提。[④] 帮助犯因果关系不仅指物理性因果关系，还包括心理性因果关系，如帮助犯提供作案工具、望风等行为。对帮助犯的因果关系来说，究竟物理的因果性还是心理的因果性更为本质，有不同的观点。有学者认为唯有心理的因果关系才是本质性的，对于共犯的成立来说是必不可少的；另有学者认为，“因借给道具等所产生的物理的因果性是很清楚的，但以犯罪施行意思的维持、强化为内容的心理的因果性却并不明确。”[⑤] 当然，具体到对帮助犯的处罚，物理性因果关系与心理性因果关系具备其一即可，若两者均不具备，即便帮助行为客观上促进了正犯构成要件，也不具备可罚性。因此，帮助犯脱离必须立足于因果关系。

（一）因果关系是对帮助犯归责的必要条件

判断帮助犯脱离，必须首先确认对犯罪的因果作用，无论是物理性帮助还是心理性帮助，只要对于正犯构成要件产生了促进作用，就可以认定成立。相应地，如果想消除帮助行为对正犯的因果作用，也要从物理和精神两

---

① 陈子平：《刑法总论》，中国人民大学出版社 2009 年版，第 295 页。

② ［日］大谷实：《刑法讲义总论》，黎宏译，中国人民大学出版社 2008 年版，第 350 页。

③ 马克昌：《未遂犯比较研究》，载武汉大学法学院编：《珞珈法学论坛》（第 1 卷），武汉大学出版社 2000 年版，第 234 页；张明楷：《刑法学》（上），法律出版社 2021 年版，第 469 页。

④ ［日］西田典之：《共犯理论的展开》，江溯、李世阳译，中国法制出版社 2017 年版，第 5 页。

⑤ ［日］山口厚：《刑法总论》，付立庆译，中国人民大学出版社 2018 年版，第 318 页。

个层面进行衡量，判断因果性是否达到彻底消除的程度。物理的因果性从客观上就容易进行判断，但是心理的因果性则难以认定，有学者提出“风险降低”的思路，行为人虽然不能阻止犯罪既遂，但依然要对既遂结果承担责任，并结合退出程度使其负担较轻的责任。[①]

（二）帮助犯因果关系对帮助犯责任范围的限定

帮助犯的因果关系不仅关系到共犯的成立，而且关系到帮助犯应在什么范围内承担责任，帮助犯的脱离便与此问题息息相关。帮助犯脱离，但此前行为已引起法益侵害结果的场合，帮助犯承担责任的依据和范围能够借助因果关系切断说得到合理处理。帮助行为人消除了行为与结果间的物理和精神作用后，才能成立脱离，对其后的共犯行为及结果不承担责任。共犯关系是否脱离，并不在于脱离时间是在着手之前还是之后，而在于是否消除了因果影响。

在共同犯罪理论中，共犯脱离与共犯承继可以对照比对，承继共犯理论讨论的是共犯关系的中途形成，而共犯脱离理论所讨论的是共犯关系的中途解体。承继共犯在物理性和心理性即在客观上在事中形成共犯关系，但共犯承继必须立足法益侵害来把握归责问题，故共犯承继依然形成了共犯关系，承继的共犯依然要对共同的犯罪事实负责。而共犯脱离意味着共犯关系的消解，但这并不意味着共犯关系不复存在，只是原本的共犯关系在主客观因素的影响下时空范围变小了。但这一共犯关系的缩小并不影响脱离者与其他共犯实施了相同的构成要件，侵犯了相同的法益，构成了相同的罪名。因此，即使构成了共犯脱离，脱离者仍承担共犯责任，而非单独犯的责任，只不过较既遂为轻。因此，共犯脱离的实质绝不是脱离者不再与其他共犯继续共同作案，而是与其他共犯的随后行为脱离开来，解除了共犯关系，即脱离者消除了自身先前行为与其他共犯随后行为及结果的因果作用。只有做到了这一点，对共犯脱离的从轻处罚才具备正当性。

三、对帮助犯因果关系脱离的规范化理解

只有在消除行为与法益侵害结果之间的因果作用力的情况下，帮助行为人才符合脱离标准，对于脱离后的正犯的行为及其结果不能归责于脱离者。

---

① 徐育安：《共犯关系之脱离——兼论共同犯罪参与之中止》，载林维主编：《共犯论研究》，北京大学出版社2014年版，第15页。

（一）从规范的角度理解因果关系脱离的尝试

如果严格按照因果关系切断说，很多情形根本无法认定因果关系的切断，也就无法认定构成脱离。有学者提出了规范的因果关系离断说，从规范的角度解决共犯脱离问题，认为“祛除共犯行为所致的物理的因果性以及心理的因果性这两者”是百分之百的祛除，还是有可能在事实上仍有因果影响的存在？① 从而认为应当对是否祛除因果性进行规范的判断，并提出共犯脱离的要件有三：一是在主观方面，脱离人表达了脱离意思且为其他共犯人认可。主观上的脱离意思是脱离者主观对于法益敌视态度的否定；为其他共犯人认可，则意味着共犯犯罪故意的消除。该条件是脱离的帮助犯从轻、减轻、免除处罚的主观要素，这些条件的发生证实了帮助犯消除了对其他共犯后续结果的因果作用力，意味着具备了脱离的主观条件。二是在客观方面，脱离者停止犯罪行为并解除共犯关系，用实际行动体现了脱离意愿。三是在效果方面，从法律规范角度考察是否中断了行为人与其他共同正犯之间的物理和心理关系。② 消除了自身因果作用，可构成脱离，未彻底消除因果作用的，也可能构成。因果作用的消除属于规范评价，是从因果作用的角度对脱离成立与否的判断。

该说以规范视角审视因果关系是否中断，其亮点在于从规范角度考察是否中断了行为人与其他共犯之间的物理和心理联系，认为因果性关系并不仅仅是个事实问题而是规范评价问题。但是也存在一些问题，具体如下：一是针对因果切断的过高标准，意欲认定存在因果关系情形下的脱离。但当因果关系依然存在，从客观面判断因解除了共犯关系，故因果关系中断，构成共犯脱离，这等于在用因果关系的理论来解决归责的问题。二是判断标准停留在对共犯脱离的特征总结上，从客观面收集脱离者是否已经停止犯罪并解除共犯关系的迹象，并没有体现规范化的内容。彻底停止犯罪行为与其说是共犯脱离的构成要件，不如说是脱离的特征；解除共犯关系是脱离共犯的结果，而非构成脱离的要件，从逻辑的角度看，构成共犯脱离故而解除了共犯关系，而非因解除了共犯关系而构成共犯脱离。三是规范考察的目的在于解决归责问题，但由于仍局限于事实性审查，存在论的基础难以支撑规范性评价，只是对事物特征进行了提炼归纳，没有对共犯脱离前行为进行规范评

---

① 刘艳红：《实质犯罪论》，中国人民大学出版社 2014 年版，第 354 页。

② 刘艳红：《实质犯罪论》，中国人民大学出版社 2014 年版，第 354-363 页。

价，未指出哪些要素才是导致结果的真正原因，这些要素才是决定共犯脱离与否的构成要件。只有发现和规范评价了这些要件，才能真正解决尽管因果关系存在但仍可认定共犯脱离的问题。

总之，试图从规范的角度梳理共犯关系的成立与脱离问题是正确的，但是规范的角度只能从归责的视角展开，如果停留在对因果关系的事实性分析和评析上，因果关系的有无和联系的强弱是不能用于证实因果关系的中断，只能通过规范的归责理论排除不重要的因果关系，再通过其他因果流程对已经发生的因果关系施加影响，达到规范意义上的因果关系中断，进而决定结果能否规范地归责于当事人。客观的因果关系或存在或不存在，不可能在存在之后又被中断，因此从规范的角度解决共犯脱离问题是正确的，关键是找到理论基础和评价标准。

（二）归责视野下的帮助犯脱离

出现上述问题的关键在于，一是没有区分归因和归责，二是没有对因果关系的中断作规范化理解。19 世纪，在只有作为犯罪和制裁总称的一般归责概念下，因果关系和归责基本上是可以画等号的。[①] 只要能够成立因果关系，如不存在出罪事由，就可以认定行为人的刑事责任。时至今日，共同犯罪的归责模式虽然还是立足于因果关系，但是共犯行为与结果之间的因果关系已不仅是单纯的事实关系，还包含了规范意义上的价值判断，如行为或结果事实能否分别成为客观构成要件或法益侵害结果内容。即便某个共犯行为与结果之间有事实上的归因关系，如果不符合规范判断，也不能将全部责任归咎于该共犯。仅实施了部分行为的共犯是否需承担全部结果的责任，最终还要从规范判断中得出，而行为与结果之间的引起与被引起的关系，只是为规范判断提供了事实基础。

因此，帮助犯脱离的判断标准不能只从事实层面的因果关系进行考虑。当然，如果在心理和物理层面都有效、彻底地消除了因果作用，归责的客观前提消失了，规范判断的必要性也就不存在了。但帮助犯因果关系一旦产生，其实是无法中断的，能做到的只是尽量消除因果作用，但是先前行为与结果的因果作用是很难彻底消除的，特别是心理性帮助行为，哪怕脱离得到其他共犯的认识与同意，但心理影响很可能依然持续发挥作用。当共同犯罪行为完成时，帮助行为对法益侵害结果的影响是不以人的意志为转移的客观

① 参见许玉秀：《当代刑法思潮》，中国人民大学出版社 2005 年版，第 374 页。

存在。但无论是心理性因果关系或物理性因果关系，只是作为存在论意义上的因果关系，因果影响的消除是事实判断，而共犯关系脱离本质是对脱离者的合理归责，属于价值判断问题，重点是结果归责，而非结果归因，二者不在一个层面上。因此，不少学者在坚持因果关系切断说的同时，试图缓和切断标准，认为无须完全切断因果关系。① 在脱离概念前，解除了共犯关系又不构成中止的，往往倾向于犯罪既遂，这是“部分实行全部责任”归责原则的自然推理。“部分实行全部责任”作为对共同犯罪归责的整体原则是完全正确的。当然为了应对司法实践中各种纷繁复杂的具体情况，有必要进行必要的调整以更好地体现罪责刑的相互适应。但归责的基本原理还是一致的，即找到对结果负责的自由意志。行为人脱离后，其自由意志只应对脱离前的行为负责，将脱离前所产生的法益侵害或不法归属于脱离者，体现了正确的归责原则。所以，脱离理论并不是立足于个人责任对共犯归责原则的调整，只是在原先共犯责任难以分清的情况下，实践得不到理论支持，不得已用较为粗疏的认定解决归责问题。随着共犯脱离理论的发展，可以做到让脱离者对之前行为承担责任的同时不对随后其他共犯的行为或结果负责，在犯罪中止之外，提供另一条刑罚减免通道。

鉴于因果关系切断说的不足，应与规范化的归责理论结合运用。从归责的角度来把握帮助犯的脱离认定，以是否消除脱离前行为提升的风险作为判断标准，当然由于实践的操作难度，可以将消除的标准放松至显著降低了原先帮助行为所提升的风险，将解决问题的重点从纯粹的因果理论转向归责理论，进而得出更明确的思路和标准。任何人都必须对自己的行为负责，但又要排除不必要的处罚范围扩大。共犯关系中脱离后较低标准的因果作用往往是不具有刑事可罚性的。归责理论就帮助行为中不重要的、偶然因素加以过滤，只评价具有法律意义的行为。“规范性”意味着建立起一种评价的标准，归责理论借助目的理性，使得对行为的归责能以法律评价为导向，脱离因果关系理论的自然主义色彩，达到法律评价的规范化。与此同时，能够限制处罚范围的扩张，并梳理出不同情形下归责的要素和条件，保障归责的正当性。

本书认为，只有当帮助行为提升了正犯创设的禁止风险，并且这一风险最终得以实现，才可以对帮助行为进行结果归责。如果帮助行为人提升了风

① 参见金泽刚：《论共犯关系之脱离》，载《法学研究》2006 年第 2 期。

险之后，通过脱离消除了风险或降低了风险，即使其他共犯通过后续行为实现了风险，也不能将结果归责于帮助行为人；若风险没有实现，只能构成帮助未遂或中止。而风险降低到什么标准才构成脱离，根据对提升风险的因果作用决定。共同正犯在因果流程中起支配作用，只有将风险降低到极低才可以成立脱离，对于帮助犯而言，仅需消除对创设风险的加功或有效削弱加功效应。

第三节　帮助犯脱离的主观条件

因果关系是判断脱离的重要因素，但绝不是唯一的因素。不断放松共犯脱离的成立条件日益成为脱离理论的发展趋势，表现在主观条件和客观条件两方面。主观条件体现为放松了对脱离者主观认识和任意性的要求，但从先前对犯罪未完成形态处罚依据的回顾可以得知，脱离绝不仅仅是一个客观现象，而是一种不法的未完成形态或因果影响的变更状态，不可能仅通过对客观要件的认定就完成归责。共犯的处罚根据在于引起法益侵害结果，对“未遂的帮助”等共犯未完成形态的可罚性认定，都需要考虑共犯的主观故意问题，与作为处罚根据的法益侵害只能通过共犯的主观认识形成连接。以帮助犯为例，在欠缺故意的场合下，即便帮助行为与构成要件之间存在因果性，也不能认为该帮助行为可罚。如仓库管理员甲说晚上打算外出，乙利用这一机会盗窃仓库财物，虽然没有甲的行为不可能使乙产生犯意并实施盗窃，甲的行为对乙有心理上的因果性。但甲并无犯意，不能认为甲成立盗窃罪的帮助犯。所以共犯脱离问题是在考虑主观故意的前提下，凭借因果关系加以判断，但不能单凭因果性判断共犯脱离成立与否，一定要结合当事人的主观面共同得出，而且故意作为的帮助行为属于主观不法，主观面在判断时发挥主导作用，更不可能仅仅依照因果影响消除与否就得出结论。

帮助行为的主观归责需具备两个意志要素：一是行为意思中对正犯构成要件的促进意愿；二是行为人敌视法益的意志。促进的意志因素是主观归责的前提，如果缺乏对构成要件的促进意愿，即便对法益的敌视态度再强烈，也不成立故意。因为行为人不能将敌视法益的态度转化为客观现实，不能通过促进构成要件的实现引起结果的发生。在具有促进意愿的前提下，帮助行为还要体现敌视法益的意志，这构成了故意的规范本质，只有具备该要素的帮助行为才能主观归责于帮助行为人，行为人在主观上才违反了刑法规范。这两点是对帮助犯进行主观归责的要素，如果认为共犯脱离问题在某种意义上属于归责问题，那么对帮助犯脱离判断标准的构建也可以围绕这两点展开。

一、帮助行为人放弃对构成要件的促进意愿

目的行为论主张行为的本质体现在其目的性上，故意的目的性表现为以预见的结果为目标，并通过行为的支配性，促使因果流程的终点是实现目标设定的结果。因而，故意行为必须是具备目的性的行为。帮助犯的行为目的在于促进正犯构成要件的实现，这种促进效应建立在因果关系之上，体现为对因果流程的推动或引起作用，即帮助犯的故意由帮助行为对构成要件因果流程的促进作用所体现，如果帮助犯所认识的客观事实能够体现出行为人对因果流程的促进，那么体现了对构成要件促进作用的帮助行为的意思才构成帮助故意。帮助犯对行为手段、方法的认识、对行为对象的认识越充分，对帮助犯因果关系的认识越全面，其引起因果流程、促进构成要件实现的能力就强、发挥的因果作用就大。帮助行为的方式、作用路径无法提升正犯创设的风险，或仅导致规范允许的风险，则不可能提供客观上的促进作用，即使行为意思中蕴含了希望结果发生，也不能认定为故意。如协助迷信犯画符念咒、针扎小人，试图杀人，这就不存在任何风险关联，在主观上不能归责。

帮助犯要构成脱离，首先就必须在主观上放弃了对正犯构成要件的促进。行为人为促进构成要件的实现而提供帮助，放弃后对于其他共犯此后的行为和结果不承担责任。帮助行为人放弃对共同犯罪构成要件的促进意愿，不再想参与犯罪，这意味着帮助行为对构成要件因果作用的消除有了主观上的基础。故而，脱离者需以外在形式表达放弃促进的意思，并在主观上意识到自己的脱离行为能够产生放弃对构成要件的促进作用。意思表达表现为积极和消极两种形式。帮助行为人想脱离，可以明确告知其他共犯，“我不干了”“我先走了”等意思表达都可以作为放弃犯罪促进的意思。至于动机是出于畏惧，或心生悔悟，或出于对被害人的怜悯，或因客观原因无法实施，则无须考虑。消极表达较难认定，行为人未明确告知其他共犯，但以实际行动表达了放弃意愿。放弃意思的消极表达由于缺乏行为的定型，要根据案件的情势变更而进行实质化认定，并对放弃的意思表达进行规范判断。因为帮

助犯对因果流程不能起到支配作用，消极表达也能够达到消除因果作用的效果。若行为人没有明示或暗示表达脱离之意，而是径行退出犯罪，此种情形能否构成脱离，要看其他共犯对此是否意识到帮助行为人的脱离，以及其他共犯之后的行为，是否延续了脱离者的作用力，是否基于新的共犯意思联络而实施犯罪。如甲、乙事先约定时间行窃，甲放风，乙入室，到时间后甲未出现，乙独自实施了盗窃。甲没有口头明确表达脱离意愿，而是通过行动表达，使其他共犯明白了行为人可能想要停止犯罪。甲没有出现就表明了脱离意思，乙独自盗窃说明其行为是新犯意所致。因此，甲成立共犯脱离。

帮助犯放弃促进构成要件是否需要得到其他共犯的同意或认可是一个有争议的问题。有观点认为其他共犯的认可是构成脱离的必要条件，脱离者除停止行为，脱离意思必须得到其他共犯的了解。[①] 国内有观点主张，离开而不为其他共犯知悉，不能有效消除心理影响，不是有效的脱离。[②] 但是，越来越多的观点认为“认可”对于脱离而言是一个过高的成立要件，主张放松要求。

本书认为，其他共犯的认可与否不是对帮助犯归责的根据，也不应成为判断帮助犯脱离的要件。只不过在多数案件中，帮助犯放弃对构成要件的促进都为其他共犯所认可，但这只是对脱离现象的一种客观总结，而非主观归责要件。真正要回答的问题应当是，当事人是否放弃了对构成要件的促进意愿。其他共犯的主观认知对于帮助犯而言属于客观因素，是否放弃促进构成要件的实现往往是由脱离者所决定的，若以其他共犯的主观认知来判断脱离成立与否，有违共犯脱离制度的设立初衷。当然，在多数情况下，帮助犯必须将放弃促进、退出共同犯罪的意思传达其他共犯并被了解，才提供了构成脱离的主观基础。如甲为乙、丙盗窃望风，但在乙、丙盗窃期间未进行通知就自行离开，德国法院判定，由于甲的望风对乙、丙产生了心理上的支持，此种影响一直持续到既遂完成为止，因此判定甲为入室盗窃的共犯。[③] 可见，帮助行为对正犯构成要件的促进效果决定了对脱离者放弃促进的主观要件考

---

① ［日］野村稔：《刑法总论》，全理其、何力译，法律出版社2001年版，第439页。

② 黄丽勤：《论共犯关系之脱离》，载《北京理工大学学报（社会科学版）》2012年第4期。

③ 转引自刘艳红：《实质犯罪论》，中国人民大学出版社2014年版，第359页。

察前提。共犯相互利用，在共同的心理基础上形成了共犯关系，望风的帮助犯想脱离共犯关系，最低的要求是满足让其他共犯意识到之后将失去来自望风行为的支持，否则仅单方面的放弃望风是无法构成脱离的。脱离意思是否为其他共犯所认识并不是关键要素，核心在于帮助犯在主观故意中是否放弃了对正犯构成要件的促进，这一点并不是由脱离行为的客观表现所决定的，而是表现为主观故意的综合认识。在前文案例中，帮助犯对于自己的望风行为能够促进盗窃行为是有认知的，如果要脱离必须要放弃这种促进，但是这种放弃不是表现为放弃望风就足够的，还必须在主观上意识到自己的脱离行为体现了放弃促进构成要件的作用，而行为人的不告而别并不能达到这样的效果，所以不认定为脱离是正确的。另外，以片面共犯的脱离为例，更能够清晰地说明这一点，若以得到认可作为要件，片面共犯成立脱离几乎不可能，如果片面帮助犯能够构成脱离，只能说明其他共犯的认可并不是判断脱离的主观要素。对片面帮助犯的归责根据是其行为体现了对正犯构成要件的促进作用，而且主观上认识到了这一点，当其试图脱离时则必须认识到脱离行为能够消除这种促进作用。

当然，依据帮助犯的共犯参与程度及作用，应当适用不同的脱离标准。帮助犯在共同犯罪中起着次要作用，消极表达放弃犯罪的意思表示，或者自行消除加功；而且有时无须告知其他所有共犯，仅向实行犯以及对因果流程具备支配性的参与人表明脱离意愿就有可能构成脱离，关键在于帮助犯是否意识到这种有选择的告知能够起到消除促进作用的效果。其他共犯对脱离意思的“认可”或“了解”都不是主观判断要素，而是根据案件情况，帮助犯意识到其他共犯的“认可”或“了解”能够消除之前帮助行为的促进效应，只要其他共犯在意识到帮助犯试图脱离的情形下，仍然坚持实施犯罪，就能够印证帮助犯认识是否正确。故有无“认可”的意义主要体现在其他共犯在帮助犯脱离之后仍继续实施犯罪行为并导致结果发生的场合，作为判定脱离前行为对损害结果是否仍具有因果作用的参考基准之一。

当撇开当事人的主观要素而仅从客观要件出发，判断共犯脱离成立与否，共犯脱离就成了一个不包含“中止犯”的未完成犯罪形态。当成立脱离不要求在主观上放弃促进构成要件，只要求脱离者的先行行为与其他共犯随后行为及结果因果关系的切断，这样的共犯脱离理论便是将共同犯罪视作无互动、无关联的同时犯了。共犯之间的互动关系是共同犯罪区别于单独犯的本质特征之一，在没有消除帮助行为的促进作用的前提下，就可以构成脱离，那只能认为之前的共同犯罪关系不成立。例如，甲、乙、丙约定时间盗窃仓库，甲提供了盗窃工具，到了约定时间甲没有出现，而是躲在旁边偷偷观察，乙、丙决定继续实施，结果引发报警器被抓。从甲的行为看，没有在约定的时间出现，从形式上看的确通过消极表达的方式传达了不继续参与犯罪的意思，但是也必须看到甲主观上并没有放弃犯罪故意，通过在旁观察犯罪，能够意识到自己未出现并没有消除之前行为的促进效果，所以甲不能构成脱离。

二、帮助行为人放弃对法益的敌视态度

故意的意志因素在结果的希望或容忍等心理事实之外，还有规范内容。故意作为主观归责要素，必然是规范的。刑法以保护法益为目的，但刑法规范对于法益的保护应当考量行为人对法益持有的态度，而不仅仅是行为与结果之间的关系来进行归责。故意与过失的区别在于，故意体现了敌视规范的态度，故意的行为人选择侵害法益或者违反行为规范。[①] 这种敌视法益的规范要素表达了主观面对规范的违反，构成主观归责的重要基础。因此，帮助犯在主观上存在对法益的敌视态度，希望借助正犯侵害法益，如果要构成脱离，必须要放弃这种敌视态度。帮助行为之所以能够在主观归责，主要是因为行为人在意识到自身的行为间接侵害法益的基础上，存在对法益的敌视态度。这集中体现在行为在主观上的规范违反性，这种敌视通过意志因素的希望和放任而得以体现，意志是将犯罪行为付诸实施的主观意图。如果帮助犯欲从共犯关系中脱离出来，必须放弃对法益的敌视态度，即行为人要意识到脱离行为不再产生敌视法益的效果。

敌视法益不能简单理解为心理态度，而是通过行为人有意识的行为，所表现出来的从属于行为人的特质与不法，并体现在故意意志因素的“希望”或“容忍”之中。“希望”或“容忍”并不完全是一种心理状态，“希望”作为一种心理现象是毫无疑问的，体现出行为人敌视法益的意志；而“容忍”结果是否被认为是心理现象则有争议，难以找到可以精确描述及界定容忍的意识现象。因此，“容忍”并不是心理现象，而是对行为的整体评价，体现出对法益的敌视意志。

---

① ［德］施特拉腾·韦特：《刑法总论 1——犯罪论》，杨萌译，法律出版社 2006 年版，第 113 页。

如果认为脱离者放弃对法益的敌视是免予归责的要件之一，那“任意性”就成为无法回避的重要问题。有观点主张，任意性是帮助犯构成脱离的要件，行为人必须自愿放弃犯意，而非因为意志以外的因素，否则就构成犯罪未遂而非脱离。只有在行为人自动放弃犯意并停止实行行为，才有刑罚减免的价值，从而鼓励更多的行为人主动放弃犯罪行为。[①]但任意性的本质是当事人放弃了对法益的敌视态度，而且是出于自身意愿进行了放弃。将任意性作为犯罪中止的要件是恰当的，帮助犯成立脱离并具备任意性的要件才能成立中止。共犯脱离的成立条件应当有别于共犯中止，不能将共犯脱离的主观条件等同于共犯中止。如果将任意性的要求确认为脱离的主观要件，与中止的标准就基本等同，削弱了共犯脱离理论的存在意义。所以，对于脱离者的主观认识是出于害怕刑罚或良心发现没必须另作要求，只要行为人退出共犯关系后，原共犯结构由此归于消解，就可以成立共犯脱离，对脱离后的共同犯罪不再负责，其中并未体现需要任意性这一条件。即便是出于意志以外的原因退出了共犯关系，也能成立脱离，只要行为人意识到自己的脱离行为是对犯意的放弃，并消除了对后续行为和结果的影响力。任意性并非共犯脱离的必要要件，任意性是进一步成立“中止犯”的问题。而且因果关系是客观的事实判断，其存在不因“任意性”而转变。如答应望风的帮助犯未能及时出现，尽管不具任意性，但客观上切断了与正犯构成要件的因果联系，未发生任何因果作用，具备了构成脱离的条件。相反，即便具有任意性，若事实上并未消除因果作用或降低风险，不能成立脱离。

共犯脱离有着特殊的法律性质，并非必然轻于中止、重于未遂，既可能不作为处罚，也可能因为构成预备阶段的中止无须处罚，还可能成立中止或未遂。共犯脱离的出现有刑事政策的背景，任意性要件会限制司法实践中许多原本可以成立脱离的情况。随着共犯脱离理论的不断深化，已基本在共犯脱离不以脱离者的任意性为前提的问题上达成共识。[②]如甲威胁帮助犯乙，若脱离就杀死他，乙继续留下来帮助甲属于被胁迫，仍有可能成立脱离。其根本原因就在于乙在主观上已经放弃了对法益的敌视意志，但由于受到胁迫不得不继续参与犯罪，这时乙对后续行为已无自身独立的自由意志，失去了

① 沈琪：《论共犯关系的脱离》，载《黑龙江省政法管理干部学院学报》2004年第5期。

② 参见张明楷：《刑法学》（上），法律出版社2021年版，第606页。

归责的主观基础。

因此，行为人的任意性能够使其更容易被认定为脱离，还有可能成立犯罪中止，这体现了对归责程度的影响，并不影响归责范围。这是因为大家越来越意识到，只要行为人放弃了对法益的敌视，就足够实现对法益的保护目的。但是共犯脱离理论也不能走向另一个极端，即建立在主观因素可有可无的纯客观基础上，只要脱离者与其他共犯的行为及其结果的因果关系被切断，则足以成立共犯脱离。共犯脱离的成立固然应立足于因果关系，但任意性并非可有可无的要件，无论有无都不妨碍对脱离的认定，否则有任意性，可依据中止犯理论构成中止，而没有任意性，则可依据脱离理论构成被认定为中止，这本身就显得有些矛盾，也难以体现刑事政策的有效性。因此，任意性作为主观因素，与因果关系是否被切断分别组合成共犯脱离的不同情形：具有“任意性”与因果影响被消除构成中止型的共犯脱离，而不具有任意性则与因果影响被消除构成非中止型的共犯脱离。只有将共犯中止纳入共犯脱离理论之中，而非再附加任意性作为成立的条件，在共犯脱离之外认定共犯中止。这样能避免“准障碍未遂”的理论尴尬，使共犯脱离理论形成完整性和体系性。因果影响被消除是共犯脱离成立的充分必要条件，而任意性则决定了共犯脱离后的具体犯罪形态，主观面要素不可忽视。

总之，帮助犯脱离的主观要件有两个：一是行为人主观上放弃对正犯构成要件的促进意愿，并意识到脱离行为有很大可能消除对构成要件的促进效果；二是放弃对法益的敌视意志，并意识到自身的脱离行为不再产生敌视法益的效应。前者构成对共同犯罪中“共同”的脱离，后者构成对“犯罪”的脱离，两者联合构成对共犯犯罪关系的脱离。当然，两者的地位是不一样的，具备前者即可构成较低标准的脱离，但是要构成可以按照中止处罚的脱离，则必须参考中止的构成要件，至少要消除自身对法益的敌视态度。

第四节　帮助犯脱离的客观条件

一、消除帮助行为引起的风险

帮助犯因果影响的消除问题面临事实认定和规范评价的双重确认，这是因为帮助行为加功的效果到底有多大，很难精确测定，只能规范地考察脱离者当初的帮助行为对随后的正犯行为及结果的因果作用是否消除，如果认定成立脱离，则对其他共犯随后的行为与结果不负责任。如因果作用没有完全消除，但因脱离，因果作用变得很弱，有没有必要将其余共犯的结果归责于脱离者，最终还是规范评价问题。通过将归因与归责问题相分离，以事实考察为基础，再通过规范评价，综合考察脱离人是否应当归责的问题。如甲、乙、丙实施抢劫，甲见被害人是亲戚，决定退出，但甲没有拿走为犯罪所准备的犯罪工具，乙、丙继续抢劫。对于这种即使脱离人表达了脱离意愿，但没有取回犯罪工具，物理和心理性因果影响都没有完全消除的情形，能否认定为脱离确有争议。这也从另一个角度证明了脱离问题的本质应当还是归责问题，而不是一个简单的因果关系问题。如果脱离者有意留下犯罪工具，以示帮助，那么脱离者既没有放弃对构成要件的促进，也没有放弃对法益的敌视意志，不能认定脱离；但如果脱离者是慌乱之下忘记拿走工具，表明其放弃了对法益的敌视意志，并认为自己离开就已表示放弃促进构成要件，遗留犯罪工具就无法对行为人主观归责，而其他共犯也明知脱离者因为不好意思对亲戚下手而脱离了共犯关系，不论是否使用了脱离者事先提供的工具，可以不将后续的结果客观归责于脱离者。所以，共犯脱离问题从本质上而言，应当是因果影响依然存在，能否将脱离后的结果归属于脱离者，归责或不归责的实质性理由又为何。

共犯的归责依据只能以因果关系为前提得出，但是因果关系的范畴、类型乃至产生依据则随着实践和理论的发展不断拓展。目前在共犯的因果关系领域，也有学者提出以客观归责理论来作为判断共犯因果关系是否存在的基准。[①] 只有在存在因果关系的前提下，才能将结果归责于共犯行为；帮助犯属于刑罚扩张事由，对帮助行为进行归责的前提，也是因果关系的存在。正犯与帮助犯的归责差别在于帮助行为本身并无类型化限定，难以体现类似于构成要件的定型性，帮助行为距离法益侵害结果相对较远，中间介入了正犯行为，归责难度更大。关于帮助犯因果关系的判断和归责，可以将因果关系判断与归责区分开来。在判断顺序上，首先对帮助行为与正犯构成要件进行观察，确认行为与构成要件的实现之间存在因果关系，再通过规范判断，进

---

① 参见林钰雄：《帮助行为的因果关系及中性帮助问题》；刘代华、齐文远：《帮助行为因果关系研究》，载林维主编：《共犯论研究》，北京大学出版社2014年版，第437、470页。

一步认定行为人是否要为促进构成要件的实现负责。

依照客观归责理论，主要依照以下三点进行分析：行为是否创造了禁止的风险——禁止的风险是否在结果中实现——结果是否处于规范目的的保护范围之内。可以依据这一框架分析帮助行为的客观归责问题：一是判断帮助行为是否提升了正犯创设的禁止风险，促进了构成要件实现。在帮助者降低了正犯构成要件的危险的情形下，须否定其风险提升能力。如阻碍、推迟构成要件，以及降低法益侵害程度等情形。二是帮助行为所实现的风险，不是被容许的风险。三是帮助行为所促进的构成要件是否处于规范保护范围内。与之相对应，在思考帮助犯脱离的客观要件时，可以从消除了对禁止风险的提升、使禁止的风险没有实现以及不在规范保护范围之内三方面着手。

（一）消除物理性帮助引起的风险

帮助犯脱离除了要满足主观条件，还应该符合停止帮助行为的客观条件，若只表达了脱离意思，却未停止加功、消除因果作用，就尚未真正退出共犯关系，仍为其他共犯提供着物理或心理帮助。共同犯罪在客观上产生了禁止的风险，既然风险的产生是对帮助行为客观归责的依据，构成脱离的关键就是消除之前帮助行为所引起的风险，没有消除风险则不构成脱离。消除风险有两个途径，消除物理性帮助带来的风险和心理性帮助带来的风险；既可以是主动消除，也可以是被动消除，如行为人被排除出共犯关系且自身认可脱离。不同案件中，帮助犯的风险贡献程度有高有低，消除风险的要求也应区别对待。

物理性因果关系是指帮助行为对正犯构成要件的实现产生了物理性影响。帮助行为既能发生在正犯着手前，也能发生在正犯实行中。在帮助行为所产生的风险与正犯构成要件之间存在物理性因果关系时，要脱离共犯关系，必须消除之前行为所制造的可能损害法益的风险。仅有主观意图不足以构成共犯脱离，行为人需要消除其行为的物理性帮助作用所产生的风险，否则不能免予归责。

帮助行为类型也能影响脱离成立。物理性帮助常见的有提供工具、交通便利、场地等，工具还可以进一步细分为种类物和特定物，若收回如一般工具的种类物，正犯还有其他获取渠道；但枪支、药物等特定物无法轻易获取，只有打消了因为能够获得特定物而强化的犯罪意图，并消除了因果作用，及时地撤回所提供的工具，才能视作彻底切断物理性因果关系，成立脱离。因为帮助犯的消除风险行为，切断了其与犯罪构成间的因果联系。如甲、乙、丙约定共同实施盗窃，但丙临时有事未去作案现场，甲、乙凭借丙提供的钥匙窃取了他人财物。在这种情况下，虽然丙没有参与实行行为，但提供钥匙与盗窃既遂存在因果关系，故不能认为脱离。提供技术、信息的，如犯罪对象的住址、体貌特征等信息或技术指导，帮助行为通过影响正犯的精神活动来发挥作用。[①]这些信息、技巧一旦掌握，就难以通过收回信息或技巧来消除风险，如果要求帮助犯只有通过阻止行为以完全消除心理影响，标准就会过严，但帮助犯至少为阻止构成要件的实现作出了努力。如果在付出真挚的努力后无果，是否就一定不能构成脱离，则需要通过归责确认。

如果帮助行为在正犯着手前已实施，而且正犯借助该帮助完成了犯罪构成，则可以认定构成对既遂犯的帮助，如果没有对正犯构成要件的实现构成帮助，包括心理上的帮助，则不能认定存在因果关系。如帮助者将钥匙交给盗窃的正犯，但被害人家门没锁，正犯未使用钥匙就入室了，即使在入室的时点，帮助行为的帮助效果基本不存在，但由于使犯罪构成更容易实现，所以存在因果关系。但如果正犯忘记携带帮助者所提供的钥匙，则只能判断帮助行为与盗窃行为没有因果关系。如果帮助行为发生于正犯着手时，判断标准依然为是否有助于正犯构成要件的实现。因此，帮助行为发生在实行或预备阶段并不重要，帮助行为是作用于行为还是结果也不重要，关键在于帮助行为是否对犯罪构成的实现有促进作用，只有具备这一条件，才能认为存在帮助性因果关系；而能否成立对既遂犯的帮助犯，则取决于正犯行为有无既遂，否则只构成对未遂犯的帮助犯或者不可罚的未遂帮助。对于脱离而言，仅停止犯罪行为，但为犯罪提供的物理性帮助依然发挥作用，则意味着未能有效消除因果作用。停止犯罪行为的迹象有很多，离开犯罪场所只是其中之一，不是脱离成立的判断标准；如果离开犯罪现场，但通过短信或电话遥控指挥犯罪，就没有脱离。只有停止犯罪行为并消除共犯关系，才符合脱离的客观条件。随着共犯结构的消除，共犯之间相互利用的关系不再存在，既要根据脱离者主观上放弃对构成要件的促进作用，也要从客观上停止了犯罪行为、消除了之前行为所引起的风险来分析，只有当相互利用的共犯关系不再存在，才能认定共犯关系的解除。

消除物理性帮助引发的风险有一种特殊情况，即片面帮助行为的风险消除问题。处罚教唆犯是因为其使人产生了实施构成要件的意思，所以并不需

---

① 黎宏：《刑法总论问题思考》，中国人民大学出版社2007年版，第539页。

要物理性因果关系。不存在片面教唆犯和片面实行犯，而单方面帮助他人犯罪的情况是存在的。在片面帮助犯的场合，尽管不存在心理性因果关系或意思联络，但正犯行为在客观上确实得到促进。我国《刑法》第198条第4款和第350条第2款的规定也承认了片面帮助犯。一般认为帮助犯与正犯是否存在共谋是判断“片面”与否的关键，多数观点都认为，帮助犯毕竟不是共同正犯，其只需要客观上促进了正犯构成要件。单方面地为实行犯提供便利或制造有利的犯罪时空条件是现实中确实存在的行为形态。例如，甲与乙有仇，甲知丙欲杀乙，某日丙至乙家行凶，甲担心乙逃跑，把乙家门锁上，当乙发现丙后，欲逃走却因门锁着，被丙杀死。尽管丙对甲行为不知情，但甲主观有帮助杀人的故意，客观上也存在帮助行为，构成帮助犯。在正犯行为实行完毕而结果尚未发生时，帮助行为可能导致结果加重或实现。如甲开枪射乙，乙重伤倒地，甲以为乙已死，随即离去，丙目睹了杀人过程，在甲离开后设置路障阻止对乙的救助，但再次看到乙垂死的样子时，心中悔悟将其送往医院，乙因及时救助而未死亡。本案中丙的行为促进了结果发生，但后来打消犯意，将被害人送医并避免结果发生。片面帮助犯只要主观上放弃了对法益的敌视意志，客观上消除了先前帮助行为的促进作用，就可以构成脱离，而无须考虑正犯是否认识到其脱离。

（二）消除心理性帮助引起的风险

心理性因果关系是指帮助行为维持或者强化了正犯犯意。当帮助行为对犯罪起到鼓励或促进作用，增强了正犯犯意，从心理性帮助角度为构成要件的实现升高了风险。心理性因果性同样要求帮助行为促进了正犯构成要件的实现。因此，帮助行为所产生心理性因果作用不需要持续到正犯构成要件完全实现。

在帮助犯仅通过加深正犯犯意的方式升高风险，即通过支持强化正犯犯意，如鼓励、望风或者许诺事后的帮助等。关于增强犯意的心理性帮助，难点在于轻微的心理性帮助能否认为达到了值得科处刑罚的因果性，如能否仅凭提供工具时的意思沟通而认定具有可罚的因果关系。简单地表示支持不足以认定帮助犯，如果这种支持促进了构成要件的实现，如技术建议、被害人信息、工具使用方式等可以构成心理性帮助。只要消除了心理性帮助带来的风险，中断了与其他共犯的犯意联络，就应肯定共犯脱离。除了纯粹提供心理帮助的帮助犯，物理性帮助和心理性帮助所引起的风险往往同时存在，必须皆消除才能构成共犯脱离。帮助犯若要彻底消除心理性的因果作用不太现实，因此，如果其能够消除先前行为的影响，或者将其与后续行为与结果之间的因果性减少到可以忽视的程度，则可以认定脱离。鉴于帮助犯的从属地位，其并不能决定因果进程的发展，若有效阻止了正犯构成要件的实现，就直接构成中止了。心理性帮助带来的风险源自于共犯之间犯意的交流、沟通与加强，但有时客观上难以判断。如甲、乙合谋入户盗窃，甲将车子停在路边，等乙出来后逃跑。甲在等待乙的过程中感到害怕，给乙打了个电话表示放弃盗窃后驾车离去。甲作为帮助犯，既撤销了物理性帮助引起的风险，又撤销了心理性帮助引起的风险。当乙知道甲驾车离去的时候，心理上的帮助效果已经不存在了。甲从物理、心理两个方面都消除了由乙创设、自己加功的风险。甲或仍需为其先前行为所引起的风险负责，但从其离开时只能归责于乙。

对于提供技术意见，如果该行为维持或强化了正犯犯意，则能按照既遂帮助予以归责。与教唆不同，帮助行为所针对的是已经具有犯罪意思的行为人。有时没有帮助行为，也不会影响正犯以一致的方式实施犯罪；有时一般能够起到帮助作用的行为在特定场合却未发挥作用，这是由于人的主观自由意志不存在任何必然性的法则。强化犯意的帮助行为既可以是加强正犯早已有的犯罪意思、排除疑虑、给予安全感，或知道正犯计划而在旁观望等情形。司法实践中，通过增强犯意而提升了构成要件风险普遍存在。消除心理性帮助所带来的风险有一个重要的判断标准，即其他共犯对脱离是否了解或认可。一旦其他共犯认同了脱离者不再为犯罪提供贡献，通过认可的方式降低或消除脱离者先前心理性帮助所引发的风险，但不能将尚存的物理性帮助所引发的风险转移给其他共犯，因此脱离者与风险及随后法益侵害的因果关系在规范评价上并未中断。因此，脱离者对合意前的风险负责，但也对随后未被消除的物理性帮助所引起的风险负部分责任，其他共犯对随后的所有风险及结果负责。因此，即便其他共犯心理上认为脱离者已经不属于犯罪团体，但如果并未消除物理性帮助引起的风险或加功，仍应认为未构成共犯脱离。

（三）近乎消除风险

对于着手之后的脱离而言，由于行为人已经实行，具有现实危险，只有积极防止结果发生，才能消除之前帮助行为的因果作用。在正犯着手之前脱离的，不成立帮助犯，故帮助犯脱离仅限着手后。由于认定脱离的关键在规范意义上推定中断了因果关系，因而帮助犯的促进行为所产生的风险需要消除。由于完全消除近乎不可能，只能要求消除至对法益没有明显危险的程度，而且在不同案件中贡献有高有低，对促进程度较低的帮助犯要求较低，对具有重大贡献的帮助犯要求应更为严格。对于促进作用较低的帮助犯而言，由于只是提供了较低的风险贡献，只要放弃犯罪行为并向全部或部分共犯表达了脱离意思，先前行为对法益产生的风险就近乎消失，对后续行为不再产生有法律评价意义的促进作用，消除了先前行为与其余共犯随后行为和结果的因果作用，行为人无须阻止犯罪实施或犯罪结果的发生。如因为其轻微贡献而要求为后续犯罪负责，过于苛刻，并不能合理地保护法益，不利于预防目的的实现。

与之相比，具有较为重大促进作用的帮助犯脱离要件较为严格，行为人的先前行为为风险的创设提供了充分的促进作用，一旦着手实现，行为人如果不能消除风险，便不足以规范地中断与对法益危害结果之间的因果作用，不能成立着手后的脱离。因此，有重大促进作用帮助犯的脱离要件除放弃犯罪、表达脱离意思外，还必须消除所引发的风险。有时行为人消除风险的行为同时就传达了放弃促成犯罪的意思，若其他共犯意识到脱离者消除风险的努力，则完成了脱离共犯关系的意思表示。为犯罪提供了重大促进作用的行为人具有消除或阻止义务，脱离难度更大，很容易发生脱离失败的情形，即使停止了犯罪行为、作出意思表示乃至意图消除风险的真挚努力，也不足免除归责，故不构成脱离。当然，由于脱离者至少消除了心理性帮助所引发的风险，虽不能评价为脱离，但也降低了行为的社会危害性和自身责任，可以从轻处理。可见，是否消除了风险，不能仅从真挚的努力来判断，必须根据案件的具体情况，特别是脱离的原因、之前行为与其他共犯行为和后果因果作用的强弱进行综合考虑，判断退出行为是否成立脱离。

对中立帮助犯的脱离标准的认定，更能说明从归责的角度规范化判断的合理性。中立帮助行为具有重复性、日常生活性等特征，不同于特定的、典型的帮助行为。帮助行为与正犯的实行行为间的因果性的认定并不困难，但如何认定此中立帮助行为的可罚性争议比较大。作为规范允许的正常社会活动，只要没有超出法律所允许的界限，就没有创设法所禁止的风险，只有偏离了规范或法律要求而被禁止，并且具有引起正犯构成要件的高度可能性，才能肯定帮助者与正犯间产生了帮助犯因果联系。如两人在五金店门口互殴，其中一人向五金店老板购买菜刀，五金店老板若主观上意识到此时所销售的菜刀很可能被用来实施犯罪行为，依然出售菜刀，当事人最终实施了杀人行为，则应当肯定成立物理性的帮助犯因果关系。若五金店老板想成立脱离，就必须主动积极地想办法切断菜刀与结果的因果作用，或阻止当事人的犯罪行为，或保护被害人免受伤害。中立帮助行为超出了正常业务行为的必要限度，额外提升了正犯创设的禁止风险，因此能肯定帮助犯因果关系的成立，构成帮助犯脱离的首要标准就是消除这一风险或防止风险的实现。

（四）真挚努力与消除风险

真挚努力是指行为人放弃犯意后，为防止结果发生而作出真诚的努力。真挚的努力是手段，消除风险是目的。在消极脱离中，帮助犯通过传达脱离意思或者消除因果作用来实现脱离，没有真挚努力的要求。而对于以积极方式脱离，则要求脱离者积极地采取行动，为防止犯罪继续或结果发生作出最大努力，如说服其他共犯打消犯意，尽可能防止结果发生。是否付出真挚的努力曾成为切断因果关系的重要判断标准。但如果以是否付出了真挚的努力或采取了犯罪防止措施作为因果关系消除的判断标准，有时无法得出合理的归责结论，如没有实施防止犯罪行为发生的措施，未必不成立脱离。

若按照中止犯处罚，必然要求具备任意性并付出真挚努力，否则使脱离比中止待遇更优，不够合理。若按未遂处罚，没必要要求付出真挚的努力，毕竟脱离导致帮助犯的不法、责任都削弱，可纳入量刑情节。共犯地位和影响不同，成立脱离的要件也有区别，对真挚努力的要求也就不完全一致。实行阶段，帮助行为已发挥因果作用，真挚的努力就是构成脱离的必要要件；当实行终了，帮助犯脱离必须付出更多努力，但采取了力所能及的防范措施，如向国家机关报告、提醒被害人等，那么也可以在正犯既遂的场合成立帮助犯的脱离。[①]

所以，真挚的努力不是脱离的客观要件，首要的条件应当是停止共犯行为，进而消除之前行为所带来的风险。如果脱离者表达了脱离意思，但仍然继续实施了犯罪行为，其行为表明继续对其他共犯提供物理性或心理性帮助，这就不能认定脱离。因此，停止犯罪必须是彻底地放弃，如果只是另外选择机会，则不能成立，只能认定犯罪未遂。如甲、乙、丙计划拦路抢劫，甲在现场认出被害人是亲戚后从现场撤离。甲走后给乙、丙发短信，告知被害人戴有一条珍贵项链。乙、丙劫得现金和项链。甲没有继续抢劫，离开现场，但通过短信继续提供有关被害人的信息，表明心理性帮助依然持续，之

① 司冰岩：《论共犯关系的脱离》，郑州大学2016年硕士学位论文，第30页。

前行为的风险非但没有消除，反而进一步得到了实现。因此，甲不成立共犯的脱离。

消除风险的行为（真挚的努力）有可能失败，最终无法在规范意义上中断因果关系，如因客观原因而未能消除风险、其他共犯不认可而无法消除风险，或行为人的风险贡献已经降低却未能消除风险。行为人只要尽力地消除风险，即便无法成功，也存在构成脱离的余地。可罚性从轻的实质性理由主要是刑事政策下的违法性与责任的双重减少，即便因为没有中断因果关系而不构成脱离，其放弃犯罪及试图消除风险的行为仍具有法律意义。

关于真挚的努力是否要求负有阻止其他共犯继续犯罪义务的问题。阻止犯罪只是成立共犯脱离的主要条件，而非前提条件，成立脱离的关键是消除前行为对随后其他共犯行为与结果的因果作用力。只要消除了之前所引起的风险，则不应因没有阻止他人犯罪而承担责任。但如果脱离前，行为人已经着手实行犯罪，帮助行为所引起的风险已经实现，只有积极地实施防止结果的行为，则肯定脱离者对其他共犯继续实施犯罪负有阻止义务，或在努力无效的情况下通知被害人或警察。

二、帮助犯的脱离时间

针对帮助犯可以在哪个阶段成立脱离，存在不同观点。有观点认为脱离须在着手前，一旦共犯关系形成，便不能解除，不能回到共犯关系未建立之前。[①]有观点则认为，如果是在着手前就自愿放弃犯罪或因其他原因退出犯罪，则共犯关系并不存在，相应地，就不会有脱离的问题。[②]但对于事后帮助犯不能构成脱离的问题，观点基本一致，因无事前通谋，不能成立帮助犯，只有事前有通谋的意思联络，才能成立。该类帮助行为通常在既遂后通过承诺帮助，消除后顾之忧，不能认定成立帮助犯因果关系。

共犯从属性是针对狭义共犯的，帮助行为并非构成要件行为，若无实施构成要件的实行犯就不成立帮助犯，故其至少以实行犯着手实行为必要。在此基础上，才能说帮助行为促使构成要件的实现更加容易，体现为加功关系而非原因关系。因此，共犯从属性既是共犯的处罚依据，也是非实行行为

---

① 刘凌梅：《论共同犯罪关系的脱离》，载《河南省政法管理干部学院学报》2003年第2期。

② 张伟：《帮助犯研究》，中国政法大学出版社2012年版，第217页。

成立共犯的条件，能够合理限定共犯的处罚界限。帮助犯通过促进构成要件的实现间接侵害了法益，帮助行为对法益而言，在构成要件没有发生的情况下，只有潜在危险。但是依照我国《刑法》第 22 条第 1 款规定：“为了犯罪，准备工具，制造条件的，是犯罪预备。”在创造条件这一点上，帮助犯与预备犯有相似之处，有两种表现形式，即帮助犯的预备犯与预备犯的帮助犯。前者系帮助行为终于预备，后者则为对预备犯予以帮助。多数观点否认帮助犯存在预备犯，认为若帮助犯之帮助行为尚处在预备阶段，无帮助犯可言。争议较大者系预备犯之帮助犯，这也就决定了帮助犯的脱离能否发生在犯罪预备阶段。与预备行为相比，实行行为具有定型性；在与法益的关联性上讲，实行行为具有直接的危害，因此刑法以处罚预备犯为例外，而以处罚既遂犯为原则。必须承认预备行为与实行行为的区别。当然，预备犯也是构成要件的修正形式，预备犯具有其自身的实行行为，但从正犯与共犯之关系角度看，共犯通过正犯构成要件侵害法益，共同犯罪最核心的是正犯的构成要件。而预备犯的实行行为不具备构建共犯的资格。从存在论的角度看，帮助犯对正犯实行具有从属性，只有通过依附于基本构成要件的实行行为，帮助行为与法益侵害发生关联。正因如此，从属性决定了帮助犯成立以正犯着手实行为前提。在预备阶段肯定犯罪参与形态并无实质意义，“为了犯罪”体现的是目的导向，为他人犯罪同样囊括在内，故他人预备行为的本质就是犯罪预备。在正犯着手前，共犯意义的帮助行为无从谈起；在正犯着手实行后，在与正犯实行行为发生促进关系的意义上，他人预备行为已然超越了犯罪预备阶段而在实行过程中对法益具有现实的侵害作用。在正犯着手实行前后，帮助行为虽为同一，但正犯着手实行前的帮助行为仅停留于犯罪预备阶段，仅具法益侵害之抽象危险性；而正犯着手实行后，该帮助行为由抽象危险性转为现实侵害。虽然行为同一，但由于正犯有无着手实行，决定了性质上的差异，不能混淆未完成形态意义上的预备行为与共犯论意义上的帮助行为。

但是，上述情况也并不绝对，确实还存在一种例外情况，即帮助犯正犯化的情况。当行为人为了共同犯罪的实施而准备工具、制造条件，为后续的构成要件能够顺利实施创造了便利条件时，因为意志以外的原因未着手的，应认定为犯罪预备。但对于帮助犯正犯化的情况，如我国刑法中的协助组织卖淫罪和组织卖淫罪，如果在组织卖淫的正犯还没有实施的行为时，数人共谋招募、运送卖淫女、租赁卖淫场地，为组织卖淫提供便利条件，但这些协助组织卖淫罪的共犯对于组织卖淫罪而言依然处于犯罪预备阶段。但如果其中有人出于某种原因脱离了共犯关系，并彻底消除了先前行为与结果的因果作用，当然可以成立共犯脱离，因意志以外原因而脱离的按照预备犯、出于任意性而脱离的按照预备阶段的中止犯承担责任。如有共犯在预备阶段出于任意性而中止预备行为，并劝说其他共犯放弃招募、运送卖淫女但未成功，于是阻止他人继续实施犯罪，并使共同犯罪停止。这种情形中，中止行为人成立预备阶段的中止，其他共犯属于因意志以外的因素未能着手，成立犯罪预备。所以，尽管从原则上而言，不存在预备犯的帮助犯，帮助犯脱离不会处于预备阶段，但是他人预备行为则是存在的，其本质系预备犯。当然该问题也不绝对，确实也还存在例外情况，主要表现为帮助犯的正犯化的情况，帮助行为既有可能视作正犯的帮助行为，也有可能构成独立的实行行为，所以一概认为不存在预备阶段的共犯脱离也不合适。尽管上文的案例也可以不理解为预备行为的共犯，直接理解为正犯，但是这种情况比较复杂，有些行为能够按照组织卖淫罪的从犯进行处罚，有些则按照协助组织卖淫罪处罚，要根据共犯的具体作为而定，而且只能从事后进行综合判断，事前直接断言预备犯不存在帮助犯则过于绝对，会给案件的处理带来不小的麻烦。

因此，犯罪预备阶段的脱离可为两种情况：一是所有共犯均因意志以外因素未能着手；二是部分共犯人出于任意性中止犯罪，其他人则因意志以外因素未能着手，使共同犯罪总体处于预备阶段。在后一种情况中，共同犯罪的形态与共同犯罪人的形态是不一致的。共同犯罪行为停止于预备阶段，未能着手是出于共犯意志以外的原因，这是共犯预备与共犯预备阶段中止的根本区别。我国刑法规定了在犯罪过程中自动放弃犯罪的是犯罪中止，因此出于意志以外的原因而未能着手实行犯罪的，只能构成犯罪预备。虽然大陆法系国家认为处罚未遂犯是例外，处罚预备犯是例外的例外，而从我国刑法关于犯罪预备的规定看，虽然原则上要处罚预备，但在司法实践中处罚预备的情况只是少数。因此，既要看到距离法益侵害结果较远的共犯预备行为不一定值得科处，但也要承认，某些共犯预备行为极有可能对法益造成侵害，尤其是在共同犯罪的场合之下，故帮助犯的脱离在预备阶段也是存在的，由于我国刑法原则上处罚犯罪预备，可对他人预备行为定罪处罚。

当然，构成要件实施前的帮助犯脱离还是少数情况，更为普遍也更有难度的是着手后的脱离问题。帮助犯脱离多发生于正犯着手后至犯罪既遂前，帮助犯表达了脱离意思，明确将不再提供帮助，此时正犯若坚持实施，则与帮助犯先前允诺的帮助不再有因果关系。如甲、乙、丙三人商量由甲、乙盗窃，丙负责销赃，当甲、乙二人前往途中，丙因害怕，告诉甲、乙自己退出，若甲、乙二人坚持实施且盗窃成功，则甲、乙构成共同犯罪。丙表达了脱离意思，客观上消除了与共同犯罪的因果作用，实行犯是否停止犯罪不影响帮助犯的脱离。

但如果甲、乙、丙约定盗窃，丙负责销赃，后甲、乙成功窃取财物，丙因胆怯而拒绝销赃，由于丙的承诺给甲、乙提供了心理性帮助，即犯罪既遂后能否成立脱离则有争议，主要体现在构成要件实行终了而结果尚未发生的场合。有观点认为，犯罪既遂可以作为共犯脱离的判断标志，共犯脱离是既遂之前主动脱离的行为，而既遂之后就不再成立脱离。① 有学者主张存在既遂后的脱离，判断标准与着手后既遂前的要件无区别，只是脱离者对退出后的行为或结果免予承担刑责，但仍需对脱离前的既遂结果承担既遂责任。②

本书认为，犯罪既遂后有成立共犯脱离的可能。既遂不等于结果发生，在继续犯、结果加重犯的情况下，共犯关系依然存在，帮助犯脱离在既遂后仍可成立。只要在共犯关系的存续期间则均有成立脱离的可能，且根据脱离的时间点和脱离者自身的作用的差别，适用不同的脱离标准。例如，若继续犯想成立脱离，必须努力阻止犯罪既遂状态的延续；结果加重犯脱离者必须努力避免加重结果。如甲纠集乙、丙非法拘禁丁，丙负责将甲、乙送往犯罪地点，此时非法拘禁行为已经实施完毕达到既遂状态，即使丙劝说甲、乙停止非法拘禁，也不能改变犯罪已经既遂的现实，毕竟丙为构成要件的实现创造了条件，社会危害已经产生。但共犯脱离的处罚依据在于刑事政策指引下的不法和责任的双重减少。如果脱离者在犯罪既遂后无论出于何种原因，尽力防止结果的发生，无论结果发生与否，认定脱离在刑事政策上也是有利于保护法益的，在脱离行为人的责任上也有所减轻，所以将之认定为脱离是正确的。犯罪既遂意味着法益具有现实而紧迫的危险，帮助犯若不想对法益侵害结果负责，就必须付出真挚努力去防止结果的发生。

帮助犯脱离还有一类特殊现象，即承继帮助犯的脱离，承继帮助犯是否对其参与前的行为及结果承担责任，有肯定说与否定说。多数观点认为不应

---

① 陈丽玲、诸葛旸：《共犯脱离的认定》，载《中国检察官》2013 年第 3 期。

② 王昭武：《论共犯关系的脱离》，载刘明祥主编：《武大刑事法论坛》（第 1 卷），中国人民公安大学出版社 2005 年版，第 132 页。

扩展到参与前部分，毕竟并未亲自参与先前犯罪过程。[①] 如甲抢劫乙，乙被打成重伤，因乙的财物过多，甲携带不便，恰在此时，甲的朋友丙路过此地协助甲捆扎，甲顺利取走财物。丙的行为促进了抢劫行为的完成，但丙对甲先前的暴力行为并无任何作用力，故不应对乙的受伤结果承担责任。若丙要成立脱离，必须消除帮助行为因果作用，或尽力阻止甲带走乙的财物。当甲因丙的帮助更易收集财物但尚未取走财物时，若丙后悔帮助了甲，则需要消除其协助行为的因果力；或付出真挚的努力挽回财物损失，才能完全消除先前帮助行为对构成要件的促进作用。

三、帮助犯因果关系的类型差异对脱离判断标准的影响

帮助犯分为故意作为犯和不作为的帮助犯，成立帮助犯脱离需要根据不同类型设定不同标准。前者为共同犯罪提供各种帮助，但对于最终的法益侵害结果没有发挥类似制订犯罪计划、引导犯罪进程、指挥犯罪活动等支配作用；后者则通过未发挥犯罪防止义务，在客观上与其他实行正犯一起对共同犯罪的实行发挥着分担作用。帮助行为对法益侵害结果的作用程度越大，归责的限制条件便越少，帮助行为人的不法程度越高，对结果负责的可能性越大。帮助犯中引起型和义务型因果关系所体现的帮助行为对法益侵害结果的作用是存在差异的。引起型因果关系在归责时受到的限制要少于义务型因果关系，不作为的帮助犯在归责时必须以作为义务的存在为前提条件，这种差异只有依托于存在论基础上的不同才能解释。这种区分在规范上具有重要意义，会直接导致无罪或有罪的差别。结果归责是认定不法的重要要件，帮助行为与法益侵害结果之间的因果关系的类型化差异必然会影响不法的认定，进而影响对帮助犯脱离的认定。一般来说，行为对法益侵害结果的现实作用越大，不法程度越高。因为在不以支配力为主要判断标准的归责类型中，如引起型因果、义务型因果关系，仅仅不存在支配本身并不足以排除归责，归责的规范化依据不同。

（一）引起型因果关系的脱离判断标准

对引起型因果关系的归责要求帮助行为对于结果必须具有现实的作用。如果帮助行为没有对结果产生因果影响，便不应归责。帮助犯脱离的基本依

---

① ［日］山口厚：《刑法总论》（第2版），付立庆译，中国人民大学出版社2011年版，第353页。

据也在于必须消除先前帮助行为与结果的风险关联，即对故意作为的帮助行为的归责以对后果存在因果影响为前提，否定归责必须使帮助行为的因果影响消除。由于不以支配力作为归责基础，介入第三方因素或因果流程发生偏离的，对归责的结论并无影响。其他共犯的自由意志或第三方因素只能证明不存在支配性，但不能消除帮助行为对结果的现实性因果影响。故意作为帮助犯的脱离判断标准，重点不仅是当事人主观自愿与否、因果流程与预想有无偏差，还应包括帮助行为对于随后行为、结果的因果影响是否消除。

但由于引起型帮助行为在客观归责理论中属于间接创设风险的范畴，故意作为帮助犯的归责需受规范保护目的限制。在判断为正犯创设的禁止风险是否得到了帮助行为进一步提升时，只有禁止风险的行为规范包含禁止为他人创设的风险发生提供机会或便利的内容，帮助行为人才可能因提升风险的行为而被归责。因此，帮助犯脱离后其他共犯的行为与结果的因果影响还只是形式要件，其根本还在于这种因果关系是否处于规范保护目的范围之内。规范保护目的对归责范围的限定对于故意作为帮助行为的归责具有重要意义，毕竟帮助行为没有直接创设针对法益的风险并操控相应的因果流程，不是所有的有因果关系的帮助行为都受到规范的禁止。例如，甲通过提供犯罪工具、加油打气的方式为乙的犯罪提供帮助，这既体现了物理性帮助，也蕴含了心理性帮助，如果甲后悔，趁乙不注意将犯罪工具偷偷拿了回来，乙之后独立完成了犯罪，甲能否构成脱离呢？单纯从因果关系的角度看，甲的行为切断了物理性的因果关系，但由于未告知乙，并没有被乙所认识，很难认定彻底消除了心理性因果关系。但是必须看到，缺乏物理帮助的心理性因果关系是否还属于规范保护目的，没有观点会主张将简单的加油打气纳入刑事处罚的范围，因此即使因果影响没有被彻底消除，依然可以通过规范的保护目的而排除归责。这也从另一个角度阐释了因果关系与归责的相互关系，因果关系的存在是归责的事实性基础，但这不意味着只要存在因果关系就必然归责，体现在对帮助犯脱离的判断，脱离前的帮助行为即使与随后发生后果存在因果作用，并不必然否定构成脱离的结论。这也再次强化了之前的结论，不以归责为目的的因果关系判断是缺乏价值的。

（二）义务型因果关系脱离的判断标准

义务型因果关系的帮助犯的脱离标准与引起型因果关系有所差异，在义务型因果关系的归责判断中，仅仅否定支配的存在或是消除行为对于结果的现实作用，不必然得出不归责的结论。只有帮助行为人由于脱离不再承担保护义务，或者随后导致结果产生的风险也因为脱离不再处于保护义务的范围才行。对不作为帮助犯的归责必须存在作为义务，只要提升导致结果的因果流程发生的风险处于作为义务范围，即便介入第三方行为也不能排除归责。导致法益侵害结果的因果流程并不重要，归责的关键要件是作为义务的范围。即使发生了因果关系的偏离，主客观不一致等都不必然否定归责。因此，不作为帮助犯的脱离标准不在于对是否切断了与因果流程的关联，而是导致随后结果发生的风险不再处于作为义务的范围。如前文曾讨论过的冷漠的哥案，被告人对于发生在自身出租车上的性侵案件无所作为，没有履行对乘客的保护义务，因其不作为而归责；如果当事人离开出租车并出言劝告性侵的犯罪嫌疑人放弃犯罪，能否构成脱离呢？一般认为，帮助犯脱离如果发生在正犯着手之前，因为帮助行为所提升的风险不大，与随后结果发生的因果作用力较小，只要表达了脱离意思并被其他共犯认可，就达到了脱离标准。但对于正犯已经着手之后的帮助犯脱离，由于犯罪行为已经处于产生法益侵害后果的因果流程之中，帮助行为所提升的风险已经开始实现，这时帮助犯要脱离共犯关系只有通过积极作为，防止结果发生，才能消除之前帮助行为与即将发生结果的因果作用，也就是必须采取积极的行动，阻止结果发生。

回到案例，的哥如果想从共同犯罪关系脱离，在正犯已经着手的情况下，仅表达脱离的意愿或从犯罪现场（出租车）离开是不够的。这是因为从形式上看，帮助犯已经切断了自身与法益侵害结果的物理性和心理性因果关系，但是“的哥”被归责本来就不是因为自然意义上的因果关系，而是没有履行其犯罪阻止义务。一般情况下被害人自我答责在义务型因果关系中不适用，被害人是否自陷风险，对有作为义务行为人并不重要。在此案例中，除非被害人自愿才能免除出租车司机的作为义务，不然不能排除归责。总之，当事人不会因为在犯罪现场袖手旁观而承担责任，但作为负有作为义务的当事人可能因为无所作为而与法益侵害后果建立了义务型因果关系。

四、总结

帮助犯构成脱离必须消除帮助行为对犯罪继续实施及结果的风险促进，关键看是否消除了原先行为所贡献的影响。消除了影响，可成立脱离；未完全消除因果影响的，也未必不能成立脱离。因果影响是否消除是事实判断，但在判断存在因果影响后，还需要从规范的角度进行价值判断。真挚的努力也好，防止犯罪行为发生的措施也好，都是免予归责的形式特征，但是其背后的实质性理由是在人的自由意志支配下的行为所引起的风险被消除或降低。如甲、乙饮酒后决定盗窃，甲负责望风，甲因醉酒而倒地不醒，乙继续盗窃。分析此案，甲晕倒前未明确表达脱离意愿，或采取积极行为阻止乙盗窃，但甲晕倒的事实本身就标志着甲消除了与乙后来行为、结果之间的因果作用。在行为时，行为人具有独立的自由意志是刑事归责的基础，在行为人不具备自由意志时，如认为甲不构成帮助犯脱离，让甲对乙后续的盗窃行为承担责任，有违归责原理。所以，即使不是因为第三方的介入因素导致原本的因果流程发生变化，因果关系出现偏离，帮助行为人脱离后未积极防止结果发生的，在符合一定条件的情况下，也可构成脱离。

无论怎样构建帮助犯的脱离理论，都要求原本先前行为所引起的风险被消除了，与随后结果之间存在的事实关联被切断了。否则相应的脱离与否的判断不仅缺乏事实，也无法实现一般预防目的。帮助行为与随后结果之间的因果作用并不能纳入各类脱离情形。从前文的分析来看，一方面，没有彻底消除因果影响的情形，从归责的视角考察依然能够认定构成脱离；另一方面，即使切断了因果关系，也未必就不能继续归责，否定构成脱离。过于依赖因果关系作为对共犯脱离的判断标准，有时使认定的边界过宽，有时又过分收缩了认定范围。在假定因果关系或择一因果关系的情况下，弊端尤为突出，将一些明显值得处罚、不构成脱离的行为也予以认定。因此，有必要区分不同的因果关系类型，有针对性地适用相应的归责原理。首先需对归因层面的事实因果关联做出判断，确定属于何种因果类型，再根据不同的类型适用不同的脱离判断标准。把因果关系作为判断帮助犯脱离的唯一标准，甚至认为客观存在的因果关系涉及自然律，依照因果关系得出的结论是不应更改的结论，必然使得因果关系的认定日益失去弹性和对司法实践的价值；因果关系的类型差异是客观存在的，而且对归责有重大影响，将对脱离的判断等同于帮助行为与随后结果之间的因果关联是否被切断是不可取的，但客观事实的不同对于规范评价也有影响，必须适用不同的评价方式和路径。

在考虑对共犯脱离的减免处罚时，不可能离开刑事政策。因为在某些条件下，中止犯和未遂犯的危害结果相同，为何对中止犯减轻幅度更大，关键在于试图引导行为人中止犯罪保护法益，这一定存在刑事政策的考虑。中止行为人放弃犯罪或者有效地防止危害结果的发生，体现了违法性和责任的减少。违法性减少从客观角度说明了放弃犯行和防止危害结果发生消灭了既遂的具体危险，违法性必然减少；中止犯的某些情形从客观上看与未遂犯的危害相当，但主动中止犯行说明了责任的减少。所以，中止犯减免刑罚的依据体现了在刑事政策指引下行为人的违法性和责任的双重减少。这一点对于共犯脱离的减免处罚依据同样有重要的参考价值。如果共犯脱离的减免处罚依据也是刑事政策指引下的违法性和责任的双重减少，那么不考虑主观方面，仅考量以因果关系为主要内容的客观面，必然难以全面反映当事人的处罚依据。由于将归因与归责分开评价的情况下，解除共犯关系是对帮助犯脱离的事实评价，但如果按照规范评价展开，意味着有时即便没有彻底消除共犯关系，也可能认定共犯脱离的成立。毕竟脱离理论的价值在于消除共同犯罪关系，非自愿也没有防止结果发生依然可能构成脱离，出于任意性并实施了制止犯罪的行为，更应认定。可见，在对因果影响是否消除进行评价后，从规范的角度认定共犯脱离，鼓励从共犯关系退出。

第六章　帮助犯因果关系的偏离与归责

构成要件行为与结果在时间和空间上可以相互分离，行为人的主观认识与实际发生的因果关系会有差异，这被称为因果关系错误或因果关系偏离。当行为人主观设想的因果关系与实际的发生偏差，结果能否视作故意的实现并归责就值得研究。当因果关系偏离与共同犯罪问题相结合，情况更显复杂。

第一节　帮助犯的因果关系偏离

主观想象的因果关系与实际因果关系出现偏离，结果能否归于行为人故意，传统视为事实认识错误。认为打击错误与因果关系偏离不同，打击错误体现在对象非意欲打击的，而因果关系偏离并未改变最终的行为对象。但现在有观点认为，打击错误并不是独立的错误类型，“而仅仅是一种因果偏离的特殊情况，并且应当根据其规则加以处理”。[①] 其与因果关系偏离都是导致结果的因果流程与主观预想不一致，研究的问题也类似，即结果能否归责于主观故意，因此打击错误属于因果关系偏离。因果流程偏离包括狭义的因果流程偏离、结果的提前发生或延后发生以及打击错误。如何处理有以下几种思路：

一、故意确认

因果流程偏离的难点在于故意认定，大多此类案件都符合条件说，符合客观构成要件的该当性，限制处罚范围主要依靠故意的认定。因果流程属于故意的认识内容，若对因果流程没有认识，则可以阻却故意。对于因果流程

① ［德］克劳斯·罗克辛：《德国刑法学总论》，王世洲译，法律出版社2005年版，第340页。

的认识程度问题，法定符合说认为，故意只要主观认识与发生的结果在法律规定的构成要件的范围内符合就够了，不必具体地完全符合。[①]同一构成要件内的因果关系不影响对故意的认定；反之则影响。该说将行为人主观认识的对象与客观实际参照构成要件进行判断，只要基本相同就判断故意成立。具体符合说主张主观故意的认识对象与客观事实只有具体符合，才能判断成立。因果关系偏离就是主观认识的事实与实际事实不相同。如甲想要枪杀乙，实际上杀死的也是乙，则主观认识与具体实际就具体符合，能够认定故意。但若甲想枪杀的是乙，却因为手抖枪杀了丙，则主观认识的对象与客观现实具体不符合。鉴于难以认识因果流程的全部细节，因此一般采重要性标准，当因果流程发生了重要偏离，才阻却故意；如果偏离不重要，就不阻却故意。这一标准由德国杀戮欲案确立。[②]

这种方法的处理逻辑存在争议。从时间上来看，故意必须在行为时即已存在，但却因为行为结束后的事实（因果流程的偏离）而被回溯性地阻却，从逻辑上看结果是否发生、如何发生不能消除已经产生的主观认识。对于技术上较为复杂的案件，也只能证明因果流程偏离了主观设想，无法判断是否属于重要偏离，也就无法认定故意。该说还认为，因果流程偏离的场合可以构成未遂。但未遂要求成立故意，因果关系的重要偏离阻却了故意，因而不能构成未遂。对此，有观点提出因果关系重要偏离仅阻却既遂故意，而非未遂故意。这种认为未遂故意、既遂故意同时存在的解释，存在很多反对意见，"明明已肯定存在实行的着手与未遂的故意，却仅仅否定存在既遂的故意，这在理论上并无可能……不能将故意区分为未遂的故意与既遂的故意"。[③]

二、客观归责

有观点认为，因果关系偏离不是故意问题，而是因果关系问题，关键在

---

① 马克昌：《比较刑法原理：外国刑法总论》，武汉大学出版社2002年版，第283页。

② ［德］克劳斯·罗克辛：《德国最高法院判例·刑法总论》，何庆仁、蔡桂生译，中国人民大学出版社2012年版，第30页。

③ ［日］西田典之：《日本刑法总论》，刘明祥、王昭武译，中国人民大学出版社2007年版，第181-182页。

于客观归责。[①] 客观归责的逻辑清晰，故意无需认识因果流程，只需认识行为的风险。因果关系重要偏离使行为创设的风险没有实现，不应结果归责；不重要的因果关系偏离应当判断故意既遂，若行为人对行为所创设的风险有所认识，且该偏离不阻却客观归责，则构成故意既遂。

但是客观归责结论的合理性高度依赖对风险的设定。如医院火灾案，有观点就认为，若查明被害人实际为火烧致死，火灾危险已经完全阻却了原枪击的危险，不能对最后的死亡结果承担责任；若被害人是因为燃烧产生的有毒气体而死亡，中毒和枪伤共同作用，提前了死亡时间，则没有阻却枪击危险，死亡结果要归责于枪击。[②] 对风险的细分到了这个地步，还要区分纵火产生烟与火所导致的死亡，既不经济，对结论的合理性也没有帮助。

三、主观归责

对于因果关系偏离的判断，在故意与客观归责之外，还应主观归责。如果肯定了故意与客观归责，还能将结果归责于故意，则构成犯罪既遂；如认定了故意和客观归责，但结果无法归责于主观故意，否定既遂，认定为未遂或者过失。故意涉及的是犯罪成立与否，而因果关系偏离针对的则是结果能否归责于故意的问题。即因果关系偏离涉及的是故意既遂的归责问题，而不是故意确认，其要处理的是偏离前的构成要件事实的故意归责，而不是是否阻却故意。[③]

比较典型的是行为计划理论。对危险的认识是认定故意的标准，而客观归责是判断创设的风险有无实现。主观归责则判断最初的计划有无实现。当行为人认识到自身行为创设了禁止风险意味成立故意，当创设的风险实现时意味着可以将法益侵害结果归责于行为，当结果与行为的客观目的一致时就可以将既遂结果归责故意。这最后的步骤就是主观归责，多数情况下故意只有与行为计划相一致，才能归责，也只有行为计划实现才能认定故意既遂。从规范上看，有时虽然实际结果与主观想象不一致，但从行为计划来看，只

---

①　［德］沃斯·金德霍伊泽尔：《故意犯的客观和主观归责》，樊文译，载《清华法律评论》2009 年第 3 卷第 1 辑，第 159 页。

②　参见陈璇：《论主客观归责间的界限与因果流程的偏离》，载《法学家》2014 年第 6 期。

③　蔡圣伟：《刑法问题研究（二）》，元照出版有限公司 2013 年版，第 132 页。

要没有超出行为计划，依然可以主观归责。只要行为人将实际的法益侵害结果纳入行为计划当中，就是在故意的支配下去实现了结果。在因果关系偏离的情况下，行为计划为主观归责提供了理论工具，在一定程度上完善了原有理论。

从以上学说的争论可以看出，帮助犯因果关系的偏离有几个问题需要解决：一是帮助故意的认识范围是否包括因果流程。若必须认识，则因果关系偏离可能会导致构成要件错误，从而否定故意；若不包括因果关系，因果关系偏离不影响故意成立，偏离问题只能通过归责解决。二是对于禁止风险的实现应当事后判断，还是采用行为当时的预见可能性标准，如果采取事后判断标准，只要事后确认存在帮助犯因果关系，就足以认定帮助行为的客观构成要件成立，而能否或是否应当预见属于主观面，应通过主观归责解决。三是主观归责与客观归责在范围和功能上的界限。主观归责负责解决主观认识与客观现实发生偏离时，行为时的主观认识是否影响对故意既遂的认定，在何种情况下偏离是有规范评价意义的，直接决定了不能将既遂结果归责。

第二节　帮助故意的认识范围和归责原则

一、帮助故意包含对因果流程的认识

侵害法益的风险毫无争议是行为人成立故意需认识到的内容，但对具体的因果流程是否需要行为人认识到才能成立故意则存在不同看法。有观点认为，“在结果犯的场合，要成立故意，需要对举止与结果之间的事实上的因果流程具有认识。”[①] 也有相反意见，认为“因果过程的认识不是故意的条件”[②]，“行为与结果之间的因果进程，并不是故意的独立认识内容，只是对结果的认识的附属内容。”[③]

---

① ［德］乌尔斯·金德霍伊泽尔：《刑法总论教科书》，蔡桂生译，北京大学出版社 2015 年版，第 260 页。

② ［德］克劳斯·罗克辛：《德国刑法教科书》，王世洲译，法律出版社 2005 年版，第 336 页。

③ 张明楷：《刑法学》（上），法律出版社 2021 年版，第 361 页。

任何犯罪都是主观与客观要件的统一整体，只不过在检验过程中将其分割为主观与客观两部分，由于客观构成要件的故意规制机能已成为共识，错误论与故意论互为表里，行为人的主观认识内容及其与客观事实在何种程度上评价为一致，就是故意论的问题，也是错误论之问题。① 因此，所谓因果关系不要说也不能将因果关系彻底排除于故意的认识内容，只是将因果关系作为对行为或结果的认识的附属内容。我国《刑法》第 14 条第 1 款规定，“明知自己的行为会发生危害社会的结果”，看似仅包含对行为与结果的认识，但如果脱离了因果流程，是不可能真正认识、预见到结果发生的，这时的主观心理不过是缺乏客观根据的希望。因此，明知既包括对自身行为的认识，也包括对自身行为可能会引发结果的认识。前者是对构成要件的认识，对象是存在的实体物，属于认识当下；后者属于对危险能否实现为结果的认识，对象是尚未发生的结果，属于认识未来。

对于帮助犯而言，帮助犯因果关系的成立是帮助行为成为共同犯罪组成部分的前提，也是帮助犯的处罚根据。帮助故意的认识对象不仅包含帮助行为提升的正犯所创设的风险，也包括提升风险的进程。因此，帮助犯因果关系属于帮助犯构成要件的组成部分，明知是对正犯制造的风险和帮助行为提升的风险水平，对正犯创设的风险和帮助行为所提升的风险能否实现的认识属于因果流程可能性的想象。帮助行为对法益提升了现实的类型性风险，明知便是对类型性风险的认识。由于帮助行为与结果存在时间和空间的距离，提升风险的故意不必然会带来风险的实现，风险提升是帮助行为的实质性含义，而风险实现则意味着共同犯罪结果的发生。理由如下：

第一，由帮助犯构成要件所决定。共同犯罪构成要件可划分为相对独立的正犯构成要件、共犯构成要件。先判断正犯是否构成犯罪，再判断是否构成共同犯罪，以及共同犯罪是何性质。在共同犯罪尚未确定时，正犯部分就是指正犯构成要件实现的客观外在状态，帮助犯部分则是提升正犯制造的禁止风险的行为，两者之间还必须存在帮助犯因果关系。正犯构成要件、帮助行为及之间的因果关系尽管不可分割，是个统一的整体，但在判断帮助犯是否成立时却必须分开来看。但是如果缺乏了帮助犯因果关系，二者根本无法联结，因此帮助犯客观构成要件必然包含帮助犯因果关系。故帮助故意在对构成要件进行认识时就包含了对帮助性因果关系的认识。因此，对于帮助故

① 参见张明楷：《论具体的方法错误》，载《中外法学》2008 年第 2 期。

意而言，帮助犯因果关系的判断标准是对正犯构成要件的促进，而促进作用的本质其实就是帮助行为作用于正犯构成要件的因果流程。

第二，由决定规范的性质和功能所决定。不法内涵由决定规范和评价规范共同决定。帮助故意设定了行为目的，产生于帮助行为实施前，涉及的是决定规范。正犯的因果流程体现了正犯构成要件的实现过程，涉及的是对正犯的评价规范。因此，对帮助犯的规范评价由两部分组成，一是涉及帮助行为的决定规范，二是涉及正犯的评价规范。当然如果帮助行为正犯化了，那帮助行为同时违反了涉及自身的决定规范和评价规范。对于故意作为帮助犯，决定规范针的作用对象是自由意志，只有自由意志存在且能支配行为的情况下，才起到命令的影响，而在行为完成后、因果流程开始依照支配力和因果力的作用方向发展，决定规范就不再适用，只涉及在帮助故意的支配下实施的帮助行为，发挥作用的空间范围是帮助行为提升正犯创设风险的过程。所以，只能以行为实施时帮助行为人的主观认识能力为归责依据，故意也只能以帮助行为发生时存在的客观事实为认识对象。刑法设定了禁止杀人的决定规范，当帮助行为人认识到帮助行为有可能提升正犯杀人的风险，就应该放弃帮助，反之则成立故意；至于提供帮助后，正犯杀人的因果流程的确不是涉及帮助行为的决定规范所能禁止的，而是对正犯的刑法评价问题，正犯杀了人，帮助既遂；正犯失败，则帮助未遂；正犯杀了预想以外的对象，则是因果关系偏离，另行评价。所以要求帮助行为人认识正犯侵害法益的因果流程当然不现实，但是将帮助故意限定于帮助行为发生时的客观事实，不意味着帮助行为人对帮助行为终了后的因果流程的发展过程全无设想。至少对帮助行为与正犯构成要件的促进关系是可以认识，也应当认识。帮助犯没有独立制造风险，不法主要表现为对正犯制造风险的提升，而提升风险即为“促进”的实质性根据。因此，帮助行为人认识到了促进作用，意味着认识到了帮助犯因果关系，这是由帮助故意的双重认识因素所决定的。只要帮助行为人认识到其促进正犯构成要件可能性，从该可能性发展出来的因果流程都属于故意的认识范围。如帮助行为人提供刀给正犯用于杀人，至于最后正犯是当场杀人，还是被害人重伤后抢救无效死亡，抑或是死于破伤风感染并无影响，只要帮助行为人认识到刀对正犯完成杀人的构成要件有促进作用，帮助故意即告成立。

第三，与帮助未遂的原理保持协调。因果关系是客观构成要件的要素之一，不应将其排除于故意的认识内容。而客观构成要件对于故意的范围具有限制作用，故因果流程相应地也应属于故意的认识范围。因此，成立帮助故意要求认识到帮助犯因果关系，没有正确认知便阻却故意成立。若认为故意只是对行为的故意，则对因果关系的认识主要体现了客观要件；若认为包括对结果的故意，则因果关系的认识便属于主观构成要件。对行为的故意和对结果的故意均被故意涵括。就与正犯关系而言，帮助犯应属于结果犯，因此帮助行为完成，但还未对正犯产生影响时，即处于未遂状态时，仅有帮助行为的故意；当对正犯构成要件的促进作用完成，处于既遂状态，这时具有对帮助结果的故意。若要求帮助犯对故意既遂负责，则帮助犯因果关系必然属于帮助故意的认识范畴。

在上述前提下，当因果关系发生了实质性的偏离，认识内容发生变化，能够排除帮助故意。甲为了杀乙，问丙借枪，并约乙一起外出打猎。在打猎过程中，走火打死了乙。因为丙提供枪支之后的因果流程出现了重大偏离，故乙的死亡结果不能归于丙。本已成立的帮助故意为何在因果流程的发展过程中归于消灭，当丙同意借枪时，其帮助杀人的故意即告成立，在主观认识、客观行为均没有变化的情况下，原本已产生帮助故意会因为正犯因果流程出现偏差而被否定，只能说明由于因果流程变化导致帮助行为的构成要件发生变化。虽然丙在借枪的当时存在帮助杀人行为的故意，但其故意内容并非实际的因果进程，帮助故意只能延伸至走火之前的阶段。未遂犯以行为人具有既遂故意为前提，未遂犯和既遂犯事前应当拥有相同的犯罪故意，差别仅在于客观构成要件，客观构成要件又包含了因果关系。鉴于帮助行为人的主观认识不能完整地涵盖所有必要的构成要件事实，就不能按照故意杀人既遂归责于帮助故意。

帮助犯因果流程对帮助行为而言，属于未来事实，对帮助性因果关系的认知是对帮助行为实施后风险现实化过程的预想。而且客观事实存在无数细节，注定不可能认识到所有事实，主观认识与客观事实存在差别，再加上正犯这个独立因素，情况更显复杂。因此，帮助行为人对因果关系的主观想象与实际因果流程发生偏离乃是必然，主观认识和客观事实不一致的情况大量存在。但这并不意味着帮助行为人对因果关系的条件制约性也难以认识。在因果流程偏离的情况下，帮助行为人对行为和结果的性质和危害都有正确认识，只是对因果关系的认识与事实不一致。在打击错误的情况下，行为人对因果关系的认识与事实一致，但认识的结果与实际结果不一致。这就涉及结果能否归责于故意的问题。从归责角度看，只要行为人对因果关系的认识与事实基本一致，就可以认为行为人认识到了行为与结果的因果关系，结果在主观上就可以归责于故意。但如果认为对因果关系的认定必须细致到具体的因果流程，则会大大缩小犯罪既遂的成立范围。因此，帮助故意对因果关系的认识必须在兼顾事实认定的同时，引入规范评价，只需要对帮助犯因果流程的基本轮廓有认识。只有当主观认识与因果流程出现重大偏离时才能阻却故意；反之并不影响故意的成立。虽然承认了因果流程是帮助故意的认识对象，但并不要求认识全部的具体过程，而是要对整体发展有所认识，如果因果流程的偏离处于构成要件的范围，就不成立构成要件错误。对于帮助犯而言，帮助故意的成立不可能要求帮助行为人对事实必须有现实的认识，而只能有认识的可能性。毕竟提供帮助后，正犯的自由意志还将发挥作用，正犯如何利用帮助行为提供的条件和便利实施犯罪，对于帮助行为人是不可能确定认识的，只能是一种可能性。

二、帮助行为的风险提升应当结合规范目的进行事前判断

帮助犯因果关系具体表现为帮助行为通过正犯行为促进法益侵害现实化的过程，若在这个过程中发生了因果关系偏离，则会直接影响风险的实现。在认定帮助行为提升的风险是否最终为正犯所实现时，应以帮助犯因果关系为基础，结合规范目的，按照帮助行为发生时的判断标准进行认定。帮助犯因果关系偏离就是正犯所创设的风险在实现过程中出现了其他因素，但只要未消除帮助行为所提升风险的实际影响，就可以将结果客观归责于帮助行为。

（一）帮助行为提升风险的判断标准应是行为时的决定规范

对于帮助行为而言，既要评价帮助行为自身的行为无价值，又要评价正犯结果的结果无价值，故需采用行为规范的衡量标准。相应地，应从帮助行为时的立场来判断法益侵害结果是不是帮助行为所提升的风险的现实化。在责任原则的视野内，帮助行为人只能对自身故意范围内的情形负责，而法益侵害结果毕竟不是由帮助行为所直接导致的，帮助行为只是给正犯侵害法益提供了条件。根据自由律的要求，正犯作何决定不是帮助犯所能决定和判断的，只能说帮助犯在主观上希望或放任正犯去侵害法益，并为此提供了便利和条件，但正犯的决定完全属于其自由意志，帮助犯既不能掌握，也不应负责。但是当正犯做出侵害法益的决定以及法益侵害实现后，帮助犯也要因为向正犯提供了条件和便利而担责。

更为关键的是，在帮助犯的主观认识与因果关系发生重大偏离时阻却故意成立，但行为与故意应当同时存在。主观罪过判定的时点应当在于行为当时而非行为之后，评价规范将对行为之后某一事实的认知回溯至行为当时，从而影响故意成立，必然遭遇逻辑困境。因为帮助行为一旦完成，决定规范就不再适用，评价规范只能针对帮助犯在自由意志支配下所提升的禁止风险有无实现进行判断。如果帮助犯因果关系属于客观构成要件，帮助故意包含对因果关系的认识，帮助行为是否要对禁止风险的实现承担责任，首先取决于行为时有无认识到，若没有认识到禁止风险，无论帮助行为客观上是否提升了风险都不能归责。帮助故意的明知与帮助行为同时存在，二者同时发起，同时结束。但帮助故意对因果流程的设想与帮助行为提升的风险同时存在，在未来同时持续。一般认为，故意不需要维持到结果发生时，只要实施行为时存在即可。[①] 但帮助故意对因果流程的设想维持至正犯结果发生。就故意作为帮助犯而言，帮助行为人有意识地设定计划、实施行为实现目标，其在意思决定时便已包含了对于目标结果的预想。因而，帮助行为人能够预见到其行为与正犯结果之间的因果进程。

（二）风险实现的判断标准应当是行为人标准

虽然认可以帮助行为违反的决定规范作为风险实现的判断标准，但这并不意味着采取一般人视角的预见可能性进行认定。风险实现判断标准始终在事后标准与行为时标准之间摇摆不定。结果是否为行为计划的结果必须按照规范的标准来判断，行为人关于行为计划的主观认识仅是客观评价的基础。对目标的错误认识和因果关系的偏离，只要不重要就不影响结果归责的结论，行为人就应按照故意既遂处理。有观点提出规范的具体判断标准为“因果流程之偏离是否保持在普通生活经验所能预见的范围内”，[②] 但将“预见可能性”作为判定标准等于将过失的标准用于对故意的判断，而且以一般人作为衡量标准，导致专业领域无法得出确定结论，因为一般人标准运用于具体场景时，常常会体现为行为人标准。就故意作为犯而言，设立一个客观的观察者标准并无意义，一般人标准会导致主客观要素无法相互独立，将预见可

① 参见陈璇：《论主客观归责间的界限与因果流程的偏离》，载《法学家》2014年第6期。

② 参见［德］克劳斯·罗克辛：《德国最高法院判例》，何庆仁、蔡桂生译，中国人民大学出版社2012年版，第30页。

能性、特别认识作为判断风险的标准，在实际运用中也会遇到一般人趋同于行为人的问题。一般人的预见可能性有可能在行为过程中发生变化，导致标准变化不定。而且一般预防的原则只适用于决定规范，不适用于评价规范。只要因果流程是由行为人主观认识到的禁止风险发展而来，就可以认定该因果流程不是偶然事件。一般人的标准也与责任原则的要求冲突，责任是个别化的，以当事人遵守规范能力进行判断，对因果流程的预见性应从行为人视角进行判定。

之所以会出现行为时和事后标准的摇摆，很重要的一个原因在于判断标准没有根据不法类型来确定。对过失犯和不作为犯采用事后标准是合理的，这些情况属于客观不法类型，客观构成要件对于不法起主导作用，采用评价规范进行事后判断，体现了对结果无价值的合理评价。而故意作为犯属于主观不法类型，主观构成要件起主导作用，必须用决定规范在行为时进行判断。在因果关系偏差的情况下，帮助行为人构成故意既遂的根据，不在于帮助犯因果关系，而是因果流程的偏离没有超过行为人的主观认识。故意对因果关系的认识程度要求，体现了刑法规范的价值评价，是通过规范来限定故意的内容，属于归责问题。关于风险实现的判断，应结合决定规范的保护目的来进行，而这个规范保护目的就是通过对风险的禁止，实现法益保护。帮助行为与正犯结果存在条件关系不一定能够得出帮助犯提升的风险已经实现了的结论，因为归责是对客观事实和因果关系进行实质化解读，不能脱离规范保护目的。

（三）帮助行为提升风险的判断步骤

帮助犯因果关系偏离时判断风险是否提升有两个要素，首先看实际发生的帮助犯因果流程是否和事前的主观预想相符，并为帮助犯构成要件的禁止风险所涵盖。如果因果流程虽与预想不同，但同样体现了帮助行为的因果作用，而且因果作用属于禁止风险的范畴，可以判断提升的风险实现了；如果实际发生帮助犯因果流程偏离了原本的认识，则要判断帮助犯因果流程是否阻断了帮助行为设立或提升的风险。若帮助行为在有介入因素的情况下仍然发挥了对结果的促进作用，则应肯定风险实现；反之则否定。因而判断风险实现的重点是，帮助行为所提升的风险是否属于禁止风险，是否在行为时被行为人所认识，最终这一风险在因果进程对结果产生了影响。帮助犯则必须认识到帮助行为提升了禁止风险，促进了正犯构成要件的实现。如果帮助行为对禁止风险的影响已经消解，即使帮助行为因其他附随可能性而与风险的实现具有条件关系，仍应否定风险的实现。如甲为了杀乙，要丙提供毒药，丙因为害怕，只拿了微量毒药混杂了白糖给甲，结果乙吃了以后引发高血糖并发症去世。在这个案件中，甲成立故意杀人未遂与过失致人死亡的想象竞合犯，但丙的行为是帮助既遂还是未遂，还是对故意杀人未遂的帮助与对过失致人死亡的帮助竞合。从帮助行为人采取行为时判断，帮助故意、客观构成要件、帮助犯因果关系（至少存在心理性因果关系）皆成立，帮助行为提升的风险在法益侵害结果中也得以实现。帮助行为成立是无疑问的，但显然不能作为故意犯罪既遂对待。通过决定规范可以认定帮助故意，但行为人在帮助行为时并未预见过失致人死亡的可能性，也对帮助行为能够提升甲设立的禁止风险水平没有认识，尽管与结果存在条件关系，但帮助行为对于禁止风险的实现是没有帮助的，结果只是由于帮助行为的附随可能性而与法益侵害结果存在条件关系，不能将此故意既遂归责于丙。

三、通过主观归责实现帮助故意既遂的归责

对于因果流程偏离是否需要主观归责，存在争议。有观点就认为另立的主观归责，是一个不应当存在的概念。[①] 本书认为对于解决帮助行为的因果流程偏离，主观归责不可或缺。下面就主观归责的必要性、要解决的问题和标准展开论述。

（一）主观归责的必要性

在客观归责理论出现之前，把因果关系偏离中的行为与结果偶然结合的情形排除在故意既遂之外，必须依托主观面，通过错误理论阻却故意。客观归责论则通过否定包含因果关系的客观构成要件来实现对故意既遂的阻却。由此，原本由故意认定的因果流程偏离的问题也纳入客观归责的视域，行为与结果之条件关系还不足以归责，必须借助实质、规范的评价将结果归属于行为人。因果流程偏离的结果能否归属于行为人，取决于结果是否由行为人所制造的风险所实现。相对于故意确认，客观归责在处理因果流程偏离问题时的路径更具有优势。违法性判断与责任判断存在位阶关系，意图通过错误理论解决因果流程偏离，其实通过条件说扩大归责范围，再将限制归责的任务移至主观面解决。通过故意认定与客观归责两种路径，故意的核心内容已

① 陈璇：《论主客观归责间的界限与因果流程的偏离》，载《法学家》2014 年第 6 期。

经为客观归责理论所吸收，如果只是将排除行为与结果偶然结合的任务交给主观构成要件，与客观归责所检验内容是相同的。所以，批评主观归责的观点就认为，因果关系流程偏离是以故意认识到的风险与行为本身的危险具有一致性作为前提。因为若行为人认识到的风险高于或低于行为本身的风险，则可以成立未遂或直接认定不构成故意。[①] 如果将主观归责定位于对故意的再次确认和对风险实现可能性的认识，确实显得有些重复。当实际的因果流程超出一般人预见范围的场合，客观归责也能否定构成犯罪；当实际因果流程在一般人预见范围内时，客观归责也能确认非重大偏离，进而肯定客观构成要件该当性。总之，通过客观归责和故意确认，主观归责和因果流程偏离基本无关。设立主观归责旨在考察故意与结果是否存在成立既遂的必要关联。

大部分的因果流程偏离问题都能根据客观归责提出可行的解决方案。但因果流程偏离的最大难题在于能否将既遂结果归责于故意，而非确认故意。因果流程偏离从结果看只会影响既遂成立，并不阻却故意成立。客观归责只能解决客观行为与结果的归属判断，对于主观面对因果流程的设想与客观实际的归属问题尚未涉及，因此客观归责仅否定了行为与结果的偶然结合，但没有解决主观面的偶然结合问题。因为，在因果流程偏离的条件下，通过客观归责、故意的判断等步骤，无法认定故意既遂，这已经超出了客观归责与故意确认的适用范围。故意确认与客观归责分别针对主、客观构成要件进行审查，但还是无法得出确定的结论，从根本上说明“因果流程偏离是一个把结果归责于故意的主观归责问题”。[②] 即将主观故意与客观结果偶然结合予以排除，解决故意既遂的归责问题，判断顺序是由客观归责、故意确认再到主观归责。这一点对于帮助犯显得尤为重要，由于共同犯罪的特点，对于帮助故意而言，有可能存在帮助犯或正犯因果关系的偏离两种情形。而且由于心理性因果关系的存在，会出现这样的情况，帮助性因果关系成立，帮助故意成立，但是最终法益侵害风险未现实化，能否将故意既遂归属于帮助犯就是一个大问题。

因此，虽然客观归责论具有较大合理性，但其不仅为故意，同样也为过失提供了归责依据。从这个角度来看，其与行为人的主观面并不冲突。客观

---

① 陈璇：《刑法归责原理的规范化展开》，法律出版社 2019 年版，第 267 页。

② ［德］沃斯·金德霍伊泽尔：《故意犯的客观和主观归责》，樊文译，载《清华法律评论》2009 年第 3 卷第 1 辑。

归责的判断要素是预见可能性，而故意不仅对预见可能性有要求，而且认识因素必须体现了预见可能性。预见可能性是行为人的客观要素，而对于这种风险实现可行性的认识属于主观面。预见可能性标准是一般人，而故意的判断基准是行为人自身的认识能力和认识内容。客观归责能实质化确定结果不法，而主观归责能确定主观不法，并确定故意既遂责任。通过对二者的结合，能够排除行为与结果或故意与结果之间的偶然结果。

（二）主观归责解决帮助故意既遂的主客观一致问题

犯罪是一个主客观相统一的整体，为了研究方便，分解为主观要件与客观要件，并分别判断该当性，都得出肯定结论时，就认定犯罪既遂。这是主客观相统一原则在存在论层面的体现。但构成要件理论还是一种价值判断工具，还有价值层面的规范判断，主客观要件还必须能够相互说明、相互论证、相互对应。主观要素与客观要素相互依赖，存在于犯罪整体框架中，各要素之间脱离“犯罪”这一整体就不复存在，将因果关系视为“结果”的附随内容正是这一思路的体现。但是在因果流程偏离的情形下，主观故意与客观事实不一致，主客观相统一原则要求主客观要素之间要存在对应关系。当两者在构成要件范围内一致时成立帮助故意；反之则阻却帮助故意成立。而且帮助犯主客观构成要件的一致只能解决帮助故意的成立问题，无法解决故意既遂问题。认识错误与因果流程偏离的处理结果存在差异，当行为人主观所想象的事实不属于客观构成要件时，主客观统一原则能推导出客观构成要件对故意的限制机能，认识错误问题可以借助故意确认，即主观要素是否包含了客观要素，没有包含则阻却故意；在因果流程偏离的场合，归责的关键不在主观故意必须认识到所有的客观要素，因为通过客观归责和故意确认，已经得到了肯定的结论，核心问题在于故意既遂归责。根据共犯的实行从属性，在主客观一致的情况下，正犯既遂，帮助犯既遂。但是当存在因果关系偏离，基于决定规范确立的帮助故意无法现实化，也与行为时认识到的客观事实不一致。客观归责论认为实现的风险就是认识到的风险，但是帮助既遂判断不能依靠对帮助行为人主观心理的观察验证，必须基于规范评价，即通过客观归责与主观故意判断，仍无法完全排除结果与主观故意的偶然结合，需判断主观面与客观面的对应情况。故意犯罪既遂还需要主观归责确保主观与客观对应，在以既遂犯为标准的犯罪构成体系获得独立地位，避免了将心理状态的故意与规范的故意概念相交错。

（三）主观归责的判断标准

主观归责对于帮助故意既遂至关重要，判断标准必须合理科学。犯罪计划理论认为，在结果能够评价为计划实现的场合，即使发生了因果流程偏离，也不阻却将结果归责于故意。显然，犯罪计划不属于故意范畴，是构成要件之外的某种个人目的。因此，该说本就不是构成要件理论，而是主观归责标准。所要解决的问题不是故意的成立，而是能否将既遂结果归责于故意。主观归责不是构成要件判断，能够考虑构成要件以外的心理事实。在判断因果偏离问题时，要清晰界定客观归责与主观归责的界限。由于因果关系是故意的认识内容，则帮助行为人需对于行为与正犯结果之间的类型化的风险关联存在认识，如此方能将既遂结果归责于故意。客观归责对风险的判断标准是预见可能性，主观归责的判断标准则是行为人能够预见到风险转化为结果，目的是排除故意与结果的偶然结合。以帮助故意认识到的风险是否在结果中实现作为主观归责标准，并没有把本来应当通过客观归责解决的问题划入主观归责范畴。由于故意是基于行为人的意志和认识，相对于过失而言，应当具有更高程度的风险，即故意认识到的风险实现为结果时，方能认定故意与结果之间达到了既遂的关联程度。如果行为人所设想的提升风险的因素没有出现在因果流程，则只能成立故意未遂；如果实际的因果进程中的事实因素具有可预见性，则构成过失犯与故意未遂犯的想象竞合。

第三节　因果流程偏离的处理

一、正犯因果关系的偏离

正犯的因果流程发生错误时，对帮助犯如何归责的问题较为复杂。一般认为正犯发生因果流程错误时，对共犯的归责应当与正犯的处理具有一致性，并在法定符合说的框架下进行具体判断。不过这种观点显然过于简单，回避了问题的复杂性。在单独犯的打击错误中，还有法定符合说与具体符合说的分歧，而在正犯因果关系偏离时，一律将帮助犯认定为故意既遂是值得商榷的。在正犯决意实行构成要件的过程中，帮助行为人提供帮助促使朝着有利于结果发生的方向发展时，对结果发生是有原因力的，提升了正犯制造的风险。但仅仅促使正犯实施构成要件，不足以说明共犯不法，正犯的结果无价值比起帮助犯自身行为无价值更为重要。正犯因果关系偏离时，帮助犯与正犯互动关系对于帮助犯的归责也有重要影响。教唆犯使正犯的犯意“从无到有”，而帮助犯使正犯的犯意、犯罪条件“从有到强”，帮助犯主要是对正犯的帮助，而教唆犯更多针对正犯的行为对象。在正犯因果关系偏离时，帮助犯对正犯主观所认识的因果流程的抽象程度比教唆犯更强。如甲唆使丙去杀乙，若丙出现打击错误，就严重偏离甲的主观预设，很难将“人”解释为抽象的一般人。如甲得知丙要去杀人，提供了帮助，无论是一般帮助还是片面帮助，丙要杀谁往往对甲并不重要。当然这并不绝对，不分对象的教唆行为、对象高度个别化的帮助行为都是存在的。关键是正犯的因果关系偏离是否严重背离了帮助故意，使得帮助故意只是偶然地与正犯结果结合。

正犯故意与帮助故意存在差异是很自然的，之所以能将正犯的既遂结果归责于帮助故意，前提是不存在影响归责的实质性差异，判断标准就是帮助故意对于正犯所制造的风险性质及所形成的因果流程的发展方向至少存在类型化的认识，正犯因果流程的偏离对于这种类型化的认识没有发生质的影响，按照客观归责、确定故意、主观归责的逻辑步骤进行处理。帮助犯因果关系的成立只要促进了正犯实施构成要件即可，但是正犯结果所对应的故意应与帮助故意存在一致性。正犯因果关系偏离，如果帮助故意能够通过帮助行为提升风险，并且风险在结果中合乎规律地实现了，则可能将既遂结果归责于帮助犯。帮助犯在提供帮助时需要对正犯故意有所认识，这种认识首先经帮助故意进行了一次抽象化，正犯因果关系偏离后再通过客观归责进行了第二次抽象化检验，两次的抽象有可能使帮助故意与结果出现背离，需要通过主观归责的步骤进行校准。在评价层面要以不法为重心，首先确定正犯，将结果归属于正犯，按照先客观后主观、先正犯后共犯、主客观相一致的逻辑进行归责。

（一）客观归责

正犯制造了风险，帮助犯对这一风险的现实化予以加功。因为正犯对制造风险及风险现实化过程具有支配性，客观归责要求风险合乎规范目的并引起了结果。如甲要去偷丙家，乙搞来了房门密码，结果甲走错了人家，由于密码一样，甲盗窃得手。对甲的归责逻辑是，甲实施盗窃客观上对他人财产造成了风险，并且这种风险是法所禁止的，既遂结果可归责于甲。但对乙而言，情况则不一样，尽管乙的帮助行为与结果有条件关系，但是乙提升风险的实现是一种偶然结果，由于正犯因果流程偏离，超出了帮助行为所提升风险原本的针对对象和涵盖范围。

（二）帮助故意确认

因果关系偏离时对正犯行为评价为故意既遂，实现了一次抽象，尽管没有超出构成要件，但与法益关联已经变淡，如果不能找到实质性根据，对帮助行为的归责合理性会有问题。要成立帮助犯的既遂结果需同时满足客观归责与主观归责。确认帮助故意的实质是帮助行为所提升风险的性质、对象是否随正犯因果流程的偏离而发生变化而影响故意认定。主观故意要包含禁止风险，不意味着将违法性认识作为故意要素。故意只要求行为人明知或应知行为会产生风险，且为行为规范所禁止即可，不要求认识到该风险的规范禁止性。若行为人因违法性错误，认为风险是允许的，不影响故意成立。具体而言：

第一，实现的风险不是故意设立的。帮助行为提升的风险与现实化的风险不一致，就不能将结果归责于帮助行为。如厨师甲欲杀乙，制作剧毒蘑菇伴着鱼，让服务员丙端给乙，乙不喜欢蘑菇，只吃了鱼，但鱼有毒素，导致乙死亡，丙认出了毒蘑菇，但还是端给了乙。甲、丙对鱼的情况不知情，由于实际导致乙死亡的风险与甲制造、丙加功的风险不是同一风险，由于不能认识也不是故意设立的，死亡结果不能归责于甲、丙，甲、丙构成故意杀人罪未遂。

第二，故意设立的风险发生了变化。实际实现的风险与故意设立的风险共同作用导致结果发生，则要判断帮助行为人有无认识到风险实现为结果，如存在主观认识，则能够成立故意犯罪既遂。判断重点在于对实际实现的风险的认识。客观风险与主观认知的风险存在两种关系：一是风险取代。行为人主观想象的风险客观并不存在，结果系被未认识到的其他风险引起。故意创设的风险本身并不包含实际发生风险，不能因为行为人故意设立风险，就直接认定对实际发生的风险也有认识，而应独立判断。风险本身是一种规范的构成要件要素，其发展和最终的实现属于评价要素。判断行为人是否认识到实际风险，应基于行为人自身角度。当行为人存在特别认知，认识到了一般人没有认识到的风险时，可对其故意进行归责；当行为人的认知水平较一般人低，未能对实际风险具备认识，则不能将风险实现的结果归责于故意，但可过失归责。主观归责以行为人作为基准，是因为主观归责有责任推定机能，而责任是就行为人本人而言的。二是风险竞合。行为本身存在数个风险，而结果由未认识到的风险所引发。帮助行为人在帮助故意支配下偶然导致结果发生，行为人所认识的风险未在结果中实现，而由行为人未认识到的风险引发。故意设立的风险包含了多种实现途径，如果行为人认识到创设或提升的风险包含了对实际风险的预见，则构成概括故意或择一故意。

（三）主观归责

正犯因果关系偏离时，由于构成要件层面的法益是类型化且抽象的，个案法益则是具体的，有时会出现违法相对性问题。因果关系偏离意味着行为人设想并创设的风险性质、发展方向、作用方式与实际结果不一致，需要具体情形具体分析。就打击错误而言，甲帮助乙去杀丙，乙没瞄准导致丁死亡。在这种正犯发生因果关系偏离的场合，帮助行为可分为两种情形：一是帮助对象不特定。帮助行为人故意帮助正犯或对结果存在间接故意，当正犯因果关系偏离时，帮助犯与正犯在主观上均成立故意。如果甲的帮助行为所提升的风险是概括性的，如提供犯罪工具、逃跑车辆等，这些帮助行为对于正犯制造的风险是一种类型化帮助，正犯的打击错误对帮助犯的归责无影响。二是帮助对象特定。当正犯因果关系偏离时，应分别认定。当正犯故意既遂时，帮助犯故意未遂。如甲的帮助行为是高度具体化、指向非常明确，如丙的个人信息、行动路线、样貌特征等，但乙还是失手了，甲所提升的风险并没有在结果中实现，丁死亡的结果不能归属于甲的帮助故意，只能认为是一种偶然结合，甲构成故意杀人的帮助未遂。

因此，主观归责的重点在于帮助行为人所设想的风险是否有实现可能。在风险取代条件下，行为人主观设想的风险不具有实现可能，结果偶然与故意结合，阻却犯罪既遂成立；在风险竞合条件下，多个风险与行为人主观设想的风险会产生包含、排斥等不同结果，要根据情况予以归责。如何反向审查正犯结果能否主观归责于帮助故意，一是帮助犯在主观上是否存在对偏离结果的排斥心理；二是在帮助故意支配下提升的风险是否针对个别化对象；三是对不特定人提升了风险，但采取了预防措施。这些因素导致帮助犯对因果流程的认识、预想不符合故意要求，那么既遂结果不能归责于帮助犯。

还有一种情况，甲帮助乙自杀，乙跳楼砸死了楼下的丙，乙受伤。此时，自杀者不构成犯罪，但由于法益的相对性，甲构成故意杀人的帮助犯，乙受伤的结果可归责于甲。对于丙的死亡，若甲有认识而予以放任，则成立故意杀人罪的间接正犯；若主观上存在过失，则成立过失致人死亡；若无认识可能性，则属于意外事件。

（四）具体类型

1. 正犯的狭义因果关系错误

在狭义的因果流程偏离的案件中，离开了主观归责，案件定性就很难把握。如毒鱼案，乙是厨师，为了毒死丙，将伴有毒菌的鱼给丙食用，甲是餐厅服务员，认出了这种罕见的毒菌，但还是给丙送上去了，没想到丙不喜菌类，只吃了鱼，结果鱼肉含有致命毒素，丙中毒身亡。从客观上看，甲送食物的行为包含了毒菌与毒鱼的危险，导致被害人的死亡，可以肯定死亡结果可客观归责于甲；从主观上说，虽然没有认识到毒鱼的风险，但认识到了鱼上的毒菌的风险，可以认定存在故意。此案中甲、乙的故意与结果存在差距，甲、乙所认识的危险没有实现与实际实现的危险不一致，对于乙而言，是故意杀人罪未遂与过失致人死亡罪的想象竞合；对于甲来说，情况又有所不同，构成对于故意杀人未遂的帮助犯是没有疑义的，但是甲的送菜行为属于中立帮助行为，归责的关键在于是否在特别认知的支配下提升了额外的风险，由于甲能识别毒菌，构成特别认知，上菜行为提升了额外的风险，但是无能力识别毒鱼，所以不构成故意，且缺乏注意义务，也不构成过失。如果甲对毒菌、毒鱼都有认知，但是还是选择上菜，由于甲存在特别认知，对于毒菌、毒鱼这个危险源拥有管理义务，构成不作为的故意杀人既遂。

2. 正犯结果提前发生

结果提前发生的情形下，在肯定故意和客观归责后，仍需对故意能否进行结果归责的判断。如乙为了杀丙，要求甲提供麻醉剂，没想到麻醉剂过量，丙直接死亡。有观点认为，如果行为人自己认为客观上没有实行行为或者偶然引起了结果，即客观事实已偏离其主观设定的因果流程，则应否定将结果归于故意，行为只能在未遂范围内承担责任，并与过失犯罪形成竞合关系。① 但是这种按照犯罪计划实现理论展开的判断，如果没有建立在对风险性质变化的基础上，容易得出不合理的结论。乙存在杀人故意，设想了先麻醉后杀人的因果流程，甲提供麻醉剂的帮助行为提升了这一风险，丙因为麻醉剂直接死亡的风险是包含在麻醉后被杀死的风险之中的，没有发生风险替代，乙借助甲的帮助行为所制造风险的类型化性质并没有变化，可以也应当将既遂结果归责于甲、乙的故意。当然这个结论是建立在甲的帮助故意至少

---

① ［日］松宫孝明：《刑法总论讲义》，钱叶六译，中国人民大学出版社 2013 年版，第 181 页。

要能意识到乙有杀人可能性的基础之上，而且麻醉剂对于杀人的因果流程能够起到促进作用。

3. 正犯的结果延后发生

行为人错误地认为其在先的行为导致了结果，基于其他目的又实施了在后的行为，结果实际上是由后行为所引起。结果延后发生，虽然在形式上与打击错误存在区别，但相似之处在于结果是由行为人未认识到的危险导致的。如乙要杀人，甲提供了毒药，被害人服下后昏迷，乙以为已经死亡，挖坑掩埋，被害人窒息死亡。对于结果延后发生的案件，法定符合说否定故意的阻却，行为人若对实现的结果具有概括的故意，则属于故意犯既遂；具体符合说认为，根据行为人主观上的行为故意进行分别认定；客观归责论者着眼于第一行为，若该行为与最后的结果存在因果性，则肯定对第一行为的故意犯既遂。[①]

这类案件与狭义因果流程偏离一样，行为实施后的因果流程出现了介入因素，结果延迟发生的介入因素是行为人的另一行为。所以，判断原理与狭义的因果流程偏离基本一致，看后一行为是否处于前一行为制造风险的因果流程之中，如果前一行为的风险仍然对结果发挥了实质影响，成立既遂犯。具体到案例，杀人罪评价规范所否定的是被害人被侵害而死亡的危险，下毒行为创造的风险并未因后行为的介入而消灭，正是下毒造成的昏迷与掩埋行为共同导致了被害人死亡，应当认定前一行为制造的风险在结果中得到了实现。而且从故意方面来看，行为人只对第一行为有故意，但第二行为发生后并未使风险性质发生重大偏离。甲、乙的故意和结果不是偶然结合，可以主观归责于乙的第一行为，也可以归责于甲的帮助行为，成立故意杀人罪既遂。

如果对上述案件进行一下调整，被害人昏迷后，乙心生悔恨试图抢救，但又觉得无用，还是把被害人掩埋了。乙的两个行为时的故意发生了变化，前一个存在杀人故意，而后一个则已无故意，甲的帮助行为作用的是乙的杀人构成要件，当乙的构成要件随故意消失而完成后，第二行为已经超出了甲的帮助故意，只能成立故意杀人未遂的帮助犯。

---

① 陈璇：《论主客观归责间的界限与因果流程的偏离》，载《法学家》2014 年第 6 期。

4. 正犯的打击错误

打击错误是指对风险的发展方向有认识错误，当风险的发展方向出现偏离，帮助犯如何归责？如甲提供给乙枪支，乙开枪杀人，不料击中自己女儿。有学者分别从具体符合说和法定符合说的观点进行归责判断，得出的结论均难以具有说服力。该案的关键在于主观归责，即能否将杀死女儿的结果归责于乙的故意。故意存在于行为当时，只能用决定规范进行评价，在开枪时认识到开枪行为制造的风险就具有故意，而死亡结果处于风险的因果流程之中，所以结果归责于乙的故意，甲也成立杀人既遂的帮助犯。如果被害人是甲的女儿也不影响结论，唯一的例外是被害人是甲自己，甲给乙提供枪支，结果击伤了自己（杀死也就不存在归责问题）。乙成立故意伤害既遂，甲成立帮助故意也无疑问，伤害结果可以客观归责给甲、乙的行为，关键是故意伤害的既遂结果能否归责于甲的帮助故意。无论如何将甲对风险的认识抽象化，其故意不包括自己是确定的，伤害结果只是偶然地与故意结合在一起，因此不能将既遂结果归责于甲，只构成故意伤害未遂的帮助犯。

二、帮助犯因果关系的偏离

帮助行为的结构特点决定了基于帮助行为而产生的因果关系偏离，不仅与正犯有关，也与帮助方有关，体现了帮助行为人主观认识和客观实行的偏差，不能单纯照搬单独实行犯理论。

（一）狭义的帮助性因果关系错误

甲为了杀乙，向丙借枪，但枪性能不稳定，甲基于杀人故意对乙开枪，枪未能击发，但乙有心脏病，惊吓而死。如果按照相当因果关系说，心脏病作为客观事实不影响因果关系的认定，死亡结果可以归责于甲，相应的丙也构成故意杀人既遂的帮助犯；如果根据主观说，心脏病对于一般人或者行为人具有认识可能性，也可以肯定因果关系的相当性。但是当行为人在行为时所认识到的事实，对这一结果不存在预见可能时，将结果归属于故意显然不够妥当。当然，行为人或社会一般人究竟能不能认识到向人开枪会将人吓死的风险，其实也没有确定的答案，不同人的认识可能截然不同。问题的关键在于因果流程偏离中客观归责的判断。甲出于杀人的目的，创设了一个禁止风险，丙通过借枪提升了这个风险，甲与丙对于禁止风险的性质和作用对象是有认识的，但发生结果的因果流程发生了偏离，这一偏离是由帮助犯因果关系的偏离带来的，而这一偏离是甲与丙在设立和提升风险时所无法认识的，因此不能把故意杀人既遂的结果归属于甲与丙。

（二）帮助行为的打击错误

帮助犯预想打击的目标与实际结果发生偏差，但两者仍属于同一犯罪构成要件内的情形。帮助犯通常不直接实施共同犯罪中的实行行为，因此帮助犯本身不太可能直接发生打击错误的问题。共同犯罪的打击错误主要是指实行犯的打击错误，但是造成错误有两种可能性：一是单纯的正犯打击错误；二是由帮助行为的行为误差，使得预想对象与实际结果对象出现偏差。如甲、乙与丙有仇，欲砸其车泄愤，甲负责搞明白车牌，在告诉乙的时候下意识地说了自家车的车牌号，乙将之砸坏。一般情况下，认为乙构成故意毁坏财物既遂，而甲因为系自己财产而免责。但是如果将因果关系认为是帮助故意的认识内容，可以发现甲的行为虽然成立故意，结果也与其存在条件关系，但是既遂结果不能归责于甲，只是帮助未遂。

（三）帮助犯因果关系性质的偏离

帮助犯因果关系的性质有时也会发生变化，主要有两种情况：一是因果关系的性质发生变化，如从引起型因果关系转化为支配型的因果关系，或相反；二是引起型因果关系的具体类型发生变化，如从帮助性偏离为教唆性。因果关系性质偏离，事关同一犯罪的不同的共犯形式，是同一法益侵害行为的变种，分属于不同的行为规范。对于这个问题，如果将故意中包含着对因果关系的认识，以及坚持主客观相一致的观点，能够得出比较清晰的结论。首先，故意中包含着对因果流程的设想，这种设想必然包含着对因果关系性质和对风险流发展方向的类型化认识，当因果关系的性质发生重大变化，不能认为当事人相应故意成立。通过客观面，判断因果关系的性质，然后根据主客观一致的原则，将结果归于故意。其次，不同因果关系类型体现行为对结果的作用力和影响力的区别，是不法的客观基础，当这些作用力与主观认识发生重叠时，可以认为实现了主客观一致。帮助故意与间接正犯故意在认识层面有所重合，就同一认识内容违反不同的行为规范。行为人所认识的因果类型与实际情况不同时，构成要件发生实质性重合，以较轻的因果类型予以处罚，但是如果因果关系类型没有发生质的变化，既遂结果依然可以归责于故意。

1. 以支配的故意创设了引起型的因果关系

甲误以为乙未达刑事责任年龄而提供凶器让乙实施杀人行为，但乙实际上已达刑事责任年龄，提供凶器只是帮助行为。主观说认为，即使被利用者知情，甲的行为实质上属于实行行为，构成故意杀人的正犯。折中说认为，间接正犯的故意指的是将他人作为工具加以利用而实现特定犯罪，包括教唆故意，可以视为法定符合，由于间接正犯比帮助犯罪责重，因此成立较轻的帮助犯。甲主观上试图设立支配型的因果关系，但是客观上仅构成引起型的因果关系，仅能将实际提升的风险，而非主观试图创设的风险归属于甲，甲成立故意杀人既遂的帮助犯。

2. 以帮助故意设立了支配型的因果关系

如乙女以为情夫甲想杀死妻子，为甲提供了毒药，但甲无杀人故意，其误以为是普通药物给妻子喝下导致其妻死亡。乙虽然实施了较重的间接正犯行为，但只有帮助故意，应成立帮助犯。乙主观上试图设立引起型的因果关系，提升了甲制造的风险水平，只能将结果中客观提升的风险归责于故意，构成故意杀人既遂的帮助犯。这一案例也说明共犯的实行从属性，决定了只有部分客观构成要件存在从属关系，结果归责必须根据正犯、从犯的实际情况，从故意、客观归责、主观归责等多个步骤进行检验，才能得出合理的结论。

关于狭义共犯与间接正犯的因果关系错误还存在一种情形，即被利用者一开始是工具属性，但后来认识到了实际情况。如医生甲利用不知情的护士乙，企图将毒药当作普通药物用于患者丙，从而实现杀人目的。但后来乙在过程中发现了毒药的性质，仍然为患者丙注射了毒药。一般认为，由于乙知情，故不能成立间接正犯，只能将甲认定为教唆犯。但是如果从因果关系体现的风险性质的角度看，能得出不同的结论。甲主观上试图设立一个支配型的因果关系，对于甲的故意应立足于行为时的认识，甲对因果关系性质的认识和风险的作用对象，从结果看都实现了，这个结果完全可以归责于甲。乙的行为性质的变化（从工具行为到实行行为）并不能改变甲设立的因果关系性质和对象，只能表明乙以自身的故意参与到一起共同犯罪中来，构成片面正犯，甲、乙都构成故意杀人的既遂犯。在本案中，甲的故意、行为、设立的因果关系类型和风险走向都没有发生任何变化，唯一变化的是乙的主观故意，以及在故意支配下的行为性质，这些都没有改变对甲归责的客观基础和主观故意，只是原本仅归责甲一人，现在归责甲、乙二人。

3. 帮助性因果关系与教唆性因果关系的偏离

行为人基于帮助的故意实施行为，但由于他人尚未产生犯意，所以结果偏离为教唆性的因果关系。如甲知乙与丙不和，以为乙有伤害丙的故意，遂鼓动乙并现场助势，乙随后对丙实施伤害。这种同一种因果关系内不同类型因果关系的偏离，不涉及犯罪本质的变化，只在犯罪形式上存在差异，因果关系的性质没有变化。所以当因果进程偏离是在不同的共犯形式之间时，“由于共犯的参与形态不同并不影响罪质，因此，关于不同参与形态的错误，应当在有责的不法限度内，成立其中较轻的参与形态。”[①] 针对同一犯罪的不同共犯形式，可视为因果关系的实质性重合。不同共犯形式虽然分属于不同的行为规范，但基于同一构成要件，可以在有责的违法限度内，成立较轻的共犯形式。

4. 帮助性因果关系与正犯因果关系的偏离

基于帮助的故意，在客观上创设了支配型的因果关系，也包括基于间接正犯的故意而产生帮助性因果关系的情形，具体存在以下三种观点：一是主观说，认为应当以行为人的意思为标准，以间接正犯的意思实施了帮助行为的是间接正犯，而以从犯的意思实施了间接正犯行为的是从犯。但是将客观上没有实现间接正犯的结果的行为认定为间接正犯既遂显然不合理。二是客观说，主张应根据客观面来认定犯罪性质。三是折中说，认为间接正犯的故意可以被帮助犯的故意所包摄，应肯定帮助故意。间接正犯的故意包含着直接违反规范的意识，而帮助故意则仅包括通过他人侵害法益的意识，帮助故意属于较轻的共犯形式，应在帮助犯的限度内认定故意。

---

① 张明楷：《刑法学》（上），法律出版社 2021 年版，第 602 页。

参考文献

一、著作类

1. 刘凌梅：《帮助犯研究》，武汉大学出版社 2003 年版。

2. [日]野村稔：《刑法总论》，全理其、何力译，法律出版社 2001 年版。

3. 张明楷：《刑法学》（上），法律出版社 2021 年版。

4. [日]西田典之：《日本刑法总论》，刘明祥、王昭武译，中国人民大学出版社 2007 年版。

5. 张绍谦：《刑法因果关系研究》，中国检察出版社 2003 年版。

6. [德]汉斯·海因里希·耶塞克、托马斯·魏根特：《德国刑法教科书（总论）》，徐久生译，中国法制出版社 2001 年版。

7. [德]施特拉腾韦特、库伦：《刑法总论Ⅰ——犯罪论》（第 5 版），杨萌译，法律出版社 2006 年版。

8. [德]克劳斯·罗克辛：《德国刑法学总论》（第 2 卷），王世洲译，法律出版社 2003 年版。

9. [日]高桥则夫：《共犯体系和共犯理论》，冯军、毛乃纯译，中国人民大学出版社 2010 年版。

10. [德]约翰内斯·韦塞尔斯：《德国刑法总论》，李昌珂译，法律出版社 2008 年版。

11. [日]西田典之：《日本刑法总论》（第 2 版），王昭武、刘明祥译，中国人民大学出版社 2013 年版。

12. 陈洪兵：《中立行为的帮助》，法律出版社 2010 年版。

13. [日]大谷实：《刑法讲义总论》，黎宏译，中国人民大学出版社 2008 年版。

14. [日]西田典之：《共犯理论的展开》，江溯、李世阳译，中国法制出版社 2017 年版。

15. 张明楷：《犯罪论的基本问题》，法律出版社 2017 年版。

16. [德] 冯·费尔巴哈:《德国刑法教科书》,徐久生译,中国方正出版社 2010 年版。

17. [日] 山口厚:《刑法总论》,付立庆译,中国人民大学出版社 2018 年版。

18. [日] 大越义久:《共犯论再考》,成文堂 1989 年版。

19. 陈子平:《刑法总论》,中国人民大学出版社 2009 年版。

20. 黎宏:《刑法学》,法律出版社 2012 年版。

21. 杨金彪:《共犯的处罚根据》,中国人民公安大学出版社 2008 年版。

22. 张明楷:《外国刑法纲要》(第三版),法律出版社 2020 年版。

23. [日] 大谷实:《刑法总论》,黎宏译,法律出版社 2003 年版。

24. 黎宏:《刑法总论问题思考》,中国人民大学出版社 2007 年版。

25. 周光权:《刑法总论》,中国人民大学出版社 2007 年版。

26. 陈洪兵:《共犯论思考》,人民法院出版社 2009 年版。

27. 张明楷:《法益初论》,中国政法大学出版社 2000 年版。

28. 秦雪娜:《共犯从属性研究》,中国法制出版社 2020 年版。

29. [日] 松宫孝明:《刑法总论讲义》,钱叶六译,中国人民大学出版社 2013 年版。

30. [日] 山口厚:《刑法总论》,付立庆译,中国人民大学出版社 2011 年版。

31. [日] 高桥则夫:《规范论和刑法解释论》,戴波、李世阳译,中国人民大学出版社 2011 年版。

32. [日] 大塚仁:《刑法概说(总论)》,冯军译,中国人民大学出版社 2003 年版。

33. [德] 乌尔斯·金德霍伊泽尔:《刑法总论教科书》,蔡桂生译,北京大学出版社 2015 年版。

34. [日] 前田雅英:《刑法总论讲义》(第 6 版),曾文科译,北京大学出版社 2017 年版。

35. [德] 康德:《纯粹理性批判》,李秋零译,中国人民大学出版社 2004 年版。

36. 林山田:《刑法通论》(下册),北京大学出版社 2012 年版。

37. 吴玉梅:《德国刑法中的客观归责研究》,中国人民公安大学出版社 2007 年版。

38. [德] 康德：《法的形而上学原理——权利的科学》，沈叔平译，商务印书馆 2001 年版。

39. [德] 黑格尔：《法哲学原理》，范扬、张企泰译，商务印书馆 1961 年版。

40. 张明楷：《犯罪构成体系与构成要件要素》，北京大学出版社 2010 年版。

41. 许玉秀：《当代刑法思潮》，中国民主法制出版社 2005 年版。

42. 刘建伟：《新康德主义法学》，法律出版社 2007 年版。

43. 冯军：《比较刑法研究》，中国人民大学出版社 2007 年版。

44. 马克昌：《比较刑法原理：外国刑法总论》，武汉大学出版社 2002 年版。

45. 王扬、丁芝华：《客观归责理论研究》，中国人民公安大学出版社 2006 年版。

46. 许玉秀：《主观与客观之间：主观理论与客观归责》，法律出版社 2008 年版。

47. 许玉秀、陈志辉：《不移不惑献身法与正义》，新学林出版股份有限公司 2006 年版。

48. 马克昌：《近代西方刑法学说史略》，中国检察出版社 1996 年版。

49. [意] 杜里奥·帕多瓦尼：《意大利刑法学原理》，陈忠林译评，中国人民大学出版社 2004 年版。

50. 高铭暄、马克昌：《刑法学》，中国法制出版社 2007 年版。

51. 马克昌：《犯罪通论》，武汉大学出版社 1999 年版。

52. 高铭暄：《刑法专论》（上编），高等教育出版社 2002 年版。

53. 李海东：《刑法原理入门：犯罪论基础》，法律出版社 1998 年版。

54. 张明楷：《罪刑法定与刑法解释》，北京大学出版社 2009 年版。

55. 陈兴良：《教义刑法学》，中国人民大学出版社 2010 年版。

56. 柯耀程：《变动中的刑法思想》，中国政法大学出版社 2003 年版。

57. [日] 平野龙一：《刑法总论Ⅱ》，有斐阁 1975 年版。

58. 周光权：《犯罪论体系的改造》，中国法制出版社 2009 年版。

59. 张伟：《帮助犯研究》，中国政法大学出版社 2012 年版。

60. 张开骏：《共犯从属性研究》，法律出版社 2015 年版。

61. 张明楷：《刑法的基本立场》，中国法制出版社 2002 年版。

62. 曲新久：《刑法学原理》，高等教育出版社 2014 年版。

63. 马克昌：《近代西方刑法学说史》，中国人民公安大学出版社 2008 年版。

64. 劳东燕：《风险社会中的刑法——社会转型与刑法理论的变迁》，北京大学出版社 2015 年版。

65. 陈忠林：《刑法学》（上），法律出版社 2006 年版。

66. 林东茂：《刑法综览》，中国人民大学出版社 2009 年版。

67. 王俊：《客观归责体系中允许风险的教义学重构》，法律出版社 2018 年版。

68. 林钰雄：《新刑法总则》，中国人民大学出版社 2009 年版。

69. 郭自力：《英美刑法》，北京大学出版社 2018 年版。

70. [日] 曾根威彦：《刑法学基础》，黎宏译，法律出版社 2005 年版。

71. 黎宏：《日本刑法精义》（第 2 版），法律出版社 2008 年版。

72. 陈兴良：《本体刑法学》，商务印书馆 2001 年版。

73. [英] H.L.A. 哈特、托尼·奥诺尔：《法律中的因果关系》，张绍谦、孙战国译，中国政法大学出版社 2005 年版。

74. 何庆仁：《义务犯研究》，中国人民大学出版社 2010 年版。

75. [美] 乔治·弗莱彻：《反思刑法》，邓子滨译，华夏出版社 2008 年版。

76. 林钰雄：《新刑法总则》，元照出版有限公司 2014 年版。

77. 张明楷：《刑法原理》，商务印书馆 2011 年版。

78. 陈家林：《外国刑法理论的思潮与流变》，中国人民公安大学出版社、群众出版社 2017 年版。

79. 陈家林：《外国刑法通论》，中国人民公安大学出版社 2009 年版。

80. 周光权：《刑法公开课》（第 2 卷），北京大学出版社 2020 年版。

81. 陈兴良：《刑法哲学》，中国政法大学出版社 1992 年版。

82. 王肃之：《网络犯罪原理》，人民法院出版社 2019 年版。

83. 曹菲：《管理监督过失研究——多角度的审视与重构》，法律出版社 2013 年版。

84. 刘雪梅：《共犯中止研究》，中国人民公安大学出版社 2011 年版。

85. 黄荣坚：《基础刑法学》（下），中国人民大学出版社 2009 年版。

86. 陈兴良：《刑法适用总论》（上卷），中国人民大学出版社 2006 年版。

87. 苏宏峰：《犯罪未遂基本问题研究》，中国政法大学出版社 2012 年版。

88. 刘艳红：《实质犯罪论》，中国人民大学出版社 2014 年版。

89. 陈兴良：《共同犯罪论》，中国人民大学出版社 2006 年版。

90. [德] 克劳斯·罗克辛：《德国最高法院判例·刑法总论》，何庆仁、蔡桂生译，中国人民大学出版社 2012 年版。

91. 蔡圣伟：《刑法问题研究（二）》，元照出版有限公司 2013 年版。

92. 陈璇：《刑法归责原理的规范化展开》，法律出版社 2019 年版。

二、论文期刊类

1. 黎宏：《刑法因果关系论反思》，载《中国刑事法杂志》2004 年第 5 期。

2. [日] 西田典之：《日本共犯论的基本问题——以相续的共犯与共犯关系的脱离为中心》，王昭武译，载《月旦法学》2013 年第 219 期。

3. 蔡圣伟：《论帮助行为之因果关系》，载《政大法学评论》2013 年第 134 期。

4. 阎二鹏、吴飞飞：《帮助犯因果关系检讨——以共犯处罚根据论为视角》，载《法治研究》2012 年第 8 期。

5. 温登平：《论帮助关系的脱离》，载《政法论坛》2016 年第 1 卷。

6. 黄荣坚：《帮助犯之不法与故意》，载《法令月刊》（台北）2010 年第 3 期。

7. 王昭武：《共谋射程理论与共犯关系脱离的认定》，载《法律科学》2016 年第 1 期。

8. 张明楷：《共同犯罪的认定方法》，载《法学研究》2014 年第 3 期。

9. 秦雪娜：《共犯处罚根据的全新定位——改良的纯粹惹起说之提倡》，载《环球法律评论》2015 年第 5 期。

10. 钱叶六：《共犯违法连带性说的合理性及其应用——基于共犯处罚根据论的探讨》，载《清华法学》2014 年第 3 期。

11. 钱叶六：《共犯处罚根据再思考》，载《环球法律评论》2021 年第 1 期。

12. 王昭武：《共犯处罚根据论的反思与修正：新混合惹起说的提出》，载《中国法学》2020 年第 2 期。

13. 杨金彪：《帮助犯的因果关系》，载《湖南公安高等专科学校学报》

2008 年第 1 期。
14. 阎二鹏：《帮助犯因果关系：反思性检讨与教义学重塑》，载《政治与法律》2019 年第 2 期。
15. [德] 罗克辛：《客观归责理论》，许玉秀译，载《政大法学评论》1994 年第 50 期。
16. 劳东燕：《事实因果与刑法中的结果归责》，载《中国法学》2015 年第 2 期。
17. 陈兴良：《客观归责的体系性地位》，载《法学研究》2009 年第 6 期。
18. 劳东燕：《风险分配与刑法归责：因果关系理论的反思》，载《政法论坛》2010 年第 6 期。
19. 冀洋：《刑法主观主义：方法论与价值观的双重清理》，载《法制与社会发展》2016 年第 3 期。
20. 冯军：《刑法中的自我答责》，载《中国法学》2006 年第 3 期。
21. 于冲：《帮助行为正犯化的类型研究与入罪化思路》，载《政法论坛》2016 年第 4 期。
22. 刘艳红：《网络犯罪帮助行为正犯化之批判》，载《法商研究》2016 年第 3 期。
23. 熊亚文：《从共犯论到法益论：帮助行为正犯化再审视》，载《法学》2021 年第 8 期。
24. 周光权：《明知与刑事推定》，载《现代法学》2009 年第 2 期。
25. 邹兵建：《"明知"未必是"故犯"——论刑法"明知"的罪过形式》，载《中外法学》2015 年第 5 期。
26. 徐以会：《帮助他人购买毒品的行为应如何定性》，载《检察实践》2000 年第 3 期。
27. 陈洪兵：《"二人以上共同故意犯罪"的再解释——全面检讨关于共同犯罪成立条件之通说》，载《当代法学》2015 年第 4 期。
28. 刘涛：《片面共同正犯的成立及其范围》，载《政治与法律》2014 年第 11 期。
29. 周光权：《客观归责理论的方法论意义——兼与刘艳红教授商榷》，载《中外法学》2012 年第 2 期。
30. 周光权：《行为无价值论与客观归责理论》，载《清华法学》2015 年第 1 期。

31. 张明楷：《论被允许的危险的法理》，载《中国社会科学》2012年第11期。

32. 徐凌波：《心理因果关系的归责原理》，载《苏州大学学报（法学版）》2018年第2期。

33. 何庆仁：《溯责禁止理论的源流与发展》，载《环球法律评论》2012年第2期。

34. 徐凌波：《因果关系在产品刑事责任案件中的认定问题》，载《政治与法律》2014年第11期。

35. 邹兵建：《合法则性条件说的厘清与质疑》，载《环球法律评论》2017年第3期。

36. 曾文科：《不作为犯的归因与归责》，载《刑事法评论》2011年第1期。

37. 陈兴良：《不作为犯论的生成》，载《中外法学》2012年第4期。

38. 张伟：《不作为帮助犯研究》，载《法学论坛》2013年第2期。

39. [日]西田典之：《不作为的共犯》，王昭武译，载《江海学刊》2006年第3期。

40. 陈家林：《不作为的共同正犯问题研究》，载《暨南学报（哲学社会科学版）》2007年第5期。

41. 张明楷：《快播案定罪量刑的简要分析》，载《人民法院报》2016年9月14日，第3版。

42. 王华伟：《网络服务提供者的刑法责任比较研究》，载《环球法律评论》2016年第4期。

43. 张伟：《中立帮助行为探微》，载《中国刑事法杂志》2010年第5期。

44. 黎宏：《论中立的诈骗帮助行为之定性》，载《法律科学》2012年第6期。

45. 陈洪兵：《中立的帮助行为论》，载《中外法学》2008年第6期。

46. 车浩：《谁应为互联网时代的中立行为买单？》，载《中国法律评论》2015年第1期。

47. 姚万勤：《中立的帮助行为与客观归责理论》，载《法学家》2017年第6期。

48. 何庆仁：《特别认知者的刑法归责》，载《中外法学》2015年第4期。

49. [日]丰田兼彦：《论共犯的一般成立要件》，王昭武译，载《法治现代化研究》2018年第6期。

50. 周光权：《〈刑法修正案（九）〉（草案）的若干争议问题》，载《法学杂志》2015 年第 5 期。

51. 赵远：《浅析网络犯罪中网络服务提供者的刑事责任》，载《法制日报》2014 年 7 月 23 日，第 11 版。

52. 李本灿：《拒不履行信息网络安全管理义务罪的两面性解读》，载《法学论坛》2017 年第 3 期。

53. 车浩：《刑事立法的法教义学反思——基于〈刑法修正案（九）〉的分析》，载《法学》2015 年第 10 期。

54. 吕翰岳：《作为与不作为之区分的目的理性思考——以德国判例与学说为借镜》，载《环球法律评论》2017 年第 4 期。

55. 刘艳红：《共犯脱离判断基准：规范的因果关系遮断说》，载《中外法学》2013 年第 4 期。

56. 王昭武：《共犯关系的脱离研究》，载《刑事法评论》2013 年第 1 期。

57. 刘凌梅：《论共同犯罪关系的脱离》，载《河南省政法管理干部学院学报》2003 年第 2 期。

58. 黄丽勤：《论共犯关系之脱离》，载《北京理工大学学报（社会科学版）》2012 年第 4 期。

59. 金泽刚：《论共犯关系之脱离》，载《法学研究》2006 年第 2 期。

60. 沈琪：《论共犯关系的脱离》，载《黑龙江省政法管理干部学院学报》2004 年第 5 期。

61. 陈丽玲、诸葛旸：《共犯脱离的认定》，载《中国检察官》2013 年第 3 期。

62. 王昭武：《我国"共犯关系的脱离"研究述评》，载《刑法论丛》2007 年第 2 期。

63. 姚万勤：《日本刑法中脱离共同正犯关系研究及其启示》，载《政治与法律》2014 年第 11 期。

64. 黎枫、谢如程：《共同犯罪案件中既遂与中止并存情形的探讨》，载《人民检察》2008 年第 10 期。

65. 姚万勤、周宏亮：《我国共犯关系脱离制度立法之建构——基于比较法的考察与借鉴》，载《山西师大学报》2015 年第 2 期。

66. 陈璇：《论主客观归责间的界限与因果流程的偏离》，载《法学家》2014 年第 6 期。

67. 张明楷：《论具体的方法错误》，载《中外法学》2008 年第 2 期。

68. 蔡圣伟：《重新检视因果历程偏离之难题》，载《东吴法律学报》2007 年第 1 期。

69. 陈兴良：《主客观相统一原则：价值论与方法论的双重清理》，载《法学研究》2007 年第 5 期。

70. 柏浪涛：《狭义的因果错误与故意归责的实现》，载《法学》2016 年第 3 期。

三、论文集

1. 陈洪兵：《共犯处罚根据论》，载《刑事法评论》（第 23 卷），北京大学出版社 2008 年版。

2. 许泽天：《共犯之处罚基础与从属性》，载《罪与刑——林山田教授六十岁生日祝贺论文集》，五南图书出版有限公司 1997 年版。

3. 刘磊：《主观主义的反思与客观归咎理论的抬头——评德国刑法中的客观归咎理论》，载《刑事法评论》2005 年第 1 期，中国政法大学出版社 2005 年版。

4. [德] 沃斯·金德霍伊泽尔：《故意犯的客观和主观归责》，樊文译，载《刑事法评论》2008 年第 2 期，北京大学出版社 2008 年版。

5. 李海东：《社会危害性与危险性：中、德、日刑法学的一个比较》，载《刑事法评论》1999 年第 1 期，中国政法大学出版社 1999 年版。

6. 杜文俊、陈洪兵：《不作为共犯与犯罪阻止义务》，载高铭、赵秉志主编：《刑法论丛》（第 3 卷），法律出版社 2009 年版。

7. [德] 许乃曼：《德国不作为犯学理的现况》，陈志辉译，载《刑事法评论》（第 13 卷），中国政法大学出版社 2003 年版。

8. 方鹏：《论出租车载乘行为成立不作为犯和帮助犯的条件——“冷漠的哥案”中的法与理》，载《刑事法判解》（第 13 卷），人民法院出版社 2013 年版。

9. 高铭暄：《中日两国刑法典总则比较研究》，载 [日] 高桥则夫、冯军主编：《中日刑法比较研究（高铭暄教授荣获早稻田大学名誉博士学位祝贺文集）》，中国法制出版社 2017 年版。

10. 徐育安：《共犯关系之脱离——兼论共同犯罪参与之中止》，载《共犯论研究》，北京大学出版社 2014 年版。

11. 王昭武：《论共犯关系的脱离》，载《武大刑事法论坛》（第 1 卷），中国人民公安大学出版社 2005 年版。

12. 李元簇：《预备犯之研究》，载蔡墩铭主编：《刑法总则论文选辑》，五南图书出版公司 1984 年版。

13. 谢望原、王波：《论英国刑法中的共犯退出》，载《共犯论研究》，北京大学出版社 2014 年版。

四、学位论文类

1. 陈璇：《刑法中社会相当性理论研究》，武汉大学 2009 年博士学位论文。

2. 何龙军：《试论共犯关系脱离》，西南政法大学 2011 年硕士学位论文。

3. 司冰岩：《论共犯关系的脱离》，郑州大学 2016 年硕士学位论文。

4. 王亚军：《论共犯关系的脱离》，中南大学 2008 年硕士学位论文。